BRIGITTE ROSER

DAS ENDE DER AUSREDEN

Verlagsgruppe Random House FSC-DEU-0100
Das für dieses Buch verwendete FSC-zertifizierte Papier
Lux Cream liefert Stora Enso, Finnland.

3. Auflage
BRIGITTE-Buch im Diana Verlag
Taschenbucherstausgabe 02/2010
Copyright © 2008 und dieser Ausgabe 2010 by Diana Verlag, München,
in der Verlagsgruppe Random House GmbH
Redaktion: Claudia Münster
Herstellung: Gabriele Kutscha
Satz: Greiner & Reichel, Köln
Druck und Bindung: GGP Media GmbH, Pößneck
Printed in Germany 2012

978-3-453-35475-3
http://www.diana-verlag.de

BRIGITTE ROSER

DAS ENDE DER AUSREDEN

Brigitte Buch
im Diana Verlag

Fragen an die Autorin:

Frau Roser, was ist eigentlich so schlimm an Ausreden?
Erst mal nichts! Wenn man eine Einladung nicht annehmen will oder den Glückwunsch zum Geburtstag vergessen hat – solche Ausreden sind Schmierstoff im sozialen Getriebe. Ohne sie wäre unser Alltag voller unnötiger Konflikte. Aber dann gibt es Ausreden, die verhindern, dass wir rechtzeitig handeln – um eine Beziehung zu klären, ein Problem zu lösen oder unser Leben in Ordnung zu bringen.

Ausreden können das?
Wir blockieren uns selbst, indem wir uns einreden und herausreden mit »Ich bin eben so« oder »Das geht nicht, weil …« Das sind oft unbewusste Denkverbote und Verhaltensmuster. Eigentlich wissen wir doch recht gut, was wir in unserem Leben anfangen oder abstellen möchten. Trotzdem leben wir in unseren Routinen weiter – und erzählen uns und anderen, warum wir das auch tun *müssen* …

Und warum sind wir so?
Weil wir oft gar nicht mehr bewusst wahrnehmen, mit welchen Ausreden wir unsere Entwicklung aktiv verhindern. Eine Frau, die als Mädchen immer gut damit gefahren ist, nett und angepasst zu sein, müsste anders auftreten, wenn es um Gehaltsverhandlungen oder eine Auseinandersetzung mit dem Vermieter geht. Genau das fällt ihr unendlich schwer. Ausreden sind Komplizen des Zögerns, des Hin und Her, der Weigerung ins Risiko zu gehen.

**Woran merkt man denn, dass es Zeit wäre, mit den Aus-
reden aufzuhören?**

Sie hören sich selbst reden und denken plötzlich: Was sind
das für Sätze, die ich hier seit Jahren doziere? Ich klinge ja
gerade wie meine Mutter! Oder Sie merken, dass sich Dinge
wiederholen und wiederholen und wiederholen ... Sie haben
das Gefühl: Hilfe, ich werde so, wie ich eigentlich nie werden
wollte!

Darum geht es in meinem Buch. Und um die vielen weiteren
Schritte, die einer solchen Erkenntnis folgen könnten.

© Uwe Martin

Brigitte Roser ist Diplom-Psycho-
login und berät mittelständische
und große Unternehmen. Sie hat
sich auf die Themen Führung, Kon-
fliktmanagement und Persönlichkeitsentwicklung spezialisiert. Ihre
Einstellung zu ihrem Beruf: »Sollte
es ein nächstes Leben geben, werde
ich wieder Psychologin und mache
das, was ich jetzt tue. Und im über-
nächsten auch.« Brigitte Roser lebt
mit ihrem Mann in Frankfurt am
Main. Sie ist leidenschaftliche Gärtnerin und Fotografin und
findet Ausreden, um nicht joggen zu müssen.

Für Tommy

Inhalt

welchem Typus Sie gehören, welche Prägungen und Ausreden Sie mit sich herumtragen. Und was Ihnen helfen kann, aus Ihrem Muster auszubrechen
Seite 159

16 Die Apokalypse: Wohin uns Ausreden führen, wenn wir einfach so weitermachen

Was passiert, wenn wir in der Mitte des Lebens keine Kurskorrektur vornehmen. Woran wir das heute schon erkennen können. Warum wir jetzt mit unserer Zukunft beginnen sollten
Seite 199

17 Und wie kommen wir nun konkret weiter?

Was wir nicht ändern können – und was sehr wohl. Nicht von heute auf morgen, aber mit der Bereitschaft zum lebenslangen Üben
Seite 213

18 Zurück zum Selbst finden: Die Kraft der Stille

Der erste Schritt: Innehalten. Und zwar jeden Tag. Nichts tun, Gedanken und Gefühle wahrnehmen – damit sie weiterziehen und wir Kontakt zu unserem Inneren aufnehmen können
Seite 215

Gefühl dazu. Wir sind empört, gekränkt, beleidigt – und treten damit auf der Stelle. Doch für unsere Gefühle sind wir selbst verantwortlich. Erzählen Sie sich eine neue Geschichte

Willkommen im Club!
Sie reden sich also auch heraus!

Was hätte Sie sonst bewogen, dieses Buch in die Hand zu nehmen? Ganz offensichtlich hat der Begriff »Ausreden« etwas in Ihnen zum Klingen gebracht. In dem unübersehbaren Trubel der dreiundzwanzigtausend Titel im Büchermarkt musste sich die Überschrift Ihre Aufmerksamkeit erkämpfen, sich dazu in Ihr Gehirn vorarbeiten – und hat es bis dorthin geschafft. Wie ist ihr das gelungen? Ausreden scheinen in Ihrem Leben eine Rolle zu spielen. Damit sind Sie in guter Gesellschaft. Vielleicht war es die Kombination von »Ausreden« mit »Das Ende der ...«? Fürchten Sie nun zu erfahren, dass Sie sich nicht mehr herausreden sollen, oder hoffen Sie, dass Sie es doch dürfen, oder freuen Sie sich darauf, zu erfahren, wie man damit aufhört und was man davon hat?

Ausreden sind unverzichtbar. Ausreden helfen uns. Ausreden sind langweilig. Ausreden können uns retten. Ausreden können uns in Sackgassen führen und bewirken, dass wir unser Leben verfehlen. Sie sehen schon: Ein einfaches Schwarz oder Weiß wird uns hier nicht weiterbringen.

In den Monaten, in denen ich an diesem Buch geschrieben habe, ist mir ein Phänomen immer wieder begegnet: Sobald ich den Titel nenne – und zwar allein den Titel! –, nickt mein Gegenüber wissend, lächelt, lacht, seufzt und wirkt irgendwie ertappt. Kein einziges Mal hat mich jemand gefragt, um was es in dem Buch gehen soll. Alle schienen bereits Bescheid zu wissen. Jeder füllt diesen Titel automatisch mit seiner eigenen Geschichte. Wir sind alle Ausreden-Experten.

Was verbindet Sie persönlich – heute – mit diesem Thema?

13

Was rührt es in Ihnen an? Wäre ein Ende Ihrer Ausreden für Sie ein kleiner oder ein großer Schritt?

Vielleicht leben Sie bereits das Leben, das Ihnen entspricht, machen sich selbst und anderen wenig vor und bedauern nichts. Nur in einem kleinen Winkel Ihres Alltages gäbe es etwas aufzuräumen, und da ist bislang immer eine Ausrede im Weg gewesen? Dieses Hindernis lässt sich wahrscheinlich leicht zur Seite räumen.

Vielleicht ist es aber auch etwas von größerer Bedeutung, etwas Wichtiges, das Lebensenergie schluckt und Sie hindert, so zu leben, wie es Ihren Talenten und Werten entspräche. Vielleicht gibt es etwas, das Sie tun möchten, sich aber nicht zutrauen, eine Sehnsucht, die Sie sich nicht eingestehen wollen, oder eine Reise, die Sie endlich antreten sollten.

Woran können Sie erkennen, dass die Zeit reif ist, mit den Ausreden aufzuhören?

Es gibt viele mögliche Indizien: Sie haben manchmal ein Gefühl vager Fremdheit zu sich selbst. Momente, in denen Sie spüren, dass Sie nach einem Erfolgsrezept leben, das Sie sich nicht selbst ausgedacht haben – jedenfalls nicht bewusst. Es funktioniert sehr gut, und trotzdem kommt Ihnen gelegentlich ein Zweifel, ob Sie eigentlich wirklich immer so weiterleben möchten.

Ein diffuses Unbehagen. Träume bleiben auf der Strecke, Selbstverleugnung tarnt sich mühsam als ironische Abgeklärtheit. Eine Ahnung von Überdruss, eine moderate Krise. Oder Sie empfinden in bestimmten Situationen Langeweile gegenüber den eigenen Leitsätzen. Sie hören sich selbst zu und denken plötzlich: Was soll das? Was sind das für Sätze, die ich hier seit Jahren doziere? Von wem stammen die eigentlich? Und glaube ich das tatsächlich?

Oder die sich einstellende Gewissheit, dass sich bestimmte Dinge wiederholen. Und wiederholen und wiederholen ... Konflikte mit bestimmten Leuten oder einer bestimmten Sorte von Leuten. Konflikte, für die Sie dann keine befriedigende Lösung finden. Oder ein Vorwurf, den Sie zum hundertsten Mal hören, und plötzlich – hören Sie ihn. Zum ersten Mal. Und erschrecken: Bin ich wirklich so?

Oder Sie sitzen im Restaurant, und ohne dass Sie es geplant hätten, beobachten Sie intensiv ein Paar am Nebentisch. Und es springt Sie an: »So benehme ich mich auch oft. Das ist ja grässlich. Nein, ich habe mich bestimmt getäuscht! Nein, ich fürchte, ich habe es richtig gesehen.« Sie ärgern sich, dass Sie sich in bestimmten Situationen einfach nicht im Griff haben. Sie machen immer wieder Sachen, von denen Sie sich vorgenommen hatten, sie nie wieder zu tun. Es kommt Ihnen merkwürdig vor, dass bestimmte Leute Sie so aus der Fassung bringen können. Sie ertappen sich dabei, Dinge zu sagen, die Sie eigentlich niemals sagen wollten. Sie schauen in den Spiegel und erkennen an sich den gleichen angestrengten Blick, den Sie von Ihrer Mutter, Ihrem Vater kennen.

Wenn Ihnen das alles ganz unbekannt ist, dann wird es für Sie keinen Grund geben, sich mit der Frage zu befassen, die der Ausgangspunkt dieses Buches ist: Wie Sie sich mit Ausreden im eigenen Leben und Ihrer Entwicklung als Mensch blockieren. Dann habe ich mich eingangs getäuscht, und Sie haben vielleicht nur nach einem Geschenk für jemanden gesucht, der Ihrer Meinung nach zu viele Ausreden verwendet? Prima, dann schenken Sie ihm das Buch!

Wenn Ihnen aber das eine oder andere bekannt erscheint, dann ist dieses Thema offenbar jetzt für Sie wichtig. Vielleicht wollen Sie den automatisierten Selbstberuhigungsprogrammen auf die Schliche kommen, mit denen Sie Ihr Leben auf ein Irgendwann verschieben oder Ereignisse umdichten, damit Sie sich besser damit zurechtfinden. Vielleicht spüren Sie auch, was Wolf Biermann mit »Das kann doch nicht alles gewesen sein!« als einen Aufschrei der Lebensmitte formuliert hat. Vielleicht haben Sie sogar vor Kurzem einmal Bilanz gezogen und sind zu dem Schluss gekommen, dass Sie im falschen Film spielen oder im richtigen die falsche Rolle. Dass viele kleine Ausreden sich zu einer großen Lebenslüge addiert haben und Sie sich nicht mehr erinnern können, wann Sie den falschen Abzweig genommen und sich so verirrt haben.

Der Ruf des Lebens ertönt immer, aber nicht immer hören wir zu. Wir lenken uns ab, drehen das Radio lauter, machen weiter wie bisher. Aber irgendwann dringt der Ruf doch zu uns durch, und wir wissen: Jetzt ist eine kleine Kurskorrektur fällig oder sogar eine Kehrtwende. Ende der Ausweichmanöver, Zeit für Aufrichtigkeit, Abschied vom Konjunktiv. Und genau der richtige Moment, uns von den Ausreden zu lösen.

Was erwartet Sie in diesem Buch?

Es geht, wie der Titel schon sagt, um Ausreden. Was wir meinen, wenn wir von Ausreden sprechen. Warum wir sie benutzen. Warum sie wichtig sind. Warum sie problematisch und riskant sind. Wie wir sie gelernt haben und wozu. Und welche Konsequenzen es hat, wenn wir mit einigen von ihnen nicht aufhören.

Es geht vor allem um die Frage: Was haben Ausreden und Ihr Leben miteinander zu tun? Und: Was kann sich in Ihrem Leben entwickeln, verbessern und entfalten, wenn Sie auf überflüssige Ausreden verzichten? Vor allem auf die größte Ausrede, die da heißt »Ich bin eben so«.

Hier einige Thesen, die zeigen, was inhaltlich auf Sie wartet. Sollten Sie stutzen oder neugierig werden, gibt es wohl etwas zu entdecken.

- Wenn Sie in wichtigen Fragen Ihres Lebens Ausreden verwenden, wollen Sie nicht erwachsen werden.
- Wenn Sie sich nicht mit sich selbst, Ihrer Biografie und dem inneren Drehbuch Ihres Lebens beschäftigen möchten, spielen Sie in einem Stück mit, das vor langer Zeit von anderen für Sie geschrieben wurde – und pflegen dabei die Illusion der Selbstbestimmung.
- Wenn Sie sich mit über dreißig weiter darauf herausreden, dass Sie so sind, wie Sie sind, und basta! – dann werden Sie im Alter so werden, wie Sie es ganz bestimmt nicht wollen: starr, stur und unzufrieden.
- Andererseits: Sie können aktiv dafür sorgen, dass Sie im Alter flexibel und liebenswürdig bleiben.
- Ihr Partner ist nicht zuständig für Ihre Empfindlichkeiten und inneren Narben. Wenn Sie nicht zu sich selbst stehen, kann er es Ihnen niemals wirklich recht machen.
- Sie können sich entscheiden: für eine Wiederholung der Themen Ihrer Herkunftsfamilie oder dafür, ein neues Kapitel für Ihr Leben und das Ihrer Kinder zu schreiben.
- Sie können feststellen, dass Sie der Liebe wert sind, ohne perfekt, immer nett oder besonders sein zu müssen.
- Sie können für Ihr Denken, Fühlen und Handeln die volle Verantwortung übernehmen und damit jene innere Freiheit zurückgewinnen, die Sie zwischenzeitlich verloren gaben. Sie können aufhören, sich selbst im Weg zu stehen.
- Sie können sich ihren Träumen öffnen, für Ihre Ziele stark machen und Ihr Leben so schön und glücklich wie möglich gestalten, weil Sie wissen, dass Sie das verdienen.

Macht Sie etwas neugierig oder nachdenklich?
Dann: Viel Freude beim Lesen!

Frankfurt am Main, im Juli 2008
Brigitte Roser

Die Chemie stimmt einfach nicht zwischen uns

Das habe ich gar
nicht so gemeint

**Dann bin ich ja gar
nicht mehr ich selbst**

Ich bin unsportlich

Die da oben machen
sowieso was sie wollen

Es kann doch niemand von mir
erwarten, dass ich das jetzt sage

**Das hast du falsch
verstanden**

**Er hat mich
nicht gelassen**

Das ist Männersache

Das hätte sie wissen müssen

Es ist ja gar nicht schlimm

*Es ist der Kreislauf/Neu-
mond/Biorhythmus*

Der Markt zwingt uns dazu

Der Spiegel war beschlagen

Es muss Liebe auf
den ersten Blick sein,
sonst geht es nicht

**Hätte mich meine Mutter nicht so
unterdrückt, wäre ich heute selbstbewusst**

Ich habe nicht dran gedacht

Es war mir nicht wichtig

So was steht mir einfach nicht

Ich bin doch kein Märtyrer/Spinner/Held

Ich habe eben zwei linke Hände

Wenn ich es nur drauf anlegen würde, könnte ich auch berühmt sein

Ich will doch nur dein Bestes

Mit Technik stehe ich auf Kriegsfuß

Ich bin zu alt/jung

Wir haben die Wahl nicht verloren

Na ja, wenn man aus so einer Familie kommt, aber wenn man keine Verbindungen hat ...

Ich bin nicht zu dick, ich habe ein Hohlkreuz

Wenn ich trainieren würde, könnte ich den Marathon in Bestzeit laufen

Ich habe nur Mittlere Reife

Ich kann ihm doch nicht nachlaufen

Ich habe keine Wahl

Mir sind die Hände gebunden

Ich habe das im Griff, ich kann jederzeit (mit dem Rauchen/Trinken/Spielen) aufhören

Das ist heute nicht mein Tag

Ich bewundere das, aber das könnte ich nie im Leben

Ich esse nur ganz wenig, das Dickwerden liegt bei uns in der Familie

Ich bin nicht dazu gekommen

Kaschmir kratzt

Was sind eigentlich Ausreden?

Diese Frage stellt man sich selten, denn die Antwort scheint so klar. Das weiß man doch.

Auf den zweiten Blick ist es nicht ganz so trivial.

Jemand redet sich heraus, wenn er etwas begründet, rechtfertigt, erklärt und dabei nicht bei der Wahrheit bleibt – und zwar bewusst. Man spricht auch von Ausflüchten, die man gebraucht.

Wer eine Ausrede verwendet, will etwas Unangenehmes vermeiden. Er möchte Ärger, Vorwürfen, Verurteilung oder Strafe entgehen: Die Ausrede soll seine Schuldlosigkeit belegen. Er will etwas nicht tun, wozu er keine Lust hat: Die Ausrede gibt ihm die Legitimation. Oder er versucht, einem Konflikt zu entkommen: Die Ausrede hilft ihm dabei.

Wenn wir bewusst und zielgerichtet unaufrichtig sind, lügen wir. Die Ausrede ist also eine Form der Lüge. Allerdings ist nicht immer ganz eindeutig, ob wir mit unserer Ausrede vorsätzlich lügen oder ob wir unsere Version nicht doch für wahr halten. Die Übergänge sind fließend. Auch ob die Ausrede sich in erster Linie an die anderen wendet oder mehr eine Funktion für uns selbst erfüllt, lässt sich nicht strikt trennen. Ist die Begründung für den bereits mehrfach abgebrochenen Versuch, sich das Rauchen abzugewöhnen, noch eine Ausrede, die ich mir für die anderen zurechtgelegt habe, oder schon eine Selbsttäuschung? Manchmal entwickelt sich aus oft geübten Behauptungen schleichend ein veritabler Selbstbetrug.

Aber kann man überhaupt leben, ohne zu lügen, kann man

ohne Ausreden auskommen? Nein, das kann man nicht. Und das ist auch nicht erstrebenswert.

Wie wäre unser Leben ohne Ausreden?

Wenn wir auf all diese kleinen und größeren Halb- und Unwahrheiten, die wir Tag für Tag verwenden, verzichten und uns stattdessen für permanente Aufrichtigkeit entscheiden würden? Keine Lüge aus Höflichkeit, Bequemlichkeit oder Barmherzigkeit mehr, kein Heraus- oder Um-den-heißen-Brei-herumreden, keine vorgeschobenen Argumente?

Das Leben wäre sehr anstrengend und voller oft unnötiger Konflikte. Ausreden sind ein unverzichtbarer Teil des normalen Alltags, sie gehören wohl dazu wie die Butter auf dem Brötchen. Mit ihrer Hilfe manövrieren wir uns an heiklen Klippen des Zusammenlebens sicher vorbei (»Hast du deinen ersten Freund genauso geliebt wie mich?«), machen uns und den anderen das Leben ein bisschen leichter, ersparen uns gegenseitig Kummer und tragen so zu friedlichem Miteinander bei. Ausreden sind Schmierstoff im sozialen Getriebe, Gold wert. Ausreden schützen auch unsere Privatsphäre, unsere Geheimnisse und verschaffen uns Zeit und Ruhe für Entscheidungen, die erst reifen müssen.

Wenn Sie und ich und alle anderen ab heute – sagen wir für ein Vierteljahr – keine einzige Ausrede verwenden und immer die ganze Wahrheit sagen würden … Wann immer ich bis jetzt jemanden gebeten habe, diesen Gedanken zu Ende zu denken, kamen spontane Vermutungen wie »Dann bin ich in einer Woche gekündigt!«, »Dann verkaufen wir ab morgen nichts mehr und können das Geschäft schließen!«, »Dann habe ich keine Freunde mehr!« oder »Das würde unsere Familie völlig ruinieren«.

Niemand wird ernsthaft eine Welt wünschen, die ganz und

gar ohne die alltäglichen Ausreden auskommt. Viele Ausreden sind harmlos und nützlich.

Bei anderen Ausreden wäre es hingegen sehr gut, wir würden diese seltener verwenden oder ganz auf sie verzichten. Das würde unser Leben und unser Miteinander zwar nicht leichter, aber interessanter, spannender und produktiver machen.

Und es gibt Ausreden, die sehr problematisch sind, weil sie uns und unser Leben in Sackgassen bringen. Diesen riskanten Ausreden ist der Hauptteil des Buches gewidmet.

Lassen Sie uns zunächst einen Blick auf die hilfreichen Ausreden wenden.

Ausreden sind hilfreich, wenn wir mit ihnen höflich sind

Wer zu einem Abendessen eingeladen wird und nicht hingehen möchte, sagt vermutlich nicht: »Ich habe keine Lust.« Er bedankt sich für die Einladung und ist: leider verhindert. Er hat selbst Gäste, ist auf einer Dienstreise oder beim Steuerberater. Man möchte den anderen nicht brüskieren. Genauso wenig, wie man einem Gesprächspartner am Telefon, der für etwas, was man in zehn Minuten hätte besprechen können, bereits dreißig verwendet hat, sagt, dass man seiner überdrüssig ist. Nein, man muss nun (»Sorry!«) zu einem Termin, oder es hat an der Tür geklingelt.

»Keine Lust« sagt man nicht. Das ist nicht nett.

Es gilt auch als unhöflich, auf die Frage »Wie findest du meine neue Frisur?« wahrheitsgemäß zu antworten: »Habe gar nicht gesehen, dass es eine neue ist!« oder »Die alte fand ich viel schöner!« Und daher sagt man etwas Freundliches.

Eine Freundin beklagte sich neulich sehr über ein Ehepaar, das über das Wochenende zu Gast gewesen war und im kleinen Gästezimmer übernachtet hatte. Das seien wirklich schwierige Leute, die würde sie nicht mehr einladen. Illustrierend schilderte sie, wie die Frau am Frühstückstisch auf die obligatorische Gastgeberfrage, ob sie auch gut geschlafen hätte, ein entschiedenes, erschöpftes »Nein!« verlauten ließ. »Muss die mir so was zumuten? Das ist doch unmöglich?!« Wenn die Besucherin schon schlecht geschlafen hat, dann soll sie das lieber für sich behalten, weil sie sonst der Gastgeberin den Morgenkaffee verdirbt, wenn nicht den Tag.

Der äthiopische Prinz und Bestsellerautor Asfa-Wossen Asserate (»Manieren«) würde ihr vermutlich zustimmen. Für ihn ist eine höfliche Person stets aufmerksam, achtet zuallererst und immer darauf, wie es den anderen geht und was sie zu deren Wohlbefinden beitragen kann. »Auf jeden Fall zu vernachlässigen ist die eigene Person. Sie kennt im Zusammenspiel mit den anderen keine eigenen Bedürfnisse, ist nicht hungrig, nicht durstig, es zieht ihr nicht, sie braucht keinen Stuhl und kein Kissen.« Und sie hat, könnte man noch hinzufügen, auf jeden Fall hervorragend geschlafen …

Asserate meint das nicht im Mindesten ironisch. Aufmerksamkeit ist für ihn eine absolut notwendige Grundeinstellung dem anderen gegenüber. Unaufrichtigkeit wird aus der Perspektive der so verstandenen Höflichkeit zwingend erwartet und als gutes Benehmen geadelt.

Ausreden sind hilfreich, wenn sie niemandem schaden

Es gibt den schönen Begriff der »white lies«. Es sind Lügen, die nicht finsterer, sondern heller Gesinnung entstammen. Sie stiften Nutzen oder verhindern Unannehmlichkeit – für den, demgegenüber man sie verwendet, für den, der sie benutzt, meist für beide. Man sagt auch Notlüge, und das klingt viel sympathischer als Lüge. Eine Notlüge betrachten wir als harmlos, sie tut keinem weh, richtet keinen Schaden an.

Das Telefon klingelt. Ihr Mann schaut gerade einen Western. Er wedelt mit den Händen. Das heißt »Ich bin nicht da!«. Sie gehen ans Telefon und werden zu Ihrer Schwiegermutter dann vielleicht sagen: »Tut mir leid, er ist unterwegs« oder »Er duscht gerade!« Es ist unwahrscheinlich, dass Sie sagen: »Dein Sohn will (jetzt) nicht (mit dir) telefonieren, er zieht es vor, mit Clint Eastwood zu fiebern.«

Wir verzichten in der Regel auf diese Ehrlichkeit, weil wir durch die Wahrheit keine möglichen Nachteile riskieren wollen, und: weil wir keinen Nutzen in der Aufrichtigkeit sehen. Den Wert der Wahrheit schätzen wir geringer als die offenkundigen Vorteile der Ausrede: Ihr Mann kann weiter ungestört fernsehen, Ihre Schwiegermutter hat keinen Anlass, beleidigt zu sein, und Sie geraten nicht zwischen die Fronten. Eine sehr pragmatische Betrachtung. Kaum jemand würde so etwas lügen nennen. Zu dieser Kategorie gehört es auch, wenn Sie jemanden schonen möchten. Sie werden immer abwägen, ob es sinnvoll ist, dem anderen etwas zu sagen, was ihn kränken oder verletzen könnte. Und das ist auch vernünftig. Manche Wahrheit schafft Kummer und hilft niemandem.

Ausreden sind hilfreich, wenn sie uns schützen

Das können sie auf vielfältige Weise. Wir können sie verwenden, um es uns leicht zu machen. Wir müssen uns nicht immer zu Ehrlichkeit durchringen. Wir dürfen es auch anderen überlassen, die Fackel der Wahrheit durch die Menge zu tragen, die – wie es in einem russischen Sprichwort heißt – auch Bärte anbrennt. Wir dürfen uns raushalten. Wir können Konflikte, die uns nicht wichtig sind, bedenkenlos vermeiden, können darauf verzichten, uns mehr Baustellen als nötig einzurichten.

Wir können uns die Freiheit nehmen, unsere Gedanken für uns zu behalten. Das ist, wie die Autorin und Psychologin

Ursula Nuber in ihrem Buch »Lass mir mein Geheimnis!« ausführt, ein wichtiger Akt der Selbstbestimmung. Wir können uns damit Ruhe verschaffen, Zeit zum Nachdenken und Entscheiden. Wenn uns unser Partner die Idee ständiger und schrankenloser Offenheit aufdrängen möchte, müssen wir dem nicht entsprechen. Wir können uns schützen, wenn es uns schadet, die Wahrheit zu sagen. Niemand kann uns zwingen, uns selbst zu beschuldigen.

Wir können uns für und gegen die Wahrheit entscheiden – immer wieder neu.

Aber: Auch hilfreiche Ausreden haben Nebenwirkungen

Gibt es denn überhaupt etwas auszusetzen an solch freundlichen Lügen? Das gäbe es automatisch, wenn es für uns wichtig wäre, stets aufrichtig zu sein. »Du sollst nicht falsches Zeugnis ablegen wider deinen Nächsten« lautet das achte Gebot. In der »Kleinen Geschichte der Lüge«, geschrieben von der italienischen Philosophieprofessorin Maria Bettetini, kann man nachlesen, wie über die Jahrhunderte Theologen und (Moral-)Philosophen bewegt, ja erbittert darüber diskutierten, was eine Lüge genau ist und in welchen Fällen oder ob sie überhaupt zu rechtfertigen ist.

Es gibt radikale Positionen, wie sie Augustinus, der bedeutende Kirchenlehrer und Philosoph, im 4. Jahrhundert einnimmt, der acht Formen der Lüge unterscheidet und eine jede Lüge – ausnahmslos – als unentschuldbare Versündigung gegen Gott betrachtet. Man darf einfach nie lügen. »Nicht einmal um ein Leben zu retten, denn das Leben der Seele wiegt mehr als das Leben des Leibes.« Wenn man nicht schweigen oder klug handeln könne, muss der Gläubige die Wahrheit sagen, auch wenn dadurch ein anderer Mensch zu Schaden oder gar zu Tode kommt.

Eine Position, die man heute kaum noch nachvollziehen kann. Wir sind es gewohnt, Unwahrheiten aus verschiedensten Gründen für annehmbar, akzeptabel oder eben sogar erforderlich zu halten. Gleichwohl hat das – auch wenn wir nicht in Kategorien von Moral, Sünde, Gott und Tugend denken mögen – unstrittig Konsequenzen: Wir nehmen vieles überhaupt nicht ernst, was uns andere sagen, wir gehen stillschweigend davon aus, dass es nicht stimmt. Über die Jahre werden uns die Rhetorik der Unverbindlichkeit und die ewig gleichen Textbausteine der Erfolgsstorys suspekt. Jeder schwindelt jeden an.

Was bedeutet das? Es besteht die Gefahr, dass Vertrauen und Glaubwürdigkeit in weiten Lebensbereichen korrodieren. Immanuel Kant hat sich – als ein ähnlich strikter Gegner der Lüge wie Augustinus – vehement gegen die Lüge ausgesprochen, weil sie die Grundlagen des sozialen Miteinanders gefährde. In seiner Vorlesung »Von den Pflichten gegen andere Menschen, und zwar von der Wahrhaftigkeit« führt er aus: »Der Lügner hebt aber die Gemeinschaft auf (...), weil sie die Menschen unfähig macht, aus dem Gespräch des anderen etwas Gutes zu ziehen.« Wahr zu sprechen sei eine unbedingte Verpflichtung, nicht nur dem Einzelnen, sondern der ganzen Gesellschaft gegenüber. Lügen zerstöre das Fundament des gegenseitigen Vertrauens in der Gesellschaft und sei daher als Verbrechen gegen die Menschheit zu betrachten.

Mag uns das mehr als zweihundert Jahre später auch übertrieben anmuten, so ist der von ihm beschriebene Effekt dennoch offenkundig. Wenn man umgangssprachlich »der Politiker« fast gleichsetzt mit »Der spricht nicht aufrichtig«, bedeutet das etwas für Legitimität. Wenn ich sowieso nicht glaube, was mir ein Mitarbeiter einer Servicehotline sagt, hat das Auswirkungen auf mein Vertrauen in diese Firma.

Ich weiß, dass es zur Aufgabe einer Sekretärin gehört, ihren Chef abzuschirmen. Bei der Auskunft, dass der, den ich sprechen möchte, »leider gerade in einem Meeting« ist, weiß ich nicht, ob er wirklich tagt oder nicht (mit mir) sprechen will. Kein Drama, wir alle kennen das Spiel ja, spielen es selbst. Aber das genau hat einen Effekt; unversehens braucht es eine neue Orientierung für Wahrheit, für das, was ich glauben kann.

Bestimmte Fragen und Antworten sind in ihrer Abfolge dermaßen ritualisiert, dass man, auch ohne dabei gewesen zu sein, genau weiß, was gesagt wurde. Es ist schlechterdings undenkbar, dass bei einem formellen Abendessen auf die Frage der Gastgeberin, wie es den Gästen denn schmecke, irgendeiner reklamiert, dass das Lamm wohl zehn Minuten zu lange im Ofen war. Üblicherweise kommt das Ritual sogar ohne diese explizite Frage aus, und ganz von selbst stimmen die Gäste zum gegebenen Zeitpunkt das Loblied auf ihre Kochkünste an (»Köstlich!!«).

Und woher weiß ich jetzt, ob es den Gästen wirklich schmeckt? Ihren Worten jedenfalls kann ich es nicht entnehmen.

Es hat also auch sein Gutes, wenn jemand etwas wahrheitsgemäß sagt, was ich vielleicht nicht besonders gerne höre: Ich kann mich dann eher darauf verlassen, dass er, wenn er etwas Nettes sagt, es auch so meint. Einer Verkäuferin, die zu mir sagt: »Ziehen Sie das schnell aus, das steht Ihnen ja gar nicht!«, glaube ich viel eher, als wenn ich angeblich alles tragen kann. So zeigt sich, dass das Unangenehme Vertrauen schaffen und das Angenehme Zweifel erzeugen kann.

Wie wir mit Ausreden unproduktive Spiele spielen

Wenden wir uns nun jenen Ausreden zu, die zwar unbestreitbar Nutzen haben, aber deren Nachteile doch beträchtlich sein können.

Wir verschwenden Zeit mit guten Vorsätzen

Alljährlich nehmen wir uns viel vor. Wir fassen Vorsätze, brechen sie gleich im Januar und erfinden schöne Geschichten, warum wir sie nicht halten konnten und wann und wie wir es aber doch noch schaffen werden. Dass wir mit dem Laufen wieder anfangen werden, wenn es morgens um sieben wieder hell ist. Oder im März, wenn wir dieses superwichtige Projekt abgeschlossen haben. Im Juni sind wir gerade mal ein wenig erschöpft, und nun ist es bald schon wieder Zeit, es uns fürs nächste Jahr vorzunehmen. Dann aber wirklich.

Die Beruhigung, die von den guten Vorsätzen ausgeht, ist dreifach. Erstens: Ich muss jetzt direkt noch nichts tun. Zweitens: Ich denke aber schon mal dran. Und sammle drittens dadurch, dass ich sie verlautbare, Zustimmung zu meiner künftig sportlichen (wahlweise: vernünftigen/erfolgreichen/gesunden/mutigen/konsequenten) Lebensfuhrung. Das ist fast so gut, wie jetzt die Laufschuhe zu schnüren. Und viel weniger anstrengend.

Ich persönlich als Ausredenexpertin für Jogging (schlechtes Wetter, habe meine Tage und Bauchweh, meine Haare sind noch nass, ich bekomme/habe/hatte eine Erkältung, der Regen hat die Wege matschig aufgeweicht, das Eis sie gefährlich glatt gemacht) habe lange die Vorstellung gepflegt, dass ich irgendwann morgens aufwache und Lust hätte zu laufen. Mich zieht es hinaus, ich renne federnd und beschwingt los, und es wäre einfach toll. Das passiert aber nicht, ich habe nie Lust. Weder morgens noch abends. Aber ich weiß, dass es mir guttut. Also laufe ich entweder oder ich lasse es bleiben. Es ist pure Zeitverschwendung, darauf zu warten, dass mich die innere Begeisterung so auf die Laufstrecke treibt, wie mich ein gutes Buch mühelos in seinen Bann und in den gemütlichen Lesesessel zieht. Die amerikanische Psychologin und Bestsellerautorin Susan Jeffers hat ein gutes Buch zum Thema Selbstvertrauen geschrieben und es klug betitelt: »Feel the fear and do it anyway!« Wenn du dich fürchtest – okay, mach es dennoch! Darauf zu warten, dass die Angst vorbeigeht, und du dann handeln kannst, das kann dauern. Insofern kann man entweder die Absicht beherzt fallen lassen oder aber entscheiden: Wenn du keine Lust zu dem hast, was du dir vorgenommen hast: Okay. Mach es trotzdem! Und lass die Ausreden weg.

Wir langweilen uns gegenseitig mit Begründungen, warum etwas nicht geht

Langeweile entsteht durch die vorsätzliche Konzentration auf etwas, das uns nicht interessiert. Man könnte meinen, das tut ja niemand freiwillig. Tun wir doch. Vielleicht nicht jeden Tag, aber oft.

Wenn ich beginne, mich in einem Gespräch zu langweilen, dann passiert offensichtlich gerade etwas, wodurch mein Interesse abebbt. Niemand kann mich ohne mein Zutun langweilen, zu einer langweiligen Geschichte gehört ein leidensbereiter Zuhörer. Ich muss mich dazu tatsächlich auf das konzentrieren, was mich ermüdet. Manchmal merke ich erst an der Anstrengung, die es kostet, weiterhin so zu tun, als sei ich noch ganz dabei, dass ich gerade begonnen habe, das Langeweile-Spiel mitzuspielen. Der Versuch, höflich zu bleiben, das Lächeln neu anzuknipsen, strapaziert die Gesichtsmuskeln.

Das ist der Moment, wo ich mich erinnern sollte, dass ich nun die Wahl habe: aktiv das Gespräch umzusteuern, sodass es mich wieder fesseln kann, oder mich stattdessen genüsslichen Tagträume hinzugeben. Woher soll der andere schließlich wissen, dass ich mich langweile, wenn ich das unter Kopfnicken und freundlichem Blickkontakt zu verbergen trachte? Oft lädt man den anderen geradezu ein, das Thema, dem man eigentlich entkommen möchte, zu vertiefen, indem man nachfragt, bestätigende »hmhm«-Laute von sich gibt. Und dann wundert man sich, dass der andere ins Detail geht.

Was ist im Gespräch passiert?

Jemand erzählt in einer Runde von Freunden, wie unzufrieden er mit seinem Übergewicht ist und dass er unbedingt abnehmen muss. Die Schlanken und Schönen haben es leichter im Leben, auf dem Jahrmarkt der Eitelkeiten ist es ein nicht zu unterschätzendes Handicap. Außerdem merke er daran, dass er älter werde: früher hätten drei Tage Alkoholverzicht gereicht, und das Kilo war weg. Jetzt halten sich die Pfunde hartnäckig, es ist zum Verzweifeln.

So weit, so nachvollziehbar. Ein Zeiger auf der Waage, der sich einfach nicht nach unten bewegen will, Neidgefühle, Gedanken über das, was das Alter so an Veränderungen mit sich bringt, wer könnte hier nicht mitreden? Wenn man das Ganze in Humor wendet, kann das Gespräch unterhaltsam bleiben.

Bald kommen in Vorwegnahme seines gescheiterten Vorsatzes zwei bis zehn Argumente, warum er einer Diät keine echten Chancen einräumt. Er ist beruflich viel unterwegs, und die Hotelküchen kochen häufig viel zu fett (»Immer diese Sahnesüppchen!«), beim Geschäftsessen kann man nicht nur einen Salat mümmeln, und zum Entspannen hilft ein Glas Wein am Abend einfach zu gut.

Spätestens bei Argument zwei kündigt sich die Langeweile an. Das haben wir alle schon zu oft gehört und zu oft erzählt. Das ist zum Gähnen. Und bringt niemanden weiter. Dennoch steuert man mitfühlend eigene Hinderungsgründe bei – die unregelmäßigen Essenszeiten der jungen Mutter oder das Rauchen, das man sich gerade abgewöhnt hat (»Da kann man ja nicht auch noch hungern!«). Abnehmen könnte man nur, wenn man zusätzlich mehr Sport machte, und da spielt die angerissene Achillessehne leider nicht mit … und so fort. Nicht selten wird daraus das beliebte Spiel »Wer ist hier das ärmere Schwein?«. Später werden Ratschläge in die Runde geworfen. Dem einen hat Atkins, dem anderen Akupunktur, dem dritten vielleicht Fastenwandern geholfen. Kein Problem für den Ersterzähler, sein Korb der Einwände bleibt auf wundersame Weise immer prall gefüllt. Warum also diese Vorschläge für ihn persönlich nicht umsetzbar sind, längst erfolglos versucht wurden oder bei ihm nicht greifen können, begründet er mühelos.

Derweil hat sich in allen Synapsen Langeweile breitgemacht.

Wer das Ziel hat, fünf, zehn oder zwanzig Kilo abzunehmen, braucht dazu eine Strategie, braucht unter anderem Entschlossenheit und Disziplin. Es gibt nie die richtige Zeit zur Gewichtsreduktion. Mein Wunschgewicht kommt genauso wenig über mich, wie Effizienz in Besprechungen hineinfliegt. Übergewicht wird durch Verhalten auf- und durch anderes Verhalten abgebaut. Ein Meeting wird durch Handeln der Beteiligten ineffizient und durch anderes Handeln zielorientiert. Das wissen wir natürlich. Oft tun wir aber stundenlang klagend so, als ob wir damit nichts zu tun hätten und die Verbesserung irgendwie anders, jenseits unseres eigenen Aktivwerdens zustande kommen könnte. (Wer den Trick kennt, möge mich augenblicklich anrufen.)

Was so quälend uninteressant ist, ist immer das Gleiche: Es sind die Erklärungen, weshalb etwas **nicht** funktioniert, **nicht** klappt, **nicht** geht, **nicht** zu machen ist, was man gerne (anders) hätte.

Es ist unwahrscheinlich, dass wir als Zuhörer hilfreich sind, wenn wir uns zum zwanzigsten Mal antun, warum jemand sich nicht aus der seit Jahren unglücklichen Partnerschaft löst, immer noch nicht in New York war oder sich keinen Hund kauft. Wir spielen das Langeweile-Spiel mit. Und oft würde es dem anderen (oder das nächste Mal uns) nach einer gewissen Irritation einen großen Schritt weiterhelfen, wenn wir, die Freunde, uns dem Lamento nicht widmen würden. Sondern freundlich, aber bestimmt die Grenze zögen. Ich unterstütze dich, wenn du mit der Diät beginnst. Ich rufe dich meinetwegen zweimal die Woche an und spreche aufmunternde Worte oder schicke Anfeuerungsmails. Solange du aber nicht anfängst – lass uns über etwas anderes, etwas Interessantes reden!

Ihnen ist sicher aufgefallen, wie Vorsätze und Langeweile zusammenhängen. Ich nehme mir Sachen vor, zu denen ich keine Lust habe, die aber gut klingen. Ich erzähle reichlich davon, um mich unter Druck zu setzen und um mir einen Vorschuss an wärmender Anerkennung zu sichern. Und dann knicke ich ein und mache das, was ich lieber machen will: Pizza bestellen, arbeiten, trödeln, kein Risiko eingehen. Zum Ersatz erzähle ich dann von den großen Verhinderungsmächten ...

Wenn schon – dann seien Sie kreativ, erfinden Sie mal was Neues. Ersparen Sie Ihren Freunden die Langeweile und verblüffen Sie sie mit intelligenten, witzigen, frischen Ausreden, die ihnen noch nicht begegnet sind.

Wir machen uns etwas vor mit dem »Ich habe keine Zeit!«

Eine der langweiligsten aller Ausreden, und eine, die besonders verbreitet ist. »Ich würde ja so gerne öfter ins Theater gehen, aber ...« In Vorstellungsrunden mit Managern sind oft alle Hobbys dem Ich-habe-leider-keine-Zeit-Phänomen zum Opfer gefallen. Es gehört zum guten Ton, aus Zeitmangel nicht mehr seinen Neigungen nachgehen zu können: »Ich komme gar nicht mehr dazu, etwas anderes zu lesen als Fachliteratur.« Bravo! Das klingt entschlossen, leistungsorientiert und zielbewusst. Hobbys zu pflegen, hieße ja, zu viel Zeit zu haben, nicht komplett in der Arbeit aufzugehen. Ich habe noch nie jemanden erlebt, der das, was er wirklich tun will, nicht tut. Jedenfalls nicht, weil er dazu keine Zeit finden würde. Wir haben ja immer die gleiche Zeit, wir verteilen sie nur nach unseren Prioritäten. Es gibt unterschiedliche Lebensphasen, und in denen ändern sich die Priorisierungen. Aber was wir wollen, das kriegen wir zeitlich unter. Und lassen etwas anderes dafür weg.

Menschen, die jeden Tag vier Stunden fernsehen, wollen fernsehen. Die Aussage, dass sie keine Zeit hätten, eine Fremdsprache zu lernen (»Ich würde so gerne italienisch können!«), heißt nur, dass sie lieber fernsehen als Vokabeln lernen.

»Ich habe keine Zeit für regelmäßigen Sport«: Das stimmt nie. Ich verbringe sie nur anders. Weil etwas – was es auch ist – mir momentan wichtiger ist.

Wenn der Rücken richtig wehtut: Plötzlich sind die zehn Minuten da für die tägliche Rückengymnastik. Wo kommen die eigentlich auf einmal her? Wo hatten die sich vorher versteckt? Über die Stunden im vollen Wartezimmer bei desinteressierten Orthopäden wollen wir gar nicht reden. Eines ist klar: Die Zeit ist immer da, ich nehme sie mir, wenn es so weit ist. Vorher rede ich nur herum. Weil es gut klingt (busy busy, wichtig wichtig) oder weil ich (noch) nicht bereit bin, etwas anderes einzuschränken oder eine Mühe auf mich zu nehmen.

Wie spielen Sie beim Ausreden-Spiel mit?

An dem einen oder anderen Spiel nehmen vermutlich auch Sie teil, indem Sie selbst Ausreden verwenden und die Ausreden anderer akzeptieren.

Achten Sie doch in den nächsten Wochen einmal darauf, welche Ausreden Sie besonders häufig verwenden, und schreiben Sie sie auf.

Meine persönliche Ausreden-Favoriten

1. _____
2. _____
3. _____
4. _____
5. _____
6. _____
7. _____
8. _____
9. _____
10. _____
11. _____
12. _____
13. _____
14. _____
15. _____

Wenn andere Menschen sich herausreden – über welche Ausreden ärgere ich mich besonders?

1. _____

2. _____

3. _____

4. _____

5. _____

6. _____

7. _____

8. _____

9. _____

10. _____

11. _____

12. _____

13. _____

14. _____

15. _____

In einem späteren Kapitel kommen wir auf Ihre Erkenntnisse nach einmal zurück.

Wir beschuldigen uns gegenseitig unnötig im »Warum-Weil-Spiel«

Wenn jemand aus eigenem Antrieb begründet, warum er sich etwas wünscht oder vorschlägt, ist das immer hilfreich. Es erleichtert dem anderen, auf den Wunsch oder die Idee einzugehen.

Ganz anders verhält es sich, wenn man zu einer Begründung aufgefordert wird. Man kann mühelos ein unproduktives Spiel eröffnen, indem man eine Warum-Frage stellt. »Warum« ist nämlich keine Frage, sondern immer ein Vorwurf. »Warum kommst du so spät?«, »Wieso hast du das Stopp-Schild übersehen?«, »Warum hast du keine Bionade eingekauft, sondern nur Cola?« Das sind waschechte Vorwürfe. Und man bekommt darauf waschechte Ausreden: Es wird getarnt, getäuscht und tiefer gehängt. Und das ist auch richtig so.

Schließlich haben wir alle von Kindesbeinen auf gelernt, dass diese Frage nichts Gutes bedeutet, und uns darin geübt, günstige Antworten zu erfinden. Diese Weil-Antworten sollen besänftigen, ablenken, entschuldigen, uns aus der Schusslinie bringen.

Wenn man einen Streit richtig anfeuern und in Gang halten will, braucht man nur nach Herzenslust »Warum« an »Warum« zu reihen. »Warum hast du gestern wieder so lange vor dem Computer gesessen?« wird abgelöst von »Warum musst du eigentlich immer an meinen Hobbys herumzetern?« und geht zu »Warum kannst du nicht mal bei dem Punkt bleiben, um den es geht?« und so weiter, sofern nicht vorher einer die Tür zuknallt oder einlenkt.

Ausreden sind Reaktionen auf tatsächlichen oder vermeintlichen Rechtfertigungsdruck. »Warum haust du denn den Dennis??!« Das ist – meistens jedenfalls – keine Frage nach dem, was wirklich passiert ist und was Timmy im Inneren bewegt, die Schippe mit Schwung auf Dennis' Hinterkopf zu platzieren. Eine Frage ist dann eine echte Frage, wenn ich an der Antwort interessiert bin und offen dafür, wie sie ausfällt. Die normale Warum-Frage aber will zuvorderst, dass der andere zugibt, dass er etwas verkehrt gemacht hat, und wenn das erledigt ist, darf er Gründe anführen, die vielleicht das Strafmaß verringern. Die Warum-Frage gibt insofern eine Antwort klar vor: »Ja, ich bin schuldig!«, das soll laut gesagt werden. Das ist das Ziel eines jeden Verhörs. So fühlt es sich auch an. Man muss sich damit abfinden, dass Antworten auf Warum-Fragen selten oder nie befriedigen. Was bezweckt man eigentlich mit ihnen?

Was hilft es mir zu wissen, warum die Haushaltshilfe vergessen hat, den Zitronenbaum zu gießen? Entweder er ist vertrocknet, dann ist es eh zu spät, oder er hat überlebt, und es ist gut. Welchen Vorteil hat es, wenn ein Vorgesetzter weiß (oder meint zu wissen), warum ein Mitarbeiter einen Fehler in der Abrechnung gemacht hat? Die echte Antwort ist längst bekannt: Die Putzfrau hat es vergessen, der Mitarbeiter hat einen Fehler gemacht. Machen wir nicht mehr daraus, als es ist.

Wenn jemand durch das Warum beschuldigt wurde (und es fühlt sich immer beschuldigend an, machen wir uns da nichts vor!), dann geht seine Intelligenz hurtig in die Ausreden-Werkstatt und sucht nach etwas Passendem. Vielleicht eher was aus dem Regal »Mitleid erzeugen«, aus dem Giftschrank »Du bist auch nicht besser!« oder der Schublade »Es war in Wirklichkeit ganz anders!«.

Die Intelligenz ist mit Abwehr der Beschuldigung beschäftigt und die Gefühle vermutlich mit Groll, schlechtem Gewissen oder Empörung. Somit stehen weder Verstand noch Emotion zum produktiven Denken zur Verfügung. Man ist gerade aushäusig und bastelt Begründungen.

Sowohl im privaten Umfeld als auch in ungezählten Büros vernichten wir mit Warum-Fragen Produktivität. »Warum«

ist so wie »Wie konnte das passieren??« und vermittelt wenig subtile Bedrohung. Viel Zeit und Energie werden in Firmen dafür aufgewendet, einen Schuldigen zu liefern oder wenigstens eine plausible Entlastung zu konstruieren. Es ist anzunehmen, dass die gespürten oder tatsächlichen Kosten zur Bewirtschaftung einer Warum-Frage umso teurer werden, je höher die Hierarchieebene ist, aus der sie gestellt wird.

Ich erinnere mich noch, wie ein Vorstand eines großen Unternehmens, Herr P., in einem Skiurlaub an der Bar von einem Kollegen eines anderen Unternehmens gefragt wurde, warum in seinem Geschäftsbericht eine bestimmte Kennziffer fehle und wie es sich mit ihr verhalte. Leider fiel Herrn P. dazu keine passende Antwort ein, und das störte ihn beträchtlich. »Kein Problem! Das lasse ich umgehend klären!« So rief er, Urlaub hin, Urlaub her, in der Firma an und hinterließ das »Warum und Wie« ärgerlich im Vorstandssekretariat. Mit der dringenden Bitte um Aufklärung. Die Maschinerie begann sich hektisch zu drehen, Heerscharen von Menschen in Fachabteilungen suchten nach einer Antwort. Aktennotizen wurden erstellt, Unteraufträge erteilt, interne Telefonrechnungen in die Höhe getrieben. Zwischenzeitlich war aus St. Moritz bereits Unmut vermeldet worden, die Klärung dauere zu lange. Das Problem war: Es gab keine Antwort. Niemand kannte die Zahl genau, es war auch nicht möglich, sie aus dem vorhandenen Datenmaterial zu ermitteln oder zu rekonstruieren. Ein beherzter Abteilungsleiter hatte schließlich eine großartige Idee und erfand eine Zahl. »3,5« wurde nach St. Moritz telefoniert. Alle atmeten auf.

Später hat jemand (ich glaube, es war der Erfinder) einmal ausgerechnet, dass der Versuch, die Frage zu klären, rund zweihundert Mannstunden gekostet hatte. Eine Ausrede kann – wenn sie schnell zur Hand ist – viel Geld und Zeit sparen ...

»Warum hast du diesmal in Deutsch nur ein Befriedigend

erzielt?« Fantastischer Auftakt für die fröhliche Zeugnisbetrachtung. Als ob die Tochter nicht genug damit zu tun hätte, sich selbst darüber zu ärgern, wenn sie eigentlich eine Zweierkandidatin ist. Wenn ihr die Noten egal sind, hilft die Frage auch nicht sonderlich. Wie man es dreht und wendet: Das Warum beschämt, ärgert, fordert Rechtfertigung und erzeugt unproduktive Begründungen.

Man prüfe also, was man wirklich will. Eine mehr oder weniger originelle Ausrede, eine gezündete Eskalationsstufe, ein grimmiges Schuldeingeständnis, das nach Revanche schreit – oder vielleicht eine konstruktive Hinwendung auf das, was man jetzt tun könnte, um die Situation zu verbessern.

Ist man an produktivem Miteinander interessiert, dann gibt es zwei Empfehlungen: Man lasse als Fragesteller so oft wie möglich vom Warum ab. Und als Gefragter wäge man immer ab, was mehr Nachteile hat – das Warum zu beantworten oder es zu lassen. Eine der schlüssigsten Antworten ist immer noch die, die Kinder eine Zeit lang, ehe sie zum Ausredenerfinden erzogen wurden, unbefangen geben: »Warum willst du denn den Onkel Doktor nicht in deinen Hals schauen lassen?« – »Darum!«

Wir leiden lieber als zu handeln – Ausreden sind unsere Komplizen dabei

Mit Ausreden sind wir höflich, machen es uns bequem, verschaffen uns Zeit und verschieben kleine und größere Vorhaben auf ein ungewisses Irgendwann. Wir nutzen sie, um uns vor uns selbst und anderen zu entschuldigen. Oft keine große Sache, abgehakt.

Was aber viel wichtiger ist: Ausreden sind daran beteiligt, dass wir Probleme nicht lösen. Sie verhindern, dass wir rechtzeitig handeln – um uns nach einem Streit zu versöhnen, eine Beziehung zu klären, einen Konflikt aus der Welt zu räumen, eine berufliche Situation zu verbessern oder unser Leben in Ordnung zu bringen. Sie sind Komplizen des Zögerns, des Hin und Hers, der Weigerung, ins Risiko zu gehen. Die Folge: Wir unterlassen es, an wichtigen Weggabelungen unseres Lebens Entscheidungen zu treffen. Und ziehen im schlimmsten (und nicht seltenen) Fall zum Schluss eine Bilanz verpasster Gelegenheiten. Egal, wie gut die Ausreden uns auf der Strecke erschienen, am Ende des Lebens zählt, was wir gelebt und verwirklicht, und nicht, was wir versäumt haben.

Es beginnt oft harmlos: indem wir Probleme nicht aktiv angehen, sondern an ihnen festhalten.

Was ist eigentlich ein Problem?

Wenn man eines hat, weiß man es. Etwas ist nicht so, wie es sein sollte oder ich es gerne hätte. Technisch ausgedrückt, handelt es sich um eine Soll-Ist-Abweichung. Damit ich diese

Differenz wirklich als Problem (nicht nur als Störung, Hindernis oder Herausforderung) empfinde, gehört dazu, dass ich keine Lösung habe und dass sich negative Empfindungen einstellen. Ärger könnte aufkommen, ich könnte enttäuscht sein, mich ängstigen oder hilflos fühlen. Wenn ich **keine** negativen Gefühle habe, dann habe ich auch kein Problem, dann ist die Abweichung unerheblich oder mir egal. Man spricht von Problembewusstsein, eigentlich müsste man von Problemempfindung sprechen. Wenn mein Chef keine Unruhe spürt, wenn er weiß, dass ich unzufrieden mit meinem Job bin, dann hat er kein Problem. Dann bin ich ihm nicht wichtig und **ich** habe das Problem. Und muss entscheiden, ob ich mit jemandem arbeiten möchte, dem mein Wohlbefinden gleichgültig ist. Wenn einer der beiden Partner in den ersten Stunden einer Paarberatung davon spricht, dass er selbst ja kein, sondern nur der andere ein Problem habe, gibt es kein geteiltes Problemempfinden – und dann wird es schwierig mit der gemeinsamen Lösungssuche.

Wir schildern jedes Problem auf die gleiche Weise: So, dass wir es behalten können

Völlig unabhängig vom Thema, vom Inhalt des Problems gibt es bei seiner Darstellung eine Grundmelodie, die immer gleich ist. Bei uns allen. »Ich weiß gar nicht, was ich machen soll!« ist eine häufige Formulierung. So weit, so klar. Das Fehlen der Lösung ist, wie beschrieben, Teil des Problems.

Interessanter ist, warum uns nicht einfällt, was wir tun könnten. Wir sind wie vernagelt, tatsächlich nicht kreativ.

In der Literatur wird das oft als Problemfokussierung bezeichnet: Ich starre aufs Problem und nirgendwo anders hin. Wenn ich mich auf ein Problem konzentriere, verengt sich mein Gesichtsfeld, und ich kann unmöglich gleichzeitig darüber nachdenken, wie ich es – mithilfe welcher Ressourcen (Fähigkeiten, Talente und Erfahrungen) – lösen könnte. Menschen, die ein Problem schildern, machen alle in etwa das gleiche Gesicht, sie zeigen, wie es so nett heißt, eine Problemphysiognomie, ein Ausdruck irgendwo zwischen Bauchschmerzen und Halsweh. Und sie schauen tendenziell nach unten, während Menschen, die nach einer Lösung suchen, ihren Kopf und dann ihren Blick im wahrsten Sinne des Wortes er-heben. Sie suchen dort oben im Schatz ihrer Erinnerungen oder sie machen sich neue Bilder, erfinden etwas. Zum Beispiel Ausreden. Wenn jemand eine Ausrede bewusst konstruiert, schaut er – achten Sie einmal auf sich selbst, wenn Sie es tun – nach rechts oben. Wenn Sie eine verwenden, die Sie gestern schon gebraucht haben, und Sie sich noch einmal an den Wortlaut zu erinnern suchen – nach links oben. Im Moment jedenfalls schauen wir entschlossen nach unten. Aufs Problem.

Wir ziehen das vertraute Unglück vor

Entscheidend für alles Weitere ist es, ob und wie es gelingt, den Blick vom Problem zu lösen, um über Lösungen nachdenken zu können. Das klingt leichter, als es ist. Wir alle haben eine Tendenz, an einem Problem festzuhalten, so unsinnig das auch klingen mag. »Leiden ist einfacher als Handeln«, so hat Sigmund Freud es einmal formuliert – und uns damit einen Schlüssel zu diesem zunächst unverständlichen Verhalten gegeben.

Ich löse mich erst dann vom Problem, wenn der Leidensdruck stärker geworden ist, als mein Zögern zu handeln. Die Zeit muss reif sein, ehe wir die Vertrautheit eines bekannten Unglücks gegen das Risiko eines ungewissen Glücks zu tauschen bereit sind. Denn das Problem loszulassen heißt, ins Risiko zu gehen.

Zu Beginn meiner Berufstätigkeit ging ich davon aus, dass Menschen, die ein Problem haben, dieses lösen wollen. Gut, ich wusste natürlich, was ein sogenannter sekundärer Krankheitsgewinn ist: Jemand leidet unter einer Krankheit, aber er bekommt auch etwas dafür. Dieses Etwas kann manchmal der Grund der Krankheit sein. Wenn ich krank bin, kümmert man sich um mich; oder anders ausgedrückt, viele Menschen müssen erst krank werden, ehe sie zulassen können, dass man sich ihnen liebevoll und hilfreich zuwendet. Oder: Wenn ich krank bin, kann ich legitim Dinge vermeiden, zu denen ich mich sonst verpflichtet sähe. Ich wäre wirklich gerne zu dem Familientreffen gekommen (auf dem es die letzten Jahre immer grässliche Auseinandersetzungen gab ...), aber leider hat mich der Ischiasnerv aufs Lager gezwungen, ich kann keinen Schritt ohne Schmerzen tun. Die Metaphorik vieler Krankheiten ist beeindruckend, der Körper ist ein fabelhafter Ausredenerfinder. Wie eine gute Freundin einmal sagte: »Jetzt muss ich nur noch lernen, keinen Hexenschuss zu bekommen, wenn ich es mir gönne, daheim zu bleiben.«

Mir war demnach bewusst, dass Menschen an ihren Krankheiten und Störungen festhalten (müssen), und es dadurch ein Sträuben gegen Heilung gibt, selbst wenn das paradox scheinen mag.

Aber ich hatte mich ja nicht für eine psychosomatische Klinik, sondern für die Personalentwicklung in Firmen entschieden. Und da hatte ich nicht mit Widerstand gegen Problemlösungen gerechnet.

Menschen in Unternehmen schilderten mir ein Problem, und ich hörte ihnen mit der Erwartung zu, dass sie mit mir aktiv nach einer Lösung suchen wollen. Diese Annahme erfüllte sich oft nicht. Immer, wenn ich von denjenigen, die in den Problemschilderungen als Verursacher, Schuldige, Täter definiert wurden, weg- und auf die Handlungsmöglichkeiten des Erzählers kommen wollte, wurde es schwierig. Ausgiebig wurde über die anderen geredet, geschimpft, geklagt. Meine Fragen, was man denn selbst unternehmen wolle, passten nicht ins Konzept.

Ein Vertriebsleiter, der die letzten zehn Jahre für einen Konzern in Fernost zugebracht hatte, war nach Europa zurückgekehrt, um hier eine erweiterte, internationale Verantwortung in der Zentrale wahrzunehmen. Er übernahm die Sekretärin seines Vorgängers, der aus Altersgründen ausgeschieden war. Eine »verdiente Kraft«, hatte man ihm versichert, sein Vorgänger und sie hätten viele Jahre einvernehmlich zusammengearbeitet. Sie kenne die Firma, vor allem die Netzwerke in der Zentrale, in- und auswendig und werde ihm daher eine große Unterstützung sein können.

Sie war der Grund für unseren Coachingtermin.

Er schilderte in allen Schattierungen der Empörung, was sich diese Frau alles erlaube: Sie gehe in der Woche einmal zum Friseur und einmal zur Maniküre, während der Arbeitszeiten wohlgemerkt. Und neulich habe er sie – das sei ja wohl der Gipfel! – einen Termin im Sonnenstudio ausmachen hören. Es sei skandalös, dass sie dabei nicht das geringste Unrechtsbewusstsein habe. Was sie sich bloß denke?

»Nichts«, war meine Vermutung. Warum sollte sie auch? Wenn sein Vorgänger keine Einwände gehabt hatte, woher sollte sie dann wissen, dass der Neue sie hat? Dieses Argument schmetterte er nachdrücklich ab. Das sei doch völlig klar, dass das ein unmögliches, inakzeptables Verhalten sei. Das verstehe sich von selbst.

Auf dieses Moment des »Selbstverständlich!« werden wir noch mehrfach zurückkommen.

Ob er denn bereits mit ihr über seinen Ärger und seine Erwartungen gesprochen habe?, versuchte ich die Situation weiter zu verstehen.

Nein, hatte er nicht. Und das habe er auch eigentlich nicht vor. Was mich nun wiederum wirklich verwunderte. Wie will man jemanden dazu bringen, ein über Jahre geprobtes Verhalten zu verändern, ohne mit ihm zu reden?

Nur mit Mühe konnte er sich diesen Gedanken öffnen, man konnte richtig sehen, dass der Verdacht in ihm arbeitete, ob er es jetzt nicht noch mit einer weiteren unmöglichen Person zu tun hatte. Mit ihm über die Sekretärin schimpfen und vielleicht juristische Schritte vorschlagen – das hätte ich sollen. Dass ich ihn nicht als Opfer eines von ihr verursachten Skandals betrachtete, sondern als Akteur, lief seiner Erwartung völlig zuwider.

Ähnlich verhält es sich, wenn Sie von jemandem gebeten werden, einen Rat zu einem Problem zu erteilen. Sie machen vermutlich dann die gleiche Erfahrung, die ich ungezählte Male gemacht habe: Derjenige, dem Sie die Vorschläge machen, spricht keineswegs begeistert darauf an, sondern wird entweder noch einmal ausholen und das Problem vertieft erläutern, oder er wird Ihnen gleich erklären, warum Ihre Vorschläge nicht funktionieren können. Was soll dieses undankbare Verhalten?

Wir jammern lieber

Kein Wunder, dass im Sprichwort vom geteilten Leid das Verb »handeln« nicht vorkommt. Solange wir über Probleme reden, müssen wir nichts tun. Menschen erzählen Probleme nicht, um sie zu lösen. Sie wollen sie erzählen. Und sie erzählen sie, damit man ihnen in ihrer Auffassung zustimmt. Zu ihrer Version des Problems gehört, dass sie selbst es nicht lösen können oder müssen. Unter anderem, weil sie es nämlich nicht verursacht haben, sondern jemand anders. Menschen erzählen Probleme, um nicht handeln zu müssen.

Über Probleme zu sprechen, entlastet uns. Wir bekommen Trost, Zustimmung, Aufmerksamkeit. Die Art, in der wir das

Problem schildern, scheint zu beweisen, dass wir die Opfer und andere die Täter sind. Der Vorschlag, über eigene Handlungsmöglichkeiten nachzudenken, ist insofern eine unpassende Reaktion. Achten Sie einmal darauf, wenn jemand ein Problem schildert, und hören Sie sich selbst zu, wenn Sie es tun. Wir alle reden zu 95 Prozent darüber, dass irgendwer etwas falsch macht, sich unmöglich (unfair/unkollegial/inkompetent/autoritär/lieblos/unverschämt/gedankenlos) benimmt. Über unseren eigenen Anteil an der Situation sprechen wir wenig, und wenn, dann in den verbleibenden fünf Prozent, in denen wir einwandfrei begründen, warum wir selbst an der Situation nichts ändern können.

Es ist kein Zufall, dass wir Probleme so schildern. Es liegt daran, dass wir sie so erleben. Die Art der Darstellung entspricht unserer Wahrnehmung und unserem Empfinden. Wir erzählen davon, damit die anderen uns recht geben und wir bei unserer Version bleiben können. Wir erzählen sie, damit die anderen uns bestätigen, dass wir schuldlos in Schwierigkeiten geraten sind.

Wie wir gelernt haben, uns für die Passivität und damit für das Problem zu entscheiden

Wir stellen uns als Opfer dar, weil wir uns so fühlen. Aber wir haben immer auch einen eigenen Anteil am Problem, und es gibt immer Möglichkeiten, zu handeln. So gesehen, ist jede Opfergeschichte eine reduzierte Version zu unseren Gunsten und eine fulminante Ausrede.

Psychologisch hat diese Bereitschaft, sich auf den Opferzustand zurückzuziehen, ihre Wurzeln in unserer Kindheit und darin, wie in unserer Wahrnehmung mit unseren Bedürfnissen und Gefühlen umgegangen wurde. Wir haben eine Entwicklung durchlaufen, in der wir am Anfang unsere Gefühle offen ausgedrückt haben, damit andere für uns sorgten, solange wir das selbst noch nicht konnten. Und am Ende könnten wir eigentlich mittlerweile selbst für unsere Bedürfnisse sorgen, tun es aber in vielen Situationen nicht und erwarten, dass es andere für uns tun. Auf paradoxe Weise halten wir an einer Abhängigkeit fest, die wir längst in Eigenverantwortung hätten wenden können.

Phase 1: Am Anfang unseres Lebens drücken wir offen aus, was wir empfinden

Alle Kinder bringen einige grundlegende Bedürfnisse und sogenannte Grundgefühle mit, wenn sie auf die Welt kommen. Die elementaren Bedürfnisse sind einerseits die physiologischen, also Hunger, Durst, Schlafbedürfnis, daneben das Bedürfnis nach zeitlicher (Rhythmus) und räumlicher Orientierung und –

in unserem Zusammenhang besonders wichtig – das Bedürfnis nach Liebe. Kinder können nur überleben, wenn sie geliebt werden.

Der britische Entwicklungspsychologe John Bowlby hat in seiner Theorie zur frühkindlichen Bindung gezeigt, wie elementar das Gefühl, »sicher gebunden« zu sein, also verlässlichen Rückhalt bei den Bezugspersonen zu finden, für das gesamte weitere Leben ist. Wenn das Kind sich geborgen, gewollt und beschützt fühlen darf, kann es sich neugierig und aktiv der Welt zuwenden und ein positives Selbstbild aufbauen. Die Grundsteine von Zuversicht, Selbstvertrauen, Zielorientierung werden hier gelegt.

Liebe erleben Kinder zunächst auf drei elementare Arten: Körperkontakt, Blick und Klang. Sie fühlen sich geliebt dadurch, wie sie körperlich gehalten und gestreichelt werden, wie sie gesehen, angesehen und wahrgenommen werden, und wie der Klang ist, den sie hören, wenn man mit ihnen spricht.

So entwickelt ein Kind seine Vorstellung davon, was für eine Art Menschenkind es ist und wie die Qualität der Beziehung, in der es aufgehoben ist, einzuschätzen ist. Letzteres ist eine Existenzfrage. Denn Kinder können nur überleben, wenn für sie gesorgt wird. Von dieser existenziellen Abhängigkeit »weiß« ein Kind mit jeder Pore seines Körpers, lange, bevor es das mit dem Verstand erfassen könnte. Und so ist die Frage nach der liebevollen Zugewandtheit der Beziehung elementar und geht allem anderen vor. So muss man sich nicht wundern, dass unser ganzes restliches Leben lang der Beziehungsaspekt von Kommunikation (Wie stehen wir zueinander?) immer wichtiger als das, was jemand inhaltlich sagt (Worüber spricht er?). Zuvorderst prüfe ich stets: Wie sieht der andere mich an, wie interessiert er sich für mich und wie spricht er mit mir.

Die Grundgefühle, die alle Kinder gemeinsam haben, sind Freude, Trauer, Zorn und Angst. Diese vier Grundgefühle sind die Grundstoffe unseres Gefühlslebens und sie sind pur, noch nicht gemischt. Freude ist schiere Freude, Zorn ist nichts als Zorn, Angst fühlt sich nur nach Angst an, Schmerz ist Schmerz. Wenn die Gefühle ausgedrückt und in passender Weise beantwortet wurden, dann gehen sie wieder und machen Platz für neue Empfindungen. Das Erleben der Gegenwart spiegelt sich im raschen Wechsel der Gefühle eines Kindes, das lacht und weint und schreit und lacht und staunt und wieder von vorn.

Diese ursprünglichen Gefühle stehen in enger Verbindung mit den Grundbedürfnissen: Bin ich satt und ist mir warm – das ist Freude; bin ich allein, und es ist dunkel – das ist Angst; versuche ich etwas, und es gelingt nicht – das ist Zorn; und tut mir etwas weh, wird mir etwas weggenommen, bleibt ein Bedürfnis unerfüllt – das ist Trauer.

Kleine Kinder drücken diese Gefühle unmittelbar und ohne Umwege aus. Sie überlegen nicht, ob sie sich etwas vergeben: Wenn sie traurig sind, weinen sie. Sie haben auch noch keine Hemmung, dass es vielleicht uncool sei, Angst zu haben. Wenn sie sich ängstigen, suchen sie Hilfe. Dass das so ist, ist wunderbar, denn so geben Kinder jederzeit Auskunft über den Stand ihrer Bedürfnisse und ihren Bezugspersonen damit die Chance, auf sie einzugehen.

Die Äußerung der Grundgefühle ist ein ganz wesentlicher Teil des Ankommens in der Welt, der Zwiesprache mit den anderen, der Verständigung und Beziehung. Kinder entscheiden sich nicht, ihre Gefühle zu zeigen, sie tun es. Spontan, unverstellt, jetzt. Und dadurch überleben sie – das sollten wir nie vergessen, wenn wir über Gefühle nachdenken.

Phase 2: Wir lernen, unsere Gefühle zu kontrollieren

Im Lauf der Zeit lernen Kinder allerdings, dass der freie Gefühlsausdruck manchmal weniger gute Konsequenzen zeitigt; und sie lernen, welche Gefühle eher gut ankommen als andere.

So erstaunlich es auch sein mag, Untersuchungen der letzten Jahre haben erwiesen, dass dreißig Jahre Emanzipation an der Erziehung beinahe spurlos vorübergezogen sind: Noch immer lernen Mädchen, dass Freude, Trauer und Angst in Ordnung sind, Zorn aber weniger; und Jungs lernen, dass Freude und Zorn akzeptiert sind, Angst und Trauer, weil unmännlich, eher schwierig.

Das hat enorme Konsequenzen. Mädchen wie Buben beginnen nach und nach vorsichtig zu werden im direkten Ausdruck ihrer Empfindungen, sie verschieben manche Gefühle auf andere, und sie erwerben sogenannte sekundäre oder gelernte Gefühle. Jungen hören sukzessive auf, unbefangen zu weinen und ängstlich zu sein. Sie werden stattdessen zum Beispiel wütend. Kleine Mädchen hören etwa »Jetzt bist du aber ganz hässlich!«, wenn sie vor Zorn sprühen, und lassen es irgendwann bleiben. Und werden dann vielleicht eher traurig. Damit werden die Grundlagen für viele Missverständnisse zwischen Männern und Frauen gelegt.

Davon abgesehen, erlebt jedes Kind in seiner Familie eine ganz individuelle Sozialisation in Sachen Gefühle. Wie gehen die Eltern mit ihren eigenen Emotionen um, wie mit denen des Partners? Können sie die Empfindungen ihrer Kinder zutreffend deuten und verstehen? Dürfen Gefühle gezeigt und besprochen werden? Oder erschrecken oder ärgern sich die Eltern, weil das Kind Gefühle offenlegt, die sie sich selbst schon längst verboten haben? Kann ein Kind frei äußern, was es will, oder muss es (zu früh) fragen »Darf ich?«. Wird ein Kind ermutigt, seinen Empfindungen zu trauen und nachzugeben oder wird es mit »Stell dich nicht so an!« ermahnt? Unterstellt man gar einem Kind, es wäre »extra« zornig, um Mama traurig zu machen, oder einem besonders sensiblen, von Reizen schneller als andere überforderten kleinen Mädchen, es sei »zickig«?

Phase 3: Wir verlernen, unsere Gefühle zutreffend wahrzunehmen und auszudrücken

Wenn man Gefühle als wichtige Informationsquelle und eines unserer Intelligenzzentren betrachtet, dann werden viele Kinder leider oft früh dumm gemacht. Man bringt ihnen bei, weg- statt hinzuhören, man drängt ihnen Interpretationen und Bewertungen auf, statt sie zu bestärken, ihren inneren Impulsen zu trauen.

Sobald dieser Prozess einsetzt, in dem der unbefangene Umgang mit den Grundgefühlen endet, bieten unsere Empfindungen keine klare Orientierung mehr. Wir werden unsicher, was wir eigentlich genau spüren und wollen, wir fragen uns stattdessen, was von uns erwartet wird. Und so wird auch das, was wir an Gefühlen zeigen und äußern, entsprechend unklarer, mehrdeutiger. Wut könnte auch auf Angst hindeuten, Trauer im Kern eigentlich Zorn sein. Jetzt wird das Dechiffrieren schwierig. Der Kontakt zu unseren ursprünglichen Gefühlen reißt immer mehr ab.

Es ist (glücklicherweise!) nicht so, dass unsere Grundgefühle nicht mehr da wären; aber sie werden zunehmend undeutlicher, es braucht einen stärkeren Anlass oder mehr innere Not, dass sie wieder hervorkommen dürfen. Wir pflegen die Beziehung zu ihnen nicht, es ist wie mit Freunden, die man irgendwie aus den Augen verloren hat. Irgendwo da drin wohnen sie, klar, aber wann habe ich das letzte Mal vor Freude getanzt, wann ohne Scham und Scheu geschluchzt? Viele Erwachsene weinen nur noch im Kino: an den Stellen, wo der Regisseur Rührung vorgesehen hat. Oder als Fan, wenn der Verein verliert. Der Sport ist ein Tummelplatz für Grundgefühle, wie gut, dass da hemmungslos gefeiert, umarmt, gewütet, gefreut und gezittert werden kann!

Phase 4: Wir lernen Ersatzgefühle

Immer öfter zeigen wir eine Art Ersatzgefühle, sogenannte »gelernte Gefühle«: Wir sind beleidigt, verletzt, gekränkt, wir fühlen uns ungerecht behandelt, hilflos, empört, trotzig, frustriert und so fort. Diese erworbenen Gefühle sind nicht mehr pur, sie sind gemischt, geschüttelt und oft verdreht. Sie sind verschlüsselt, schwer zu lesen.

Ersatzgefühle lernen wir, weil wir merken, dass wir oft schlechtere Karten haben, wenn wir ehrlich sind und offen zeigen und sagen, was wir wollen und wie es uns geht. Wir erfahren, dass es klüger ist, zu warten, zu beobachten, ob es gerade passt, nur vorsichtige Signale zu geben, mit anderen Worten: uns anzupassen. Und dass es dann wenigstens halbwegs in die richtige Richtung geht. Wir orientieren uns nicht mehr an unserem Inneren, sondern an den anderen. So fängt das kommunikative Theater an, das uns im Verlauf der nächsten Jahrzehnte so viel Lebensqualität kosten wird.

Dafür ist aber die Haltbarkeit eines gelernten Gefühls immens. Wenn ein Kind sich wehgetan hat, seinen Schmerz ausdrückt und getröstet wurde, dann ist der Kummer in zwei Minuten vergessen. Wenn es aber den Schmerz unterdrückt, entstehen Groll und Einsamkeit. Wenn jemand beleidigt ist, dann kann er das Jahre bleiben, mit wenigen Stichworten kann man dieses Gefühl beliebig neu auslösen.

Phase 5: Wir reden uns mit unseren gelernten Gefühlen aus der Verantwortung heraus

Die Ersatzgefühle machen uns passiv, gleichzeitig füllen sie uns mit dem Gefühl, im Recht zu sein. Die Tendenz, uns dieser Art von Empfindungen zu überlassen, nehmen wir mit ins weitere Leben. Sie wird uns in vielen Situationen davon abhalten, aktiv zu werden, für uns selbst einzustehen, Verantwortung zu übernehmen, zu handeln statt zu leiden.

Eine wichtige Aufgabe unseres erwachsenen Lebens besteht darin, dass wir uns von diesen Gefühlen emanzipieren. Und: dass wir uns mit ihnen nicht aus der Verantwortung herausreden. Denn genau das tun wir, wenn wir Probleme schildern. Wir nehmen diese Empfindungen und zeigen sie als Beweis dafür vor, dass wir im Recht sind.

Ein erwachsener Umgang mit den gelernten Gefühlen ist nicht sehr verbreitet. Er würde bedeuten, diese sekundären Emotionen zwar wahrzunehmen, aber nicht dabei stehen zu bleiben. Es ist eine der größten Ausreden, die wir verwenden, dass wir unseren Gefühlen ausgeliefert seien. Das sind wir nicht. Wir nehmen uns die Freiheit, uns dem Beleidigtsein, der Kränkung oder dem alten Ärger so richtig hinzugeben. Wir könnten auch anders. Wenn wir wirklich wollen, können wir aus der Opferecke herauskommen. Aber wir ziehen es oft vor, dort zu bleiben, und schieben die notwendige Aktivität den anderen zu.

Wann immer wir uns den gelernten Gefühlen überlassen, wird es kompliziert: in Partnerschaften, beim Treffen von wichtigen Lebensentscheidungen, in Konflikten. Statt unsere Probleme zu lösen, fangen wir an, über sie zu reden. Auf die ermüdend gleiche Weise, die unsere Passivität legitimiert.

Phase 6: Das Drama der Erwartungen beginnt

Die gelernten Gefühle münden in einer Erwartungshaltung anderen gegenüber. In vielen Problemsituationen verharren wir wie angewurzelt, in Erwartung erstarrt. Natürlich könnten wir selbst handeln, wir sind ja nicht hypnotisiert oder gelähmt. Aber wir tun es nicht. Wir ziehen es vor, darauf zu warten, dass der andere handelt. Denn der müsste das aus unserer Sicht tun, weil er nämlich zuständig, schuld, an der Reihe ist. Achten Sie einmal auf den Klang der Empörung, wenn Sie das nächste Mal eine Schilderung darüber hören, wie ein Partner sich mal wieder geweigert hat, einer Erwartung zu entsprechen. »Das ist doch unmöglich!«, »Das wäre ja das Mindeste!«, »Das kann man doch wohl erwarten!«.

Empört wartend sitzen wir untätig fest im Knäuel des Problems. Die Frage nach unseren Wünschen und Ideen würde uns heraushelfen, und trotzdem (oder genau deswegen) hören wir sie nicht gerne, solange wir noch eine tragende Rolle in einer Problem-Story spielen. Solange wir uns dieser Frage nicht stellen – haben wir uns vorderhand für das Problem entschieden.

Wir halten am Problem fest, weil wir uns noch nicht trauen, es loszulassen

Die Art, wie wir unsere Probleme schildern, ist ein wichtiger Baustein der Mauer, hinter der wir uns in der Passivität verschanzen. Es ist sicher nicht tragisch, wenn wir Vorsätze fassen und fallen lassen, uns gegenseitig langweilen oder über unsere Priorisierungen anflunkern. Aber es gibt andere Probleme, die wir wirklich lösen sollten. Wenn wir an diesen festhalten, können sie zu oft unnötigen Verhärtungen, Eskalationen und Trennungen führen, sich zu Lebenslügen auswachsen oder in Lebenskrisen münden.

Wir meinen, uns verteidigen zu müssen

Uns selbst als Opfer zu sehen und in der Problemgeschichte darzustellen, hat einen zentralen Sinn: Es dokumentiert unsere Schuldlosigkeit. Und das ist uns sehr wichtig.

Es scheint, als ob wir fürchten, diese Unschuld in Gefahr bringen, wenn wir uns von der Untätigkeit lösen. Als ob die Passivität uns schützt und Aktivität uns gefährdet, weil sie als Schuldeingeständnis missverstanden werden könnte.

Vor wem meinen wir uns verteidigen zu müssen? Das sind natürlich in erster Linie unsere Partner im Konflikt, diejenigen, denen wir die Schuld geben und von denen wir das Handeln erwarten. Das ist Teil des Spiels – wir glauben, nicht nachgeben und dem anderen entgegenkommen zu dürfen, weil wir dann verloren hätten.

Die unglaubliche Vehemenz, mit der Menschen an ihrer

Opferversion festhalten, legt aber nahe, dass das noch nicht alles ist. Es geht nicht nur um die anderen. Es geht hier um etwas sehr Elementares. Und das findet tief in unserem Inneren statt. Irgendwo in uns ist ein mächtiger Ankläger, vor dem wir uns rechtfertigen. Solange wir uns an ihm ausrichten, werden wir nicht aufhören, Ausreden zu erfinden und Problemsituationen bis ins tatsächlich Ausweglose hinein zu zementieren. Wenn wir uns weigern, Verantwortung für ein Problem zu übernehmen, dann wohl, weil wir fürchten, beschuldigt und verurteilt zu werden. Wir verwechseln Verantwortung mit dem Anerkennen von Schuld. Der Beweis unserer Unschuld geht vor, er ist uns offenbar mehr wert als mögliche Vorteile einer veränderten Situation. Oder mehr als die Würde und der Mut, zu unserem Anteil an der Geschichte zu stehen.

Ich kann es erst lassen, mich als Opfer darzustellen, wenn ich es mir selbst erlaube. Das gelingt mir, wenn ich verstanden habe, dass ich mich vor niemandem rechtfertigen muss. Vor niemandem. Nicht vor einem aktuellen Gegenüber und auch nicht vor einem Echo der Vergangenheit. Ich muss nicht mehr von mir ablenken und die anderen beschuldigen, wenn ich aufhöre, mich vor der verurteilenden Instanz in mir zu fürchten. Das wird möglich, wenn ich – dazu kommen wir später – Freundschaft mit mir selbst schließe.

Wir klären unsere Ziele nicht: »Ich weiß gar nicht, was ich machen soll ...«

Vom Problem zur Zielfindung zu gelangen, ist wichtig und mühsam zugleich, das Zögern und der Widerstand dagegen sind groß. Den Opferstatus aufzugeben, ist mindestens unbequem, oft beunruhigend. Und deshalb fallen wir so oft und hartnäckig ins Jammern zurück.

Solange wir auf ein Problem fokussiert sind (Sie erinnern

sich), sind wir nicht kreativ. Wir müssen den Blick vom Problem ab- und der Frage zuwenden: Was möchte ich denn? Wie könnte mein Ziel lauten? Wovon flüstert meine Sehnsucht? Wo will ich hin?

Erstaunlicherweise fällt es uns oft sehr schwer, den Blick auf das Ziel zu lenken. In diesem Augenblick würden wir uns – immerhin mental – bereits ein Stück aus der Haltung des Leidens lösen. Das müssten wir doch wollen. Aber der Preis dafür wäre, dass wir damit auch die »Ich bin unschuldig!«- und »Du bist schuld!«-Behauptung aufgeben. Manchmal fürchten wir uns auch vor dem, was wir finden könnten, wenn wir uns das Wünschen trauen. Und davor, dass dann eine Rückkehr ins vertraute Unglück schwer wird.

Die Findung eines Ziels ist mehr als eine Zwischenstation, sie ist selbst eine mächtige Intervention. Will heißen: Wenn sie gelingt, entfaltet sie eine mitunter verblüffend kraftvolle Wirkung. Eben wate ich noch im Problemmorast, und dann kann ich plötzlich sagen, was ich will. Ich wechsle die Seiten, und alles sieht anders aus. Mich nicht mehr als Opfer, sondern als Akteur zu begreifen, ist ein radikaler Perspektivenwechsel.

Jeder kennt vermutlich die unseligen Abende, an denen wir es vorziehen, beleidigt auf dem Sofa, vor dem PC oder dem Fernseher zu sitzen, statt sich nach einem Streit zu einigen und dann wieder einen schönen Abend zu haben. Wir warten darauf, dass der andere endlich nachgibt und uns um Verzeihung bittet, wenigstens ein indirektes Friedensangebot macht, wenn er schon kein komplettes Kapitulations- und Wiedergutmachungsprogramm auffährt. Aber nein, der andere sitzt in seiner Ecke, genauso beleidigt, und: wartet auch. Darauf, dass wir den ersten Schritt machen und Friedensgeschenke bringen oder wenigstens die weiße Fahne ins Arbeitszimmer halten, wo er sich hinter den Steuerunterlagen verschanzt hat.

Wir ziehen es vor, im Rechthaben zu baden, und haben völlig aus den Augen verloren, was uns wirklich guttäte. Wenn wir aber irgendwann doch noch einen schönen Abend mit diesem unmöglichen Typ, der sich nicht zum Einlenken entschließen kann, haben wollen, dann werden wir aktiv, dann lösen wir uns vom Problem, von dem, was er falsch gemacht hat, und von seiner Halsstarrigkeit, das nicht zuzugeben. Und lassen uns selbst etwas einfallen. Wir geben den Opferstatus auf und tauschen den Leidenskittel gegen das Gewand eines Handelnden. Plötzlich werden wir wieder kreativ, können wir wieder Ideen entwickeln. Unsere Ressourcen, die uns bis eben verschlossen schienen, sind wieder verfügbar. Wir werden listig, schmeichelnd, sachlich, verführerisch, humorvoll, selbstironisch, erfinderisch. Unsere Talente laufen sich warm. Und siehe da: Es funktioniert.

Wir ignorieren, dass das Problem auch Vorteile für uns hat

Menschen bleiben oft in Situationen, die nach Entscheidung, Veränderung und Handlung geradezu laut schreien, inaktiv und klagen stattdessen. Oft unbegreiflich lange.

Auf den zweiten Blick wird deutlich, dass das sehr wohl verständich ist. Wir alle bleiben genau so lange in Situationen, die wir als problematisch beklagen, bis die Nachteile die Vorteile klar überwiegen. Solange die Waage zugunsten der Vorteile ausschlägt, fungieren die Opfergeschichten, diese oft komplexen Ausredengeflechte, als Handlungsersatz, und wir richten uns im Jammertal ein. Schließlich könnte es woanders noch schlimmer sein.

Menschen verhalten sich so, dass ihr Handeln ihnen mehr Vor- als Nachteile bringt. Immer. Die Vorteile sind ihnen oft nicht bewusst, aber sie sind da. Wäre es anders, dann würden wir aktiv werden, aussteigen, nicht mehr reden, sondern handeln. »Was soll es für einen Vorteil haben, dass ich mit einem tyrannischen Chef geschlagen bin, der mich und auch meine

Kollegen schlecht behandelt?«, höre ich jetzt jemanden poltern. Es klingt in seinen Ohren geradezu zynisch, hier von Vorteilen zu reden.

Notieren wir doch einmal gelassen, welche Vorteile es denn haben kann, so einen Chef zu ertragen:
- Ich riskiere meinen Arbeitsplatz nicht
- Ich muss mich nicht um einen neuen Job kümmern
- Ich vermeide den Konflikt mit ihm
- Ich habe mit meinen Kollegen eine Schicksalsgemeinschaft, wir sind uns einig
- Ich sitze bequem auf dem moralischen Sofa, auf dem ich mich als der viel wertvollere und reifere Mensch fühlen darf, der so etwas wie dieser Chef mit seinem frühindustriellen Führungsstil, **nie** täte
- Mit anderen Worte: Ich bin die Gute

Arbeitsplatzsicherheit, Konfliktvermeidung, Gemeinsamkeit über den definierten Bösen, empfundene moralische Überlegenheit. Das sind keine kleinen Vorteile.

Ich könnte also ruhig sagen: »Ich ertrage einen unmöglichen Chef, weil mir mein Job wichtig ist und ich keine Lust habe, mich umzuorientieren. Die Solidarität mit den Kollegen tut mir gut, und ich genieße den Vorteil des schlechten Beispiels.«

Das sagt kein Mensch. Und warum nicht? Ich bekäme dann kein Mitgefühl mehr von den Zuhörern meiner Opfergeschichte. (Um diesen Aspekt muss man die Liste der Vorteile noch ergänzen.) Ich hätte die Verantwortung nicht mehr beim anderen deponiert, sondern mir meinen eigenen Teil genommen.

Will ich das? Will ich diesen aufrichtigen, abgewogenen Blick auf die Lage der Dinge? Was hindert mich, mich mit dieser selbst gewählten Situation wirklich anzufreunden und zu den Vorteilen zu stehen? Zu meiner aus der jetzigen Perspektive eben überwiegend vorteilhaften Situation Ja zu sagen, statt nur auf das zu starren, was mir fehlt?

Wir leugnen unsere Wahlmöglichkeiten: »Ich kann doch gar nicht anders!«

Ein weiterer notwendiger Schritt, um vom Leiden zum Handeln zu kommen, wäre: in aller Ruhe und Klarheit über die Vor- und Nachteile meiner verschiedenen Handlungsmöglichkeiten nachzudenken, um dann eine Entscheidung treffen zu können. Dazu muss ich erst einmal (wieder) sehen und anerkennen, dass ich in jeder Situation Optionen habe.

Reinhard Sprenger, einer der einflussreichsten Querdenker und Managementberater in Deutschland, bringt es in seinen Vorträgen und Büchern (vor allem in »Das Prinzip Selbstverantwortung« und »Die Entscheidung liegt bei dir«) immer wieder auf den Punkt: Verantwortung beginnt mit dem Bewusstsein, dass ich eine Wahl treffe. Und die Übernahme von Verantwortung damit, mich zu meiner Wahl ohne Wenn und Aber zu bekennen.

Ich habe mir diesen Chef, auf alle Fälle aber die Firma, in der er mir vorgesetzt wird, irgendwann einmal gewählt. Und alles, was ich willkürlich wählen kann, kann ich wieder abwählen. Willkürlich zu wählen bedeutet, eine Entscheidung zu treffen, die im Bereich meiner Möglichkeiten liegt. Ich kann nicht entscheiden, meine Arme zu erheben und wie ein Helikopter aufzusteigen, ich kann nicht die Unsterblichkeit wählen oder die Alterslosigkeit. Aber alles, was durch meinen Willen und mein Handeln beeinflussbar ist, kann ich wählen, und ich kann mich später auch wieder dagegen entscheiden.

Nur geht das von Anfang an nicht ohne Kosten ab, *there's no free lunch*. Wenn ich eine Wahl für etwas treffe, entscheide ich mich auch immer gegen etwas anderes. Wenn ich merke, dass ich mit meiner getroffenen Wahl unzufrieden geworden bin und mich damit nicht arrangieren möchte, kann ich eine neue Wahl treffen, aber sie wird – wieder – nicht kostenlos sein. »Mit jeder Wahl sind zwangsläufig bestimmte Auswirkungen verbunden, die wir gleichzeitig mitwählen«, so Sprenger. »Es gibt keinen Trick in der Welt, der es uns erlaubt, diesen Konsequenzen auszuweichen. Aber genau das scheinen alle zu erwarten. Und wenn das nicht gelingt, nicht gelingen **kann,** fangen sie an zu jammern.«

Die normale Diskussion bestreitet die Möglichkeit der Abwahl oft energisch. Dann wird der Preis, den wir zu entrichten hätten, um einen Job zu wechseln, ein unmoralisches Angebot auszuschlagen oder noch einmal von vorn zu beginnen, doch noch zu studieren oder auszusteigen, als illusorisch, theoretisch oder schlicht als unmöglich apostrophiert. Was natürlich nicht stimmt, denn es gibt immer wieder Menschen, die es möglich machen. Mutige Zeitgenossen, die sich selbstbewusst gegen das laute »Das kannst du doch nicht machen!« stellen.

Diese Beispiele – und jeder kennt sie aus seinem Umfeld – erklären wir gerne zu Ausnahmen, die Risikobereitschaft anderer werten wir übertreibend ab (»Ich bin doch kein Märtyrer!«), und dann werden die ganzen Zusatzargumente ausgepackt: die Verantwortung für die Familie, die Immobilie, was mir wer aber noch schuldig sei, ehe ich etwas tue – der ganze Katalog der Begründungen wird bei Bedarf rauschend aufgeblättert.

Dabei müssten wir das nicht tun. Wir müssen uns vor niemandem verteidigen oder rechtfertigen – wenn wir zu unseren Entscheidungen stehen. Mögen sie – für wen auch immer – nicht die richtigen sein – es sind unsere. Für unser Leben, so wie es ist (samt nervigem Vorgesetzten), haben wir uns aus guten Gründen entschieden. Dafür braucht es keine Entschuldigung, keine Erklärung.

Der mentalen und dann handelnden Leistung, Verantwortung zu übernehmen, geht offenbar eine psychologische Bedingung voraus. Bewusstes Wählen ist kein reines Ausrechnen der Vor- und Nachteile meiner Optionen. Bewusstes Wählen setzt eine innere Freiheit, die Erlaubnis voraus, ins Risiko zu gehen. Zu handeln, ohne dass ich sicher sein kann, dass es »richtig« ist, etwas zu probieren, ohne dass ich perfekt bin, etwas zu wagen, ohne eine Erfolgsgarantie zu haben. Zu einer Entscheidung zu stehen, auch wenn ich weiß, dass sie nicht populär ist. Das alles kann ich nur auf der Basis stabilen Selbstvertrauens und einer erwachsenen emanzipierten Haltung gegenüber meinen Opfergefühlen, die mich zum Nichthandeln verführen wollen. Und sonst nicht.

Die Aussage »Ich **muss** ja so, ich **kann** nicht anders!«, die sollten wir ersatzlos streichen. Diese Krankschreibung, die wir uns selbst ausstellen und die behauptet, wir hätten keine Wahl, ist eine der stärksten Ausreden, mit denen wir uns weigern, Verantwortung zu übernehmen. Das gilt für unzählige Mikrosituationen des Paar- und Familienlebens, und es gilt, wenn wir nicht aufpassen, am Ende für das Resümee unseres Lebens.

Wir reden uns pessimistisch heraus: »Das hat doch keinen Sinn! Das schaffe ich sowieso nicht!«

Wenn man vorher wüsste, dass etwas, das man sich vorgenommen hat, funktioniert, gut geht und ein Erfolg wird – dann gäbe es nichts zu fürchten und nichts zu entscheiden. Dann würde man es einfach tun. »Zwischen Ufer und Ufer ist nur das Wagnis« heißt es aber, und noch nie hat Pessimismus hinübergeführt. Ehe wir es nicht versucht haben, wissen wir nicht, was klappt, scheitert oder sich bewährt. Mit dem »Es hat doch keinen Sinn!« ersparen wir uns den Versuch und reden ihn vorab in den Misserfolg. Damit erklären wir das Risiko für unnötig und unser Nichthandeln für Vernunft.

Die Angst vor dem Scheitern wiegt bei vielen Menschen schwerer als die Hoffnung auf einen möglichen Erfolg. Die Angst vor dem Nein hindert uns, eine Bitte zu äußern, und die Furcht vor dem Misserfolg, etwas zu wagen. Sich nicht blamieren wollen, nicht blöd dastehen, sich nicht schämen wollen: Wir reden uns ein, dass nur das brillante, einwandfreie Ergebnis zählt. Das ist in vielen Situationen und Projekten, in denen ich nicht allein und damit nur begrenzt Einfluss auf meinen Erfolg habe, eine ziemlich unpraktische Einstellung. Ein anderes Verständnis von Erfolg wäre, »Ich traue mich!«, »Ich strenge mich an!«, »Ich mache es jetzt einfach!« bereits als Gewinn zu betrachten. Das kann ich, wenn ich ein »Nein!« nicht als vernichtend, ein gescheitertes Projekt nicht als Katastrophe betrachte. Das kraftlose, pessimistische und resigniert vertrocknete »Das schaffe ich sowieso nicht!« hat sich für die Risikolosigkeit und damit gegen das Leben entschieden.

Wir belassen unser Leben im Konjunktiv

»Wollt' ich, hätt' ich, wär' ich!«, pflegte meine Großmutter zu sagen, »das waren drei arme Leut'.« Sie deutete damit auf das Ergebnis, das viele ereilt, die ihr Leben dem Konjunktiv anvertrauen.

Meistens tun wir es in die Zukunft gerichtet und reden davon, was alles Tolles in unserem Leben passieren könnte, wenn … Ich würde eine großartige Mutter sein, wenn ich den richtigen Mann treffe, ich könnte eine herausragende Fotografin abgeben, wenn ich mir endlich eine Profikamera leiste. Würde ich mir ein Sabbatical gönnen, könnte ich so ultimativ entspannt sein. Ich könnte meinem Sohn besser gerecht werden, wenn ich nur noch vier statt fünf Tage arbeiten würde. Und und und.

Oder die rückwärtige Perspektive: Wenn ich mich angestrengt hätte, wäre mein Abschluss besser gewesen. Wenn ich mich getraut hätte, dann hätte ich … Wenn, wenn, wenn.

Das Leben findet aber im Indikativ statt. Wir haben Kinder oder nicht. Wir machen Abitur oder einen Bootsführerschein oder wir lassen es bleiben. Wir überwinden den Selbstzweifel oder wir pflegen ihn.

Viele Menschen verbringen eine beträchtliche Zeit in Konjunktivwelten. Sie bewirtschaften Illusionen, die ihnen helfen, mit der Abwesenheit des Angestrebten zurechtzukommen. Sie leben nicht das Leben ihrer Träume – sie stellen es sich nur vor. Dabei sollte es umgekehrt sein, wie ich neulich auf einer Postkarte las: Gib deinem Sinn ein Leben!

Statt zu unseren Entscheidungen zu stehen, machen wir andere verantwortlich

Wenn ich meine Entscheidungen als **meine** Entscheidungen betrachte, gibt es keinen Grund, irgendjemandem etwas vorzuwerfen. Das beginnt mit den kleinen Dingen des Lebens: Ich kann es mir wirklich sparen, dem anderen vorzuhalten, dass der Kinofilm, den er ausgesucht hat, blöd war, und ich viel lieber auf dem Sofa geblieben wäre. Dann hätte ich da sitzen bleiben sollen. Und es geht mit größeren Fragen weiter: Wenn ich mit meinem Partner in die Provinz ziehe, sollte ich nicht beklagen, dass ich das seinetwegen getan habe, schließlich hat er mich nicht verschleppt. Wenn ich wieder in die Großstadt will, muss ich verhandeln, unerfreuliches Nachkarten hingegen vergiftet jede Beziehung. Und in den wirklich großen Fragen des Lebens sollte ich erst recht keinen anderen für meine Entscheidungen verantwortlich machen als mich selbst.

Die Work-life-Balance: Ein Problem, das in Wahrheit niemand lösen will

Eine Klage, die ich in meiner Arbeit mit Führungskräften beson-ders häufig höre, lautet: Man arbeitet zu viel, die Familie, der Partner, die Hobbys, das eigene Leben kommen zu kurz. Man spürt vielleicht erste körperliche Indizien von Überlastung, die Kurzurlaube reichen nicht mehr, um die Batterien aufzuladen, es stellen sich Ein- oder Durchschlafstörungen ein, manchmal ist man gereizt ... die Varianten sind beliebig. Über die fehlen-de Work-life-Balance kann man lange reden.

Viel schwieriger ist die Frage nach dem Ziel.

»Na ja, mehr Balance eben. Mehr Zeit für die Familie.« Nehmen wir an, das sei das formulierte Ziel. Gut. Wir schrei-ben es auf einen Zettel. Und fangen an, nach Lösungen zu suchen.

Man könnte jeden Tag pünktlich um fünf Uhr nach Hause gehen, egal, was noch auf dem Schreibtisch liegt. »Geht nicht! Im Moment gibt es dieses wichtige Projekt.« Aha. Nach dem Projekt? »Tja, schwierig, ich will mich ja mit *nine to five* nicht aus dem Rennen schießen, dann ziehen ja die Jungen an mir vorbei!« Ach so. Das bedeutet, das Ziel heißt anders. Es könnte lauten: »Ich will mehr Zeit für die Familie haben und zugleich wettbewerbsfähig bleiben«?

Jetzt gibt es natürlich deutlich weniger Optionen. Denn wir haben zwei widerstreitende Ziele. Jetzt müsste man priorisie-ren und Kompromisse suchen. Alles andere ist Zauberei.

Fast immer landen Gespräche zur Work-life-Balance in der Beweisführung, dass sie aktuell einfach nicht herstellbar sei. Besser gesagt, es stellt sich heraus, dass man nicht bereit ist, die für eine veränderte Lebensführung fällig werdenden Kos-ten zu zahlen. In Wirklichkeit heißt es: Das Ziel ist kein Ziel. Es klingt nur gut. Vor allem, wenn der Druck meiner Familie wächst.

Selbstverständlich habe ich ein Problem. Es gefällt mir nicht, dass man mir böse ist, wenn ich so spät nach Hause komme, es schmerzt mich, so wenig von der Entwicklung meiner Kinder zu erleben, ich mache mir Sorgen, wie lange meine Ehe das ohne Schaden übersteht. Ich leide darunter. Aber noch nicht genug, noch überwiegen die Vorteile. Daher bin ich (noch) nicht bereit für ein echtes Ziel, geschweige denn eine Lösung. Ich ahne diffus, dass ich nur die einen Nachteile gegen andere tauschen würde. Scheinbar schachmatt. Zurück auf Feld Nummer eins des Opferspielbretts: »Ich bin das Opfer der Bedingungen des Arbeitslebens. Und ich weiß gar nicht, was ich machen soll ...!«

Dabei habe ich mich für die Priorität der Arbeit gegenüber der Familie selbst entschieden. Niemand kann mich zwingen, mehr zu arbeiten, als ich möchte. Natürlich würde ich etwas riskieren, wenn ich weniger arbeite, als mein Chef es für richtig hält. Selbstverständlich habe ich Nachteile im Karrierespiel, wenn ich mich den Erwartungen entziehe. Ich kann den Kuchen nicht gleichzeitig essen und behalten. Also müsste ich mich entscheiden, müsste eine neue Wahl treffen. Oder die alte erneuern. Und zu ihr stehen. Ich könnte versuchen, der Familie besser verständlich zu machen, warum ich so gerne so viel arbeite. Und zwar ohne Ausreden – dass ich ja nicht anders **könnte**. Sondern aufrichtig und ohne Umschweife – auch mir selbst gegenüber.

Die Art, in der wir Probleme schildern, wie wir sie uns selbst und anderen zurechtlegen, leugnet unseren Anteil am Entstehen der Situation ebenso wie unsere Möglichkeiten, sie zu verändern. Wir sind nicht schuld und nicht zuständig: Diese Beschreibung ist ein Spiegel unseres inneren Bildes, wie wir das Problem begreifen. Aber nicht nur das. Sie ist die Grundlage für unsere Entscheidung, ob wir weiter leiden oder handeln wollen. Die Opfergeschichte bildet nicht nur etwas ab, sondern sie **schafft** Wirklichkeit. Wir ketten uns mit ihr am Problem an, um dann zu beklagen, dass wir uns nicht bewegen können.

Wenn wir also merken, dass wir in den Jargon der Ausweglosigkeit und Unschuldsbehauptung gehen, dürfen wir uns selbst freundlich zulächeln und eine Variation vornehmen.

- Wir winken unsere Opferidee freundlich von der Bühne und klären stattdessen unser Ziel. Und was wir bereit sind, dafür einzusetzen.
- Wir prüfen die verschiedenen Optionen.
- Wir würdigen die Vorteile der jetzigen Situation und wägen ab, ob wir bereit sind, sie aufzugeben.
- Wenn nicht (oder noch nicht), freunden wir uns unterdessen mit der Situation an und machen das Beste aus ihr.
- Wenn die Zeit reif ist, um das Problem loszulassen, sollten wir im vollen Bewusstsein, dass es niemals die optimale und einzig richtige Lösung gibt, eine Entscheidung treffen.
- Und zu ihr stehen.

Was Ausreden und Erwachsenwerden miteinander zu tun haben

Es gibt viele Gründe, warum wir uns herausreden, wir haben einige bereits beleuchtet. Gemeinsam ist ihnen allen, dass wir meinen, uns verteidigen zu müssen. Und zwar, weil wir eben oft **nicht** zu dem stehen, was wir tun und lassen.

Wenn ich in Einklang mit mir selbst bin und tue, was ich für richtig halte, dann gibt es keinen Grund für Ausreden. So verweist jede Ausrede paradoxerweise genau auf das, wovon sie ablenken will: auf ein Problem, ein Defizit und vor allem – meinen Anteil daran. Selbst, wenn der andere mir meine Ausrede abkauft: Ich selbst spüre, leise oder grell, wovon ich gerade wegschauen will.

Wenn ich Sie fragen würde, ob Sie sich für einen erwachsenen Menschen halten, werden Sie mit hoher Wahrscheinlichkeit sagen: »Selbstverständlich!!!« und sich über die Frage wundern, wenn nicht gar ärgern. Was ich denn damit sagen will? Habe ich etwa Zweifel? Im alltäglichen Sprachgebrauch setzen wir erwachsen gleich mit volljährig und älter. Wenn wir aber einmal genauer betrachten, wodurch sich erwachsenes Handeln auszeichnet, dann zeigt sich, dass das eine durchaus anspruchsvolle Angelegenheit ist.

Aufs Wesentliche reduziert, bedeutet erwachsen sein, dass wir niemand anderen als uns selbst dafür verantwortlich machen, was wir heute denken, tun und empfinden. Es ist unser und niemandes sonst Leben. Wir haben keine Rechtfertigung nötig. Jede Ausrede schwächt – entgegen ihrer Intention – den Glauben an uns selbst.

Kurz gesagt: Ausreden zeigen, dass wir nicht wirklich erwachsen werden wollen. Volljährig und älter werden wir ganz ohne unser Zutun. Erwachsen werden – mental, emotional und handelnd –, das ist eine Aufgabe, die wir als solche begreifen müssen, um sie anzunehmen. Schauen Sie sich um, besonders in Konfliktsituationen: Wie erwachsen wird denn da agiert und argumentiert? Schmollende Fünfzigjährige, Vierzigjährige, die sich nicht trauen, im Meeting ihre Meinung klar zu vertreten, Menschen über achtzehn, die meinen, andere nach ihrer Pfeife tanzen lassen zu müssen oder die sich kleiner machen, als sie sind.

Lassen Sie einmal die folgenden Fragen auf sich wirken. Sie bieten Anhaltspunkte, wie Erwachsensein sich ganz praktisch darstellt, im Verhalten, der Kommunikation, im Denken und Fühlen. Nehmen Sie wahr, wann ein Ja oder ein Nein in Ihnen aufsteigt.

- Äußern Sie Ihre Wünsche klar und freundlich?
- Machen Sie Aussagen, statt unechte Fragen zu stellen? (Sagen Sie »Ich möchte gerne gehen« statt »Wie lange willst du noch bleiben?«)
- Kennen Sie Ihre Talente und Fähigkeiten? Sind Sie stolz auf das, was Sie bisher geleistet haben?
- Können Sie sich gut entschuldigen, wenn Ihnen ein Fehler unterlaufen ist oder jemand sich durch Sie gekränkt fühlt?
- Können Sie sich etwas Gutes tun, auch wenn noch etwas erledigt werden muss?
- Können Sie Ihre Ungeduld zügeln?
- Machen Sie, was Sie für richtig halten, auch im Widerspruch zu anderen, auch wenn man es Ihnen übel nimmt?
- Können Sie Nein sagen? Und können Sie ein Nein akzeptieren, ohne beleidigt zu sein?
- Lassen Sie sich von niemandem Schuldgefühle machen? Und versuchen Sie auch nicht, anderen welche einzujagen?

- Können Sie um Hilfe bitten? Und Hilfe ablehnen, die Sie nicht benötigen, die Ihnen aber jemand aufdrängen will?
- Sagen Sie »wollen«, wenn Sie »wollen« meinen, oder reden Sie von »müssen«? (Ich muss jetzt gehen!)
- Können Sie sich beherrschen, wenn Sie wütend sind?
- Können Sie sich vorstellen, dass jemand auf einem Gebiet, von dem Sie viel verstehen, auch auf andere Weise erfolgreich sein kann, als Sie es sind?
- Können Sie Ihre echten Gefühle zeigen – also sich richtig freuen, traurig sein, Ihre Angst und Ihren Zorn teilen?
- Lassen Sie sich von niemandem dazu bringen, sich zu rechtfertigen?
- Haben Sie Ihren Eltern verziehen?
- Haben Sie den Beruf, den Sie sich ausgesucht haben, weil er zu Ihren Talenten und Neigungen passt?
- Trennen Sie sich von Menschen, die Ihnen nicht guttun?
- Kennen Sie Ihre Sehnsüchte und unerfüllten Träume? Und: Tun Sie etwas dafür, dass sie Wirklichkeit werden?
- Haben Sie in den letzten Jahren einiges dazugelernt, was nicht Fachwissen, sondern Ihre persönliche Entwicklung betrifft?
- Verhindern Sie, dass jemand abwertend mit Ihnen spricht oder Sie respektlos behandelt?
- Probieren Sie Sachen aus, ohne zu wissen, ob sie klappen werden, weil Sie wissen, dass Sie Misserfolg oder (vermeintliche) Blamage überleben werden?
- Können Sie akzeptieren, dass Sie für Ihre Gefühle selbst verantwortlich sind? Und alle anderen (erwachsenen) Menschen auch?
- Können Sie sich selbst okay finden, auch wenn Ihr Verhalten mal nicht so toll war – und können Sie diese Unterscheidung treffen?
- Können Sie andere Standpunkte respektieren, auch wenn Sie sie nicht teilen?

- Akzeptieren Sie, dass ein Wunsch ein Wunsch ist und kein einklagbarer Anspruch?
- Können Sie Menschen gut finden, die Dinge tun, die Sie selbst nicht tun und vielleicht nie tun würden?
- Können Sie nachgeben, ohne das Gefühl zu haben, zu verlieren?
- Halten Sie sich nicht mit Ärger auf und werden lieber selbst aktiv, statt darauf zu warten, dass der etwas tut, über den Sie sich geärgert haben?
- Fragen Sie nach, wie jemand etwas meint, das Sie nicht verstehen oder das Ihnen nicht gefällt, statt sofort zu interpretieren?
- Drängen Sie niemandem Ihre Ratschläge auf?
- Ist es Ihnen wichtiger, ein Problem oder einen Konflikt zu lösen als recht zu behalten?
- Haben Sie verstanden, dass Sie niemanden dazu zwingen können, etwas zu tun, zu denken oder zu empfinden, was er nicht will? Und: dass auch Sie niemand dazu zwingen kann?

Wenn Sie alle oder fast alle Fragen mit Ja beantwortet und nicht geflunkert haben, dann verbeuge ich mich. Ausreden spielen eine völlig untergeordnete Rolle in Ihrem Leben, und man kann sich in Sachen Erwachsenheit eine Scheibe bei Ihnen abschneiden.

Sollten Sie mehrfach oder oft mit Nein geantwortet haben, dann werden Sie – wie die meisten Menschen – einen mittleren bis größeren Bedarf an Ausreden haben.

»Hoffen, warten, aufschieben, jammern, klagen, streiten, nachgeben, sich auflehnen und an anderen herumnörgeln sind unwirksame Methoden, Probleme zu lösen und Konflikte beizulegen.« So formuliert es der amerikanische Kommunikationstrainer und Autor Abe Wagner in seinen Überlegungen zu den psychologischen Bedingungen des Erwachsenseins.

Wie recht er hat. Erwachsenwerden bedeutet, nicht darauf zu warten, dass das Glück zu uns kommt, sondern uns auf die Suche nach ihm zu machen und uns das aufzubauen, was uns glücklich macht.

Das gehört sich einfach nicht!

Da kann man nichts machen!

Was bleibt einem schon übrig?

Das kann man nicht sagen.

Das war ja klar!

Natürlich!

Keine Frage!

**Intelligent betrachtet,
muss man zu dem
Ergebnis kommen ...**

Das wird sowieso nichts.

Das würde ich nie tun!

Das ist doch wirklich unmöglich!

So jemand ist untragbar!

Geht gar nicht!

Wo kommen wir denn dahin?

Das ist doch logisch!

Da kann man nicht anders!

Selbstverständlich!

Was sonst?

Da braucht man gar nicht
drüber zu diskutieren!

Wir versuchen, Konflikten mit vorgeschobenen Argumenten aus dem Weg zu gehen

Kein Mensch mag Konflikte. Wir sind – und das aus gutem Grund – geborene Konfliktflüchter. Wenn es irgendwie machbar ist, dann schauen wir weg, weichen ihnen aus, leugnen und bagatellisieren sie. Und so ist eines der wichtigsten Motive für das Erfinden von Ausreden der Wunsch, einen Konflikt zu vermeiden. Was mehr als in Ordnung ist, wenn diese Vermeidung mehr Vor- als Nachteile hat.

Das gilt zum Beispiel immer dann, wenn der Empfänger einer unangenehmen Botschaft dadurch keine Möglichkeit hat, eine Veränderung einzuleiten; wenn seine Wahlmöglichkeiten sich durch die zusätzliche Information nicht erweitern. Wenn eine Freundin mich mit seligem Blick fragt, ob ihr Jüngster nicht einfach süß sei, dann bringt es ihr gar nichts, wenn ich wahrheitsgetreu antworten würde. So kreuze ich die Finger, nicke und schicke einen Wunsch ans Universum, dass der kleine Gnom bald so hübsch wird, wie ihn seine Mutter heute schon sieht.

Der gleichen Freundin aber zu raten, sich für ein anderes Kleid zu entscheiden, wenn sie gerade im Begriff ist, sich für einen Ball eine Robe zu kaufen, die sie hundert Kilo schwerer und wie Puttchen Prammel aussehen lässt – das ist für mich eine Frage der Fairness und Freundschaft. Auch wenn ich nicht damit rechnen kann, dass sie von meiner Empfehlung begeistert ist, und wohl für ein paar Minuten eine kleine Unstimmigkeit in der Luft liegen wird.

Es gibt natürlich Themenkreise, bei denen die Wahl zwischen Wahrheit oder Ausrede viel schwerer fällt, weil hier komplexere Entscheidungen zu treffen sind – persönliche, ethische, Fragen der Verantwortung und Konsequenz.

Beichte ich einen Seitensprung (wenn ja, wann?), informiere ich meinen Chef, wenn ich in Verhandlungen für einen neuen Job stehe? Hier auf Fragen ausweichend zu antworten, Ausreden und Alibis (man nimmt sich selten offen für ein Bewerbungsgespräch frei) zu erfinden, hat die Funktion, meinen aktuellen Handlungsspielraum zu schützen. So hoffe ich zu verhindern, einen Konflikt zur Unzeit oder eine unberechenbare Reaktion des anderen zu provozieren. Ich bin nicht in der Verlegenheit, anderen, insbesondere Betroffenen gegenüber bereits offen in die Verantwortung für mein Handeln zu gehen.

Sage ich meiner Schwester, dass mein Schwager sie betrügt? Widerspreche ich meiner Mutter, die anfängt, sonderbare Ansichten zu vertreten? Rede ich einem befreundeten Ehepaar ins Gewissen, sich in einem Streit mit der Tochter, die den falschen Mann heiraten will, nicht zu verrennen? Mische ich mich ein, beziehe ich Position und sage, was ich denke – oder behalte ich meine Meinung für mich?

Es wird keine allgemeingültige Regel geben, die mich vor der persönlichen Abwägung zwischen Wahrheit, Halbwahrheit, Ausrede oder faustdicker Lüge entlastet.

»Ich will den anderen doch nicht verletzen«

Das am häufigsten genannte Motiv, um einen Konflikt zu umgehen, etwas nicht an- oder auszusprechen, lautet: »Damit würde ich den anderen verletzen!«

Ich halte das meist für vorgeschoben. Tatsächlich haben wir unser eigenes Wohl im Auge. Und lassen den anderen nicht selten den Preis für unsere Konfliktvermeidung bezahlen. Wir enthalten ihm eine zwar unangenehme, aber für ihn relevante Information vor und verzichten auf das, was man aktive Wahrhaftigkeit nennt. Warum kneifen wir? Weil wir so sorgsam mit den Gefühlen der anderen umgehen und besonders rücksichtsvolle Zeitgenossen sind? Diese Erklärung ist sehr schmeichelhaft für uns. Aber wenn wir wirklich primär das Wohl des anderen im Auge hätten, würden wir mit Gelassenheit ertragen, dass er seine Verletztheit in Ärger auf uns wendet. Nein, wir schonen nicht ihn, sondern uns selbst. Wir erklären uns zu Opfern unserer Großmut, und in diesem Licht können wir dann unsere Konfliktscheu fein verbergen.

»Das würde ihn/sie doch völlig demotivieren!«, sagen Führungskräfte oft als Begründung, warum sie einem Mitarbeiter kein klares Feedback über Punkte geben, die ihnen ein Dorn im Auge sind. Man muss den Mitarbeiter sozusagen davor schützen, über ein erkanntes und kommuniziertes Defizit alsbald in Depressionsstarre zu verfallen. Können Mitarbeiter wirklich so schlecht mit Kritik umgehen?

Insbesondere Kreativen gegenüber gibt es eine oft große Hemmung der Vorgesetzten, Kritik zu äußern. Die sensiblen Schreiber würden sofort die goldene Feder, die Musiker den Cellobogen fallen lassen, der beleidigte Dompteur würde mit seinen Raubkatzen nach Panama auswandern?

Man befürchtet Schlimmes, wenn man dem Mitarbeiter sagt, dass er zu ineffizient, zu wenig teamorientiert oder zu wenig kreativ sei. Dabei ist es wohl eher die Angst, mit der Reaktion des Mitarbeiters selbst nicht richtig umgehen zu können. Sodass dann die Situation hinterher schlechter wäre als vorher: Der Mitarbeiter ist weiterhin ineffizient und zudem verstimmt. Was soll das für einen Vorteil haben?

Machen wir uns nichts vor: Die Sorge, den anderen zu verärgern, ist keine Menschenfreundlichkeit. Sondern mangelndes Vertrauen in die eigene Fähigkeit, auch mit einem ärgerlichen anderen im Gespräch zu bleiben und gemeinsam zu einer echten Verbesserung der Situation zu kommen. Da kommt es natürlich sehr gelegen, sich auf die Dünnhäutigkeit des anderen herauszureden.

»Den kannst du nicht ändern«

Ebenso häufig, wenn wir einem Konflikt ausweichen, wird eine andere Ausrede verwendet: »Den änderst du nicht!« Heißt: »Das bringt nichts, etwas zu ihm zu sagen. Der nimmt sich das sowieso nicht zu Herzen. Der will oder wird sich nicht umstellen.« Das muss dann als Begründung dafür herhalten, dass ich nicht sage, was mich stört.

Natürlich ist die Aussage an sich richtig. Tatsächlich kann ich einen anderen nicht ändern. Der ändert sich selbst oder er bleibt, wie er ist.

Aber **ich** will ja etwas, **ich** möchte, dass der andere etwas tut oder lässt oder anders macht. Dafür muss ich es zunächst einmal sagen, muss – aus Sicht des anderen! – gute Argumente haben und ich muss mich persönlich einbringen. Ich muss in eine Verhandlung treten und das Risiko eingehen, ein Nein zu hören. Das haben wir nicht so gerne. Die mangelnde Änderungsbereitschaft des anderen vorzuschieben, ist daher sehr bequem. »Ich kann ja gar nichts machen, der ist so vernagelt …!«

Man könnte beruflich wie privat eine ganz einfache Formel anwenden, die bei der kirchlichen Trauung etwa so an die Gemeinde gerichtet wird: »Wer jetzt nichts sagt, soll fortan schweigen!«

Wenn es mir nicht wirklich wichtig ist, dass der andere sein Verhalten ändert, dann muss ich auch kein heikles Gespräch suchen. Wie viele Fronten braucht der Mensch?! Dann darf ihm aber daraus – bei fortgesetzt gleichem Handeln – kein Nachteil erwachsen. Kein Vorwurf, der irgendwann mit »Jetzt reicht es mir aber …« eingeleitet wird. Denn das heißt nichts anderes, als dass ich mir zu lange auf die Zunge gebissen habe. Das war meine eigene Entscheidung, dafür ist nicht er verantwortlich. Was aber kaum jemanden daran hindert, genau so zu argumentieren, wenn man eine Beziehung aufkündigt: »Du bist schuld, dass ich so lange unter dem leiden musste, was ich dir nicht gesagt habe …«

Wenn es mich jetzt schon ein wenig stört, wenn es mich spätestens in einem halben Jahr richtig stören wird, dann sollte ich – jetzt! – mit dem anderen reden. Später habe ich oft mehr mit dem alten, aufgestauten Ärger zu kämpfen als dem ursprünglichen Thema. Es ist nur sehr selten zu früh, einen Konflikt zu klären.

»Den kannst du *nicht mehr* ändern«

Wenn kritische Gespräche in Firmen zu lange unterblieben sind, und das Verhalten des Mitarbeiters sich nicht ändert (warum auch?), gelangt schließlich irgendjemand zu der Überzeugung, den könne man eben **nicht mehr** ändern. Was heißt hier »nicht mehr«? In neun von zehn Fällen, so meine Erfahrung, ist ein solches Fazit nicht das Ergebnis vieler Gespräche, die nicht gefruchtet haben, sondern vielmehr Konsequenz dessen, dass eben **nicht** offen und klar gesprochen wurde.

Ungeachtet dessen wird dann, wenn das Rabattmarkenheft des Vorgesetzten voll ist, je nach Unternehmenskultur der Mitarbeiter gekündigt (»Einfach untragbar!«), oder man entledigt sich seiner auf andere Weise (er wird befördert/in irgendeine Ecke geschoben/versetzt/kaltgestellt). Spätestens jetzt wird offenkundig, dass Konfliktvermeidung vielleicht anfangs nett daherkommt, am Ende dem anderen aber zum Verhängnis wird. Und dass das mit Fairness wahrlich nichts zu tun hat.

Man wolle aber schließlich nicht drohen!, heißt der Einwand, den ich nun oft höre. Ich persönlich ziehe solche Drohungen unangekündigten Konsequenzen bei Weitem vor!

Wenn man sich von langjährigen Mitarbeitern trennen will, beginnt oft eine hektische Suche in den Personalakten. Pech gehabt. Die Beurteilungen sind über Jahre einwandfrei, die Gehaltssteigerungen sprechen eine klare Sprache, eine positive. Lauter Bausteine vermiedener Auseinandersetzungen. Und dann wird es oft sehr hässlich, dann werden die Reisekostenabrechnungen geprüft, werden die Hausjuristen auf den Plan gerufen und für banale Anlässe Abmahnungen ausgesprochen. Ein Offenbarungseid der Führung. Der damit beginnt, dass Vorgesetzte lieber geliebt als respektiert werden wollen, dass sie sich im Harmoniebastelkurs versuchen, statt aktiv zu führen und sich selbst auch anstrengende Gespräche abzuverlangen.

Aus der ersten Ausrede »Ich will ihn nicht demotivieren!« wurde unversehens die zweite »Den kann man nicht mehr ändern!«, und die gibt dann die Berechtigung zum überfälligen Abschied.

Im Privatleben ist es nicht anders. Wenn man Protokolle gescheiterter Ehen liest, gibt es nur zu oft die gleiche Dramaturgie.

Er kommt eines Abends nach Hause und hat sich ein teures Cabrio gekauft. Sie fällt aus allen Wolken. So dicke haben sie es eigentlich nicht, und es hätte doch ein neues Familienauto werden sollen. Das Kind ist vier. Er arbeitet viel zu viel, sie wünscht sich ein zweites Kind. Mindestens aber, dass er mit ihr mehr Familienleben teilt. Denn neben dem Beruf pflegt er zeitintensive Hobbys. Sie streiten viel, sie scheut nicht den kleinen Konflikt. Es gibt immer wieder glückliche Zeiten, grundsätzliche Fragen bleiben jedoch ungelöst, zu viele ihrer Sehnsüchte unerfüllt. Als sie ihn nach vierzehn Jahren verlässt, sieht sie sich im Recht: Er hat sich nie wirklich auf sie zubewegt, sie hat alles für den Zusammenhalt der Familie gegeben. Das würde keiner bestreiten, der das Paar kennt.

Nur eines hat sie nicht getan – den großen Konflikt gewagt und eine klare Konsequenz ernst und nachdrücklich in Aussicht gestellt. Nie sind die Worte gefallen: »Ich werde dich verlassen, wenn du nicht endlich mehr Zeit mit uns verbringst.« Natürlich hatte sie gute Gründe dafür. Sie **wollte** ihn nicht verlassen, sie wollte die Hoffnung nicht aufgeben. Die Zeit und sie waren noch nicht reif, eine Drohung auszusprechen, die sie nicht umsetzen wollte.

Das steht nicht zur Diskussion. Aber was passiert wäre, hätte sie diese Klarheit gewagt – wir wissen es nicht.

Noch einmal: Gegen die Vermeidung unnötiger Konflikte ist nichts einzuwenden. Aber nur, wenn wir mit der Entscheidung, nicht darüber zu sprechen, den Konflikt auch wirklich loslassen, wenn wir also aufhören, zu leiden.

Es fängt immer ganz harmlos an: indem man sich auf den anderen herausredet – den man nicht kränken, mit dem man nicht streiten, dem man nicht drohen will ... Ihm zuliebe natürlich. Dabei will doch in Wirklichkeit **ich** das Echo nicht hören. Und vermeide lieber den Konflikt, bis die Trennung »unvermeidbar«(!) geworden ist, wir uns trennen »müssen«.

Achten Sie auf Ihre Formulierungen: Sie zeigen, ob Sie sich gerade aus der Verantwortung herausreden oder sie übernehmen. Wenn Sie verantwortlich handeln wollen, haben Sie in Konflikten immer die Wahl: Sie können den inneren oder den äußeren Weg gehen. Sie können Ihre Haltung zum Konflikt ändern, Ihre Erwartungen revidieren und sich mit dem anfreunden, was Sie bisher gestört hat. Oder Sie gehen ins Gespräch – weil der andere und die Beziehung Ihnen das wert sind.

Wir halten am Konflikt fest, indem wir uns auf das »Ich habe nicht angefangen« zurückziehen

Es gibt Konflikte, die sind unvermeidlich, sie erledigen sich auch durch beharrliches Ignorieren und Herausreden nicht. Irgendwann ist der Teppich, unter den wir alles gekehrt haben, nicht mehr begehbar, unser Partner gibt keine Ruhe mehr, oder unsere Nerven sind durchgeschubbert. Dann müssen wir uns dem Konflikt stellen. Das bedeutet noch nicht, dass wir ihn dann auch aktiv und konstruktiv angehen.

Konflikte werden, so meine Erfahrung aus zwei Jahrzehnten Konfliktmoderation, nach dem gleichen Muster wie Probleme geschildert. Und diese parallele Art der Darstellung hat den gleichen Sinn: Wir halten am Konflikt fest, statt ihn zu lösen.

Die Essenz einer jeden Konfliktschilderung besteht aus vier Worten: Ich. Habe. Nicht. Angefangen! Das sagt man oft nicht explizit, aber die ganze Geschichte atmet diese Aussage, jede Episode ist davon durchtränkt.

Früher haben wir es laut und deutlich gesagt, wenn wir einer von zwei Streithähnen waren, die auseinandergebracht und an den Ohren gezogen wurden. Im Chor haben wir gerufen und auf den anderen gedeutet: »Ich war es nicht! Der hat angefangen!«

Eine sinnvolle Aussage, wenn es um die Frage geht, wer schuld ist, das Taschengeld gekürzt oder Fernsehverbot bekommt. »Ich habe nicht angefangen!« ist die Zauberformel für Strafvermeidung oder -minderung. »Ich war es nicht, der Timmy hat angefangen!« heißt: »Wende dich an ihn, wenn die Fensterscheibe kaputt ist oder er selbst einen Schneidezahn weniger hat. Tut mir leid, aber er hat angefangen!«

Das »Ich habe nicht angefangen, ich bin ohne Schuld!« hat menschheitsgeschichtlich eine bedeutsame Tiefendimension. Im Ägyptischen Museum in Kairo steht eine Grabkammer aus dem zweiten Jahrtausend vor Christi Geburt. Der gesamte Innenraum ist ausgemalt mit Texten aus dem Totenbuch. Und der Museumsführer zeigt uns, an welchen Stellen die fortlaufenden Verse mit einer bestimmten Formel immer wieder neu beginnen. Dieser Satzanfang heißt: »Ich habe nichts (Unrechtes) getan!« Mit diesem Text tritt der Verstorbene vor die Götter im Totengericht, das über seinen weiteren Verbleib im Jenseits entscheiden wird. So rechtfertigt er sein irdisches Dasein in der Hoffnung auf ewiges Leben.

Unsere Strategie in den kindlichen Konflikten war meistens keine direkte Überlebensfrage, aber doch schon sehr wichtig. Niemand will ohne Not der Blöde sein. Es gab reichlich Gelegenheit – im Kindergarten, in der Schule, zu Hause –, diese Formel kennenzulernen und sie als tauglich zu erachten. Also behalten wir sie bei. Manchmal natürlich bewusst und taktisch, meist aber, weil wir von unserer Version wirklich überzeugt sind.

Ein Mann sagt: »Wenn du nicht immer so trödeln würdest, müsste ich dich nicht so drängen.« Sie kontert: »Wenn du mich nicht ewig so drängen würdest, könnte ich schneller sein.« Beide betrachten ihr Verhalten als Reaktion auf das, was der andere tut. Beide haben – natürlich – recht. Nur: Wenn beide darauf beharren, wird der Streit ewig weitergehen. Mit großen Lettern steht die Conclusio am Ende ihrer jeweiligen Konfliktschilderung, und die heißt: Weil ich nicht angefangen habe ... soll der andere auf die Knie fallen, sich entschuldigen, sein Verhalten ändern, überhaupt ganz anders werden!

Es ist so, als ob die eigene Version des Geschehens die Beteiligten wie an einer Longe immer im Kreis um den Konflikt herumführt. Keiner ist bereit, seinen Blick auf etwas anderes zu richten. Verbissen, engagiert, uneinsichtig. Solange du dich nicht bewegst, rühre ich mich auf keinen Fall! Das bedeutet in der Konsequenz: Wenn ich meine Deutung des Konfliktes behalten und durchsetzen will, bin ich nicht interessiert, etwas zur Lösung beizutragen. Ich halte am Konflikt fest.

Ich werde mich erst dann vom Konflikt lösen, wenn ich mich durchringe, eine Einigung in Betracht zu ziehen, statt auf einer Kapitulation des Gegners zu bestehen. Einigung heißt: anzuerkennen, dass wir beide recht haben. Genau dieses nicht zu tun, ist aber der Kern jeden Konfliktes.

Es wird sich erst dann etwas bewegen, wenn mir der andere wichtig genug ist, um meine ja letztlich ungebrochene Überzeugung, dass ich **mehr** recht habe, hintanzustellen. Das ist ein schwieriger Prozess. Oft genug ist es mir wichtiger, recht zu behalten.

Wenn man genauer hinschaut, geht es oft um etwas Tieferes: Ich kann mich mit dem anderen nicht einigen, weil mir dazu die Gelassenheit und Größe fehlen, die nur aus einem freundlichen Blick auf mich selbst stammen könnten. Weil ich noch damit befasst bin, dem großen Ankläger zu entkommen.

Und sei es um den Preis einer Beziehung, die ich eigentlich nicht aufgeben müsste.

Unsere Selbstverständlichkeiten hindern uns daran, neue Erfahrungen zu machen

Eine der eindruckvollsten Szenen, die ich je im Theater erlebt habe, ist, wenn Galileo Galilei siegessicher die Fernrohre in dem Hof seiner Wirkungsstätte aufgestellt hat; er weiß, dass er mit ihnen beweisen kann, dass entgegen dem kirchlichen Dogma ein neuer Stern am Himmel erschienen ist. Er wird die Existenz der Jupitermonde demonstrieren und die Zweifel besiegen. Dann kommen die Schwarzgekleideten der Signoria – und: Sie schauen einfach nicht hinein in die bereitgestellten Instrumente. Das müssen sie nicht, sagen sie, denn da ist ja nichts. Warum sollten sie nutzloserweise in ein Fernrohr schauen, das ihnen keine neuen Erkenntnisse liefern wird? Galilei bleibt geschlagen und fassungslos zurück.

Das »Weil nicht sein kann, was nicht sein darf« hat gesiegt. Eine Gewissheit ist dadurch gewiss, dass sie ohne Zweifel ist. Ich handle, ihr folgend, aus meiner Sicht völlig logisch. Solange die Erde der Mittelpunkt des Weltalls ist, ist jeder Zweifel Ketzerei. So verhält es sich stets, wenn es um das geht, was wir Selbstverständlichkeiten nennen.

Wenn wir ins Ausland reisen, dann drängt sich uns in bestimmten Situationen der Eindruck auf, dass die Leute dort komisch sind. Dabei ist es nur so: In anderen Ländern gibt es andere Selbstverständlichkeiten. Man könnte mit solchen Unterschieden rechnen. Je weiter weg man verreist, umso eher tut man das auch. Man erwartet nicht, dass die Eskimos die gleichen Lieder singen oder unsere Vorliebe für Latte macchiato teilen. Das Fremde zu erleben, ist ja der Grund unserer Reise.

Wir fahren in andere Länder, um andere Sitten zu erleben, zu staunen, dazuzulernen, den Horizont zu erweitern. Trotzdem kommt es oft zu Missverständnissen. In sogenannten interkulturellen Trainings versucht man, Menschen, die in andere Kulturen gehen, um dort zu arbeiten und zu leben, auf Mentalitäts- und Verhaltensunterschiede vorzubereiten, um zu verhindern, dass sie die anderen für Hinterwäldler halten oder mit ihren eigenen Gepflogenheiten Geschmack, Sitte und Feingefühl der Gastgeber verletzen.

Nichts charakterisiert einen Menschen besser als das, was ihm selbstverständlich erscheint.

Kurt Tucholsky

Es gibt eine fabelhafte Übung, bei der man unglaublich viel in kurzer Zeit lernt. Und zwar nicht nur für Fernreisen, sondern generell für die Begegnung mit anderen Kulturen, etwa in der eigenen Firma: mit den sonderbaren anderen aus der Buchhaltung (Krümelmonster), dem Archiv (Staubschlucker), dem Außendienst (Spesenritter) oder der Abteilung Forschung und Entwicklung (kreative Spinner).

Eine Gruppe wird in mehrere kleinere Teams aufgeteilt, die dann jeweils an separaten Tischen für ein Kartenspiel instruiert werden. Was die Teilnehmer nicht wissen: An jedem Tisch sind die Regeln für das Kartenspiel ein wenig unterschiedlich.

Das Spiel wird eröffnet, an allen Tischen wird friedlich und mit Spaß gespielt. Nach einer gewissen Zeit wird kurz unterbrochen, und jeweils ein Teilnehmer einer Runde wird gebeten, an einen anderen Tisch zu wechseln. Das Spiel geht weiter. An allen Tischen entsteht früher oder später Irritation. Aus Sicht der Stammbesatzung spielt der Neue sonderbar. Aus Sicht des Neuen spielen die, zu denen er hinzugekommen ist, merkwürdig. Nicht selten brechen Konflikte aus, es wird gestritten, und man bezichtigt sich wechselseitig des Schummelns, des Falschspiels. Und – ein wichtiger Punkt – man findet sich gegenseitig nicht sympathisch.

Das Interessante an diesem Experiment ist, dass so gut wie nie(!) jemand auf die Idee kommt, dass die Differenzen in der Spielweise auf unterschiedliche Regeln zurückzuführen wären oder wenigstens auf ein unterschiedliches Verständnis der Regeln. Das wäre mit ein, zwei Fragen relativ einfach zu ermitteln. Aber es passiert nicht.

Was geschieht, ist vielmehr ein reflexhaftes Verdächtigen und Abwerten desjenigen, der anders spielt, als man es selbst für richtig hält. Genauer: wie es richtig **ist**.

Hier befinden wir uns im Irrtum. Den wir aber nicht als Irrtum erkennen.

»Das macht man nicht!« – ein Denktabu

Das, was uns selbstverständlich ist, entzieht sich der Reflexion. Wir erkennen es daher nicht als etwas, das zu uns persönlich gehört und uns auszeichnet, sondern wir halten es für allgemeingültig.

Eine Frau fragt ihre beste Freundin um Rat, als sie über der Einladungsliste für einen runden Geburtstag sitzt. »Ich habe eigentlich keine Lust, meine Schwägerin einzuladen«, sagt sie, »wir haben kein richtiges Verhältnis zueinander, wir haben uns nichts zu sagen, was soll das also?« Die Freundin findet: »Das kannst du nicht machen. Damit stößt du sie und die ganze Familie vor den Kopf. Das geht nicht!«

Natürlich ist der Einladenden bewusst, dass sie die Schwägerin brüskieren würde. Deshalb hat sie ja das Thema überhaupt angeschnitten: um zu prüfen, ob sie den Eklat provozieren will oder nicht. Die Antwort ihrer Freundin zieht diese Möglichkeit aber gar nicht in Betracht.

Die Freundin hat aus ihrer Sicht nicht etwa eine Meinung –

nämlich ihre eigene – geäußert, sondern eine Selbstverständlichkeit. Sie spricht nicht davon, dass sie persönlich ein solches Verhalten (Schwägerin nicht einladen) ablehnt, sondern es ist ein pauschales »no go«.

Selbstverständlichkeiten kommen meist als »Das macht man nicht!« oder als »Das muss man so machen!« daher. »Man« ist die erste Person Singular und Plural. Da gibt es keine zu prüfenden Alternativen.

Es geht hier nicht um die Frage, ob man Schwägerinnen ein- oder ausladen soll. Sondern darum, ob wir über die verschiedenen Optionen frei nachdenken können, oder ob das mit einem Denktabu belegt ist. Verantwortung – Sie erinnern sich – beginnt mit dem Bewusstsein der Wahlfreiheit und damit, dass wir unsere Wahl in Kenntnis und Würdigung der Alternativen treffen. In dem Moment, in dem wir bestreiten, dass es Alternativen gibt, obwohl es sie gibt, gehen wir aus der Verantwortung.

Nehmen wir an, die Frau hätte eine andere Freundin gefragt. »Deine Schwägerin? Gar keine Frage! Die hat sich doch erst neulich wieder so erstklassig blöd benommen, das wäre genau die passende Antwort! Genau, du **musst** sie ausladen!«, würde die vielleicht antworten. Inhaltlich ist dieser Ratschlag komplett konträr, aber er wird mit der gleichen Unbedingtheit vorgetragen. Auch hier wird behauptet, dass es ein einzig richtiges Handeln gibt.

Wenn jemand in diesem Brustton der Überzeugung spricht, dass etwas nur so und nicht anders geht, dann macht er in erster Linie eine Aussage über sich selbst, darüber, was er für richtig hält. Er glaubt allerdings, er spricht vom Allgemeingültigen. Wenn man ihn dann mit Alternativen konfrontiert, reagiert er verwundert bis aggressiv.

Eigentlich wissen wir, dass es in allen interessanten Fragestellungen immer mehrere Möglichkeiten sowie einander widersprechende und zugleich richtige Lösungen gibt. Was hindert uns, in aller Ruhe Pro und Contra für die verschiedenen Optionen zu sammeln, abzuwägen und dann zu entscheiden? Woher kommen Unverständnis und Empörung, wenn wir der einen Freundin entgegnen, dass wir gerne einmal etwas Unpopuläres tun möchten, und der anderen, dass wir uns nach reiflicher Überlegung zur Diplomatie durchgerungen haben?

In der Welt der Selbstverständlichkeit hat der Verstand kein Vorrecht, Toleranz wenig Raum. Diese Domäne wird anders regiert. Sehr emotional und sehr archaisch. Hier behaupten die gelernten Gefühle ihren Anspruch.

Wenn wir aus einer Selbstverständlichkeit heraus argumentieren, dann sind wir von der Richtigkeit überzeugt. Wir lügen also nicht oder reden uns wissentlich heraus. In der Selbstverständlichkeit befangen, irren wir uns vielmehr.

Trotzdem handelt es sich um falsche Behauptungen, weil existierende Alternativen geleugnet werden. Und das hat sehr problematische Konsequenzen: für die Frage der Verantwortung, für die Qualität von Gesprächen und Begegnungen, den Verlauf von Auseinandersetzungen. Und letztlich dafür, ob wir in der Lage sind, uns als Mensch, als Persönlichkeit weiter zu entwickeln. Wenn es uns nicht gelingt, uns von den eigenen Selbstverständlichkeiten zu emanzipieren, werden wir zwar älter, aber nicht menschlich klüger.

Worüber reden wir: Wahrheit oder Wahrnehmung?

Dass wir unsere Wirklichkeit hoch subjektiv konstruieren, ist ja fast schon ein alter Hut. Wir können nicht objektiv sein, niemand kann das. Was uns nicht davon abhält, es immer einmal wichtigtuerisch ins Gespräch zu werfen (»Objektiv betrachtet!«). Zu einem Geschehen gibt es immer mehrere Geschichten: Jeder, der dabei war, hat etwas anderes erlebt, manchmal etwas geringfügig anderes und manchmal etwas völlig anderes. Vier Menschen gehen ins Kino – und sehen vier verschiedene Filme. Da kann man sich manchmal nur die Augen reiben. Aber so ist es. Wir sitzen nicht als Videogeräte im Kino, sondern als Zuschauer mit ihrer je eigenen Geschichte, Erfahrung, Vorliebe, Stimmung. Wir nehmen wahr, aber wir kennen die Wahrheit nicht. Ich kenne sie nicht, und Sie kennen sie auch nicht. Wir kennen nur unsere Wahrnehmungen, über die können wir uns austauschen. »Stimmt!«, werden Sie jetzt vielleicht denken, wenn Sie gerade keinen aktuellen Konflikt vor Augen haben.

Diese Erkenntnis setzt nämlich völlig aus, sobald der Adrenalinspiegel steigt. Plötzlich sage ich zu dem anderen: »Das stimmt gar nicht! Das siehst du falsch. Das ist ganz anders!« Jetzt bin ich aber doch entschieden näher an der Wahrheit als der andere!

Machen uns also unsere Hormone blöd? Oder warum können wir das Wissen über die Subjektivität von Wirklichkeit nicht mehr abrufen, sobald wir selbst betroffen sind?

Was wollen wir: Überzeugen oder Dialog?

Alltägliche Auseinandersetzungen sind voller Wahrheitsbehauptungen und unhaltbar starrer Positionen. Das hat mit Dialog rein gar nichts zu tun. Wirklich in Dialog zu gehen mit einem Freund, meinem Mann oder einer Kollegin setzt voraus, dass ich das mit einer bestimmten Haltung tue. Nämlich, dass wir hinterher beide klüger sein werden als vorher, dadurch, dass wir unsere Sichtweisen ausgetauscht, verglichen und gemeinsam erweitert haben. Ein Dialog setzt voraus, dass wir uns um Verstehen statt Bewerten bemühen und vor allem: dass das Ergebnis vorher nicht feststeht.

Wer tut denn das, bitte schön? Pure Theorie im Alltag. Ich rede nicht mit meinem Mann, um hinterher klüger zu sein. Ich will, dass er endlich einsieht, dass ich diesen oder jenen Punkt einfach richtiger sehe als er. Ich spreche nicht mit der Kollegin, um sie besser zu verstehen, ich möchte, dass sie sich meiner Position nähert.

Und das ist auch völlig in Ordnung. Wir sollten das Kind dann aber auch beim Namen nennen. Das sind Überzeugungsgespräche, argumentative Ausflüge mit der Zielsetzung der Piraterie.

Wir möchten aber zugleich, dass der Ehemann, der bei unserer beharrlichen und entschlossenen Beweisführung irgendwann erschöpft nachgibt, weil er jetzt in Ruhe seinen »Spiegel« lesen oder die »Tagesthemen« sehen will, begeistert ist von unseren Argumenten. Und wir erwarten insgeheim, dass die Kollegin sich bei uns bedankt, weil wir sie ja auf den richtigen Weg gebracht haben. Diese Erwartungen erfüllen sich nie. Zu Recht. Es ist etwas völlig anderes, die Diskussion oder den Gesprächspartner zu gewinnen. Wohl wahr. Wir möchten aber meist das Erste und das Zweite bitte dazu.

Überzeugen heißt auch – Verlierer produzieren. Dabei hat Überzeugen doch einen so positiven Klang. Überzeugungskraft gilt als Führungsqualität. Aber es macht viel mehr Spaß, überzeugt zu haben, als überzeugt worden zu sein. Warum eigentlich? Ist es nicht wunderbar, wenn sich die bessere Auffassung durchgesetzt hat?

Wenn ich einen anderen überzeuge, hat sich meine – bereits vorher etablierte und mitgebrachte – Meinung als stärker, stabiler, kraftvoller erwiesen. Das ist schön, das fühlt sich gut an. Für mich. Da sind wir alle Überzeugungstäter.

Wenn ich überzeugt wurde, gebe ich meine Meinung, die ich aus guten Gründen vorgetragen und vertreten habe, auf. Das kann ich generös tun, das kann ich ohne Verlustgefühl tun (je weniger wichtig mir das Thema ist, desto leichter), das kann ich zögernd oder widerwillig tun. Jedenfalls bin ich anschließend meine Meinung los und habe die des anderen.

Da fremdeln wir erst mal. Besonders, wenn das Ganze vor Publikum stattgefunden hat.

Ob ich nun überzeuge oder überzeugt werde, eines bleibt gleich: Es wurde kein neues, gemeinsames Ergebnis entwickelt, sondern eine Meinung hat sich durchgesetzt. Schön und gut, könnte man nun einwenden. Was soll's, so ist das Leben. Mal gewinnen, mal verlieren. Lass es uns sportlich nehmen. Einverstanden. Überzeugen macht Spaß, recht bekommen auch, meine Selbstverständlichkeiten bestätigen: sowieso. Das ist, wie das Buch eines Autors zu lesen, bei dem ich auf jeder dritten Seite an den Rand schreiben möchte: »Genau!!!« Ich bin so klug wie vorher, dazugelernt habe ich nichts, aber das Buch ist klasse.

Dialog ist nicht für alles gut. Aber wenn es darum geht, mich selbst und andere Menschen besser kennenzulernen und zu verstehen, dann sollte ich den Schalter vom Rechthaben- auf den Dialogmodus schieben.

Es ist unglaublich schwer, bei Themen, bei denen ich Aktien im Spiel habe, ergebnisoffen zu sein. Auch nur näherungsweise. Es kostet Kraft, nicht sofort ins Pingpong des Rechthabens zu gehen. Sobald Selbstverständlichkeiten angesprochen sind, ist es nahezu unmöglich. Jedenfalls solange ich sie nicht als solche enttarnt habe.

Und nun kommt eine wichtige Dynamik ins Spiel: Wenn ich mit großer Verve dafür kämpfe, dass meine – und nur meine! – Meinung richtig ist, entfache ich das Feuer des Rechthabens auch im anderen. Oder umgekehrt: Mag ich auch moderat und gelassen in ein Gespräch gegangen sein, je kategorischer und unbeugsamer sich mein Gesprächspartner geriert, umso eher bin auch ich irgendwann versucht, doch noch ein Argumentationsscheit draufzulegen.

Natürlich gibt es Ausnahmen. Zum Beispiel, wenn mir ein Gegenstand oder ein Gesprächpartner egal ist. Dann können die Positionen noch so krass formuliert werden, ich bleibe ganz ruhig. Plustert euch ruhig auf, ist mir recht. Vertretet radikale Positionen – warum nicht?! Was lässt es sich hier gut abgeklärt sein. Was sich als Toleranz ausgibt, ist blanke Resignation und Gleichgültigkeit.

Aber in lebenden Beziehungen und wenn uns das Thema etwas bedeutet, ist es anders. Da führt die oben beschriebene Dynamik dazu, dass sich das Gespräch aufschaukelt und die Qualität der Argumente erheblich ab- statt zunimmt. Dass wir, wann immer unsere Selbstverständlichkeiten ins Spiel kommen, nicht mehr dialogfähig sind, sondern nur noch unproduktiv herumstreiten, ist eine alltagserprobte Einsicht.

Zum Erwachsensein gehört, sich für unterschiedliche Auffassungen gelassen öffnen zu können. Zu **können** wohlgemerkt, nicht zu **müssen**. Natürlich sind kluge Streitgespräche großartig, den Verstand aneinanderzuwetzen und bis zur Satire einseitig zu diskutieren, das freut den Kopf. Aber ich sollte es können, ich sollte fähig sein auszuwählen, ob ich zuhören und den anderen Standpunkt zu verstehen versuche oder ob ich lieber saftig polemisieren möchte. Und nicht reflexhaft in die Kampfstellung gehen, sobald jemand etwas sagt, was meinen Selbstverständlichkeiten in die Parade fährt. Die Grundlage von Toleranz (und im Übrigen von Lernen), sind Gespräche ohne gegenseitige Abwertung und Überzeugungsdrang.

Diese Offenheit gelingt uns nicht, solange wir ganze Sperrgebiete des nicht Diskutierbaren im Kopf haben. Je mehr mein Denken und Argumentieren von unhinterfragten Selbstverständlichkeiten bestimmt ist, umso kleiner ist meine Welt. Reisen bildet nur, wenn ich meine Sinne, Verstand und Herz öffne für das Fremde. Frage, zuhöre, beobachte, einen unbeschrittenen Weg wage, etwas koste, was ich noch nie gegessen habe, für eine Zeit in andere Schuhe schlüpfe. Ein Gespräch kann eine solche Reise sein, wenn ich mich traue.

»Nimmst du zuerst den Tee und gießt dann die Milch dazu oder willst Du zuerst die Milch und füllst dann mit Tee auf?«, fragte mich vor vielen Jahren ein österreichischer Kollege, die Kanne und das Kännchen abwartend in jeweils einer Hand. »Das ist mir nicht wichtig, so oder so ist es mir recht!«, konnte ich reinen Herzens erwidern. »Das geht nicht! Das ist eine Frage von nationalem Interesse!«, konterte er ungehalten, und man hätte meinen können, er sei Brite, der sich in einer wirklich wichtigen Angelegenheit des Empires gekränkt fühlt.

Geschmacksfragen können höchst heikel sein, wenn es um nationale oder kulturelle Identität geht. Auch andere Differenzen können ins Kritische geraten: zwischen Hobbyköchen, ob man vor oder nach dem Anbraten salzen soll, oder zwischen Rosenliebhabern, wann die beste Zeit zum Rosenpflanzen ist – wurzelnackt im späten Herbst oder besser aus dem Container im Frühjahr, wenn kein Frost mehr droht. Es gibt für beide Seiten gute Argumente, dennoch wird es rasch hitzig. Und es kann tatsächlich ein handfester Richtungsstreit entstehen, bei dem man nach nicht allzu langer Zeit den anderen für blöd und uneinsichtig hält. Man bekommt im Alltag dennoch meist die Kurve, wechselt das Thema und kommt sich nicht in die Quere. So kochen Hobbyköche, die für Suppen tagelang Karkassen auskochen, selten mit solchen, die (undenkbar!!) zu fertigen Fonds greifen, ohne sich zu schämen. Wer eine Zucchini allerfeinst in zweihundert Stückchen ziseliert, kann kaum zusehen, wie jemand das Gemüse unvorstellbar grob in zehn ungehobelte Scheiben schneidet. Muss er ja auch nicht.

Unsere persönlichen Selbstverständlichkeiten verraten viel über uns

Bei uns allen wird es heikel, sobald es um Überzeugungen geht, die in der Regel schon recht alt sind (etwa so alt wie wir selbst minus fünf). Und die einen Baustein unseres sogenannten

Skripts darstellen, in dem unsere grundsätzlichen Annahmen über uns selbst, über die Welt und darüber, wie wir in ihr zurechtkommen, enthalten sind.

Wir selbst bemerken nicht einmal, dass wir gerade eine unserer Selbstverständlichkeiten von uns geben, geschweige denn, dass diese viel über uns verraten. Aber: Grundüberzeugungen geben tatsächlich sehr viel Aufschluss über den, der sie äußert. Etwa, wenn wir etwas interpretieren (statt es zu beschreiben).

Beschreiben bedeutet: Ich gebe wieder, welche Elemente ich auf einem Bild sehe – ein Haus, einen Mensch, ein Feld, einen Himmel, ein Pferd. Ich benenne vielleicht die Farben und die Größenverhältnisse. Interpretieren geht darüber hinaus, es (er-)findet eine Bedeutung, legt etwas ins Bild hinein: Der Himmel sieht bedrohlich aus, der Mensch entschlossen, das Pferd unruhig. Wahrscheinlich gibt es ein Gewitter.

Wahrnehmung ist nie frei von Interpretation, kann sie gar nicht sein. Wahrnehmung ist immer schon zugleich Bewertung und Deutung. Bereits eine einzelne Farbe (geschweige denn ein ganzes Bild) nehme ich nicht nur einfach als Licht bestimmter Wellenlänge, nicht einfach nur als »rot« wahr. Sondern ich mag die Farbe oder nicht, sie erinnert mich an Klatschmohn, ich erlebe sie als kraftvoll oder aufdringlich, an der Ampel bleibe ich stehen.

Dass wir simultan wahrnehmen, interpretieren und bewerten, entlastet, macht uns schnell und alltagstauglich. Normalerweise sind wir uns nicht im Klaren darüber, dass wir gerade interpretieren, sondern wir halten es für eine Wahrnehmung und meistens für die Wahrheit. Wir sehen, wie jemand mit gerunzelter Stirn am Schreibtisch sitzt, und sagen: »Lieber aus dem Weg gehen, die hat heute schlechte Laune.« Die Person könnte natürlich auch Kopfschmerzen haben oder testen, ob die Botoxinjektion endlich wirkt. Wir aber sind uns unserer Interpretation sehr sicher. Polizisten und Richter können ein langes Lied von der Zuverlässigkeit von Zeugenaussagen (»Aber hundert Prozent!!«) singen.

Noch weniger sind wir uns bewusst, dass wir viel über uns offenbaren, wenn wir eine Situation interpretieren oder über einen anderen Menschen sprechen. Für diesen Anteil der Kommunikation sind wir in aller Regel blind. Wann immer ich auf einen anderen zeige, weise ich, ohne es zu merken, stets mit drei Fingern auf mich selbst zurück.

Eine Szene, zwei völlig verschiedene Geschichten: der Holger-Effekt

In einer Gruppe von Freunden haben sich zwei in einem Streitgespräch verhakt. Sie streiten für ihre Positionen, und die Argumente fliegen mit viel Dampf und Energie durch die Luft. Irgendwann hält einer der beiden, Holger, inne und sagt: »Okay, ich kann deinen Punkt sehen. Ich glaube, du hast recht.«

Zwei andere haben die Auseinandersetzung aufmerksam verfolgt und erzählen später davon. Der eine sagt: »Und dann hat Holger den Streit in eine konstruktive Richtung gelenkt. Bemerkenswert souverän!«

Der andere berichtet: »Und dann ist Holger plötzlich eingeknickt und hat einfach aufgegeben. Ich hätte ihm mehr Kampfgeist zugetraut.«

Das waren nicht zwei verschiedene Situationen, die hier geschildert wurden, sondern ein und dieselbe. Aber es sind zwei sehr unterschiedliche Geschichten. Und die Differenz kommt ausschließlich aus der spezifischen Wahrnehmung zweier Menschen. Ihre jeweilige Wahrnehmung verweist auf implizite Werte und Annahmen darüber, wie »man« sich verhalten sollte, ja: **muss**.

Anders ausgedrückt: In dem Skript des ersten Beobachters sind Kompromissfähigkeit und Harmonie wichtige Werte;

und in dieser Logik kann er das Einlenken von Holger nur gutheißen. Von ihm könnten Aussagen stammen wie »Der Klügere gibt nach!«

Im Skript des zweiten hat »Stark sein!« einen hohen Stellenwert. Gewinnen ist wichtig! Jemand, der nicht nach dieser Devise agiert, ist aus seiner Sicht nicht einfach nur neutral anders als er selbst, sondern er ist schwach.

Was stimmt denn jetzt eigentlich? Ist Holger ein souveräner Nachgeber oder ein konfliktscheuer Ausbüxer? Das wissen wir nicht. Aber wir wissen, dass den zweiten Erzähler Nachgeben provoziert und der erste Durchsetzungskraft mehr als skeptisch gegenübersteht. Die Frage ist: Warum ist das so?

Eine Fülle von Fähigkeiten und Einstellungen sind polarer Natur, das bedeutet, sie liegen jeweils auf den gegenüberliegenden Enden einer Skala. Durchsetzungskraft und Einfühlungsvermögen wären ein solches Paar. Beides sind Stärken, und es ist nicht möglich, von beidem ein Maximum zu haben. Je deutlicher die Ausprägung der einen Fähigkeit ist, umso geringer wird die Ladung der anderen sein.

Im Roman »Die Gabe des Schmerzes« von Andrew Miller wird die Geschichte eines Mannes im England des 18. Jahrhunderts erzählt. James ist der beste Chirurg seiner Zeit. Niemand schneidet so schnell und sicher, präzise und ohne Zögern. Dieser Mann ist geboren mit einem seltenen Defekt, der Unfähigkeit, Schmerzen zu empfinden. Als Kind wird er auf Jahrmärkten vorgeführt und vor dem entsetzten Publikum mit Nadeln gestochen, er wird in einem Kuriositätenkabinett gefangen gesetzt, ehe er dann seine berufliche Bestimmung findet. Seine Unfähigkeit auf der einen Seite macht ihn stark auf der anderen. Als er am Nachmittag seines Lebens den Schmerz spüren lernt und die Liebe erlebt, verliert er seine traumwandlerische Sicherheit des Schnittes. Plötzlich kann er sich vorstellen, was der andere spürt, und seine Hand zittert. Es ist das Ende seiner Laufbahn als Chirurg.

Wir wären freilich gerne sowohl sehr einfühlsam als auch ausgeprägt durchsetzungsstark. Wären gerne das karierte Maiglöckchen, das in den Stellenanzeigen immer gesucht wird, teamfähig **und** autonom, enthusiastisch **und** ausgeglichen. Sind wir aber nicht. Je stärker die Ausprägung, desto unflexibler sind wir. Positiv ausgedrückt: umso zuverlässiger handeln wir in einer vorhersagbaren Weise und kann man uns für Aufgaben, die diese Aspekte besonders erfordern, hervorragend einsetzen.

Und nun kommt es zum Holger-Effekt.

Wenn ich ein besonders einfühlsamer Mensch bin, erlebe ich bereits eine mittlere Ausprägung in der Durchsetzungsorientierung eines anderen als problematisch. Ich nehme sie als völlig überzogen wahr. Meine Wahrnehmung macht aus dem anderen, der einen Konflikt zwar nicht scheut, aber auch nicht gerade sucht, zum Rambo. Ich unterstelle ihm viel mehr Aggressivität, als er hat. Das kommt daher, dass er mir eine Stärke spiegelt, die mir fehlt. Der Konfrontation mit meinem Mangel entgehe ich unbewusst perfekt dadurch, dass ich diese Stärke abwerte und negativ übertreibe. Das, was mir fehlt, erscheint in dieser Betrachtung definitiv nicht mehr als wünschenswert und damit nicht als Mangel, der mich schmerzen müsste. Ich lehne den anderen ab, um nicht in die Gefahr zu geraten, mich selbst abzulehnen. Das Ganze passiert blitzschnell, unterschwellig, ohne Einschaltung des Verstandes. Da ich mich ja in meiner Missbilligung auf den anderen konzentriere, kommt mir nicht in den Sinn, dass es hier um mich geht. Und es garantiert mir, mich nicht damit plagen zu müssen, etwas mehr Klarheit, Entschlossenheit und Abgrenzung aufzubauen – was mir eigentlich gut stünde.

Umgekehrt kann ich als durchsetzungsorientierter Mensch die tatsächliche Einfühlungsfähigkeit eines anderen nur schwer zutreffend einschätzen. Das geht rappzapp, und ich bin sicher, dass der wirklich null Mumm in den Knochen hat. Und sich in übertriebener Weise um andere kümmert und sie fürsorglich tyrannisiert. Ich unterstelle demjenigen, der vielleicht nicht gern Nein sagt (aber doch keine Neigung hat, sich ausnutzen zu lassen), viel mehr von Mutter Teresa, als er je haben wird. Weil mich das davor schützt, mir meines Mangels an Warmherzigkeit, Zartheit und mutiger Verwundbarkeit bewusst zu werden. Indem ich diese Aspekte ins Groteske verzerre, ist da nichts, dessen Fehlen ich bedauern müsste. Und so gibt es auch keinen störenden Impuls, vielleicht doch etwas weniger dominant zu sein und etwas mehr Empathie zu proben.

Rambo und Mutter Teresa können sich die Hand geben, sie bleiben sich nichts schuldig. Sie erschaffen sich gegenseitig, um dann zu sagen: So will ich auf gar keinen Fall werden!!

Es ist stets das gleiche Prinzip. Und es wurde erfunden, um uns vor Schmerz zu schützen. Das ist die gute Nachricht. Andererseits wird so Weiterentwicklung verhindert, der Status quo fest und fester geschraubt.

Warum Erfahrungen uns nicht nur klug, sondern auch dumm machen

Es gibt ein berühmtes Experiment mit einem Pferd, nennen wir es Charly. Dieses Pferd musste dafür herhalten, dass wir heute besser wissen, wie Lernen funktioniert. Zuerst ertönte im Versuchsaufbau ein Klingelton. Kurz darauf wurde ein Teil des Metallbodens, auf dem das Pferd stand, unter leichten Strom gesetzt. Das Tier konnte dem Schmerz entgehen, indem es seinen rechten Huf hob. Nach kurzer Zeit hatte das Pferd gelernt, direkt beim Klingeln zu reagieren. Klingel, Huf hoch, kein Schmerz.

Der Begriff der Konditionierung ist uns mittlerweile geläufig; ursprünglich löst der Schmerz die Ausweichbewegung aus, weshalb man ihn auch Auslöser nennt. Dann verbindet sich durch die mehrfache Kopplung der erste Auslöser mit einem zweiten Reiz, hier mit der Klingel. Dadurch erhält der zunächst neutrale Reiz die Qualität eine neuen Auslösers: Die Klingel allein veranlasst das Pferd jetzt zu dem Verhalten, mit dem es der Gefahr entkommt.

Das ist sinnvoll, denn es hilft dem Pferd, seine Lebensqualität als Versuchstier deutlich zu verbessern.

Das war der erste Teil des Experiments. In einem zweiten Abschnitt wollten die Wissenschaftler herausfinden, ob die Konditionierung auch rückgängig zu machen ist, ob und wie etwas wieder verlernt werden kann. Sie betätigten daher die Glocke, leiteten aber keinen Strom mehr in die Bodenplatte. Charly hätte seinen Fuß gefahrlos stehen lassen können, es wäre nichts passiert. Aber Charly kam nicht dazu, diese neue Erfahrung zu machen, weil er stur und stolz auf seine gelernte Lektion den Huf bei jedem Klingelton weiter anhob. Da ist jetzt kein Strom? Da kann ja jeder kommen und das behaupten, soll der das doch probieren.

Genauso denken wir. Oder: denkt es in uns irgendwo.

Wir reagieren auf Infragestellung unserer Selbstverständlichkeiten so allergisch, weil es uns dunkel an einen Schmerz erinnert. Und dann tun wir, was wir gelernt haben, um dem Schmerz zu entgehen. Selbst, wenn es gar nicht mehr erforderlich ist. Wenn es Zeit wäre, etwas zu verlernen, um endlich eine neue Erfahrung machen zu können.

»Ich bin eben so!« Selbsterkenntnis ist der erste Weg zur Besserung? Von wegen!

Das stärkste Argument gegen Veränderung lautet: »Ich bin eben so. Ich kann nicht aus meiner Haut. Sorry, aber ich **kann** nicht anders!«

Was heißt das eigentlich?

Ich behaupte, dass das, was ich bin und tue, von irgendetwas außerhalb meiner selbst, jenseits meiner Einflussmöglichkeiten festgeschrieben und festgelegt wurde und nicht etwa von mir gesteuert und entschieden wird. Nicht ich habe mir erlaubt, so ungeduldig zu sein, sondern: Das ist meine Natur. Die Verantwortung hat das Ungeduldsgen.

Ich bin eben so! Das kann stolz klingen, entschieden, resigniert oder patzig.

»Ich bin eben so!« ist oft eine Antwort darauf, dass jemand etwas von mir will, was ich nicht will. »Kannst du nicht etwas vorsichtiger fahren?« – »Nein! Erstens fahre ich vorsichtig und zweitens bin ich eben ein sportlicher Typ.« Will heißen, der Fuß **muss** auf das Gas, er kann einfach nicht anders. Ein beunruhigender Gedanke. Wer fährt denn da?

»Ich kann einfach nicht treu sein!« Heißt vielleicht: Es tut mir zwar leid, dass dich meine Affären verletzen, aber die Hormone gehen mit mir durch oder wahlweise die weibliche/männliche Natur oder der Lebenshunger. »Ich bin eben so« heißt paradoxerweise: Ich kann nichts dafür. Wer dann? An wen oder was habe ich denn da meine Verantwortung abgegeben? Und kann der/die/das sie überhaupt tragen?

»Das liegt bei uns in der Familie« – auch so ein Freibrief. Das ist eine Absage an die eigenen Spielräume der Entscheidung, des Handelns, des bewussten Abwägens. »Mein Großvater war schon cholerisch, mein älterer Bruder auch – da musst du dich nicht wundern, wenn mir im Streit die falschen Worte rausrutschen.« Das müsste dann eigentlich im Ausweis stehen. Besondere Kennzeichen: »Jähzornig in vierzehnter Generation.«

»Wann entscheidest du dich endlich? Du kannst doch nicht ewig hin und her überlegen!!« Antwort: »Das könntest du doch wissen, ich bin Krebs, wir müssen immer vor und zurück denken, Schnellschüsse können wir nicht!« Im Kollektiv lässt es sich gut ent-schulden. Wir Widder sind impulsiv, wir Fische empfindsam und wir Löwen dominant. Tja, das steht in den Sternen, wer will sich da auflehnen? Wenn man diese Begründungen zu Ende denkt, dann kommt heraus, dass wir gelebt werden – von unserem Temperament, unseren Sternzeichen, unseren Familienmerkmalen.

Ich bin weit entfernt davon, derlei Einflüsse völlig zu leugnen. Die Frage ist nur: Für wie lange dürfen sie nicht nur als wirksam, sondern – wie behauptet – als zwingend gelten?

Die gleichen Menschen, die sich auf Charakter, Familie oder Erziehung berufen, um eine Handlungsweise oder Angewohnheit zu legitimieren, halten es oft zugleich für unsinnig, heute über die Folgen ihrer Kindheit nachzudenken und zu beleuchten, was genau sie im Inneren geprägt hat und heute noch leitet. Sich mit den frühen Jahren des Lebens auseinanderzusetzen, ist in der Tat nur sinnvoll, wenn wir das Ziel haben, daraus zu lernen und uns weiterzuentwickeln. Sie aber nehmen die Idee einer Fremdsteuerung in Anspruch, die ihnen plausibel oder praktisch erscheint, genau deshalb weil sie **keinen** Änderungsimpuls beinhaltet. »Ich bin eben so« heißt: »Deshalb ändere ich mich nicht, lass mich in Ruhe!«

Nach dieser Behauptung erübrigt sich ein weiteres Gespräch oder Nachdenken. Wo »empfindlich« draufsteht, ist »empfindlich« drin. Das bedarf keiner weiteren Erläuterung und muss auch nicht diskutiert werden. Es gibt keine Rätsel auf und stellt keine Fragen. Und entlässt mich scheinbar aus der Pflicht. Wer empfindlich ist, ist eben schnell verletzt. Was kann ich dafür?

Diese Haltung ist das genaue Gegenteil der optimistischen Annahme, dass Selbsterkenntnis der erste Schritt zur Besserung sei. Ich nehme eine vielleicht sogar zutreffende Charakterisierung meiner selbst, und gut ist. Von wegen erster Schritt. Ich mache daraus dann einen Standpunkt: Ich stehe hier und kann(!) nicht anders.

»Erkenne dich selbst!« ist immer anders gedacht. Es geht um erkennen und umkehren, einen eingefahrenen Weg verlassen, aus einem Traum aufwachen, einen Kampf beenden oder beginnen. Nicht einfach »Wir Norddeutschen sind eben so«.

Während ich meine Sensibilität wie einen Schutzschild vor mich halten kann (»Du musst vorsichtig mit mir umgehen!«), will die Entdeckungsreise in meine inneren Räume genau das Gegenteil. Sie will den freundlichen Blick auf mich selbst, der keine Ausreden mehr braucht und der dadurch zugleich Änderung erreichen kann, wo die angstgetriebene Leugnung vorher nur Erstarrung und Verhärtung bewirkte.

Die Beschäftigung mit der eigenen Biografie ist kein munterer Spaziergang durch immer nur lichte und leicht zugängliche Gefilde meiner Erinnerung. Unsere eigene Geschichte ist eine komplizierte Angelegenheit, sie ist nur lückenhaft zu erschließen, sie entzieht, verbirgt sich. Und wenn man sich ihr zuwendet, macht das nicht nur Freude, es kann kratzen und stechen, und manchmal spült Treibgut nach oben, das man gerne auch im Meer des Vergessens gelassen hätte.

Freilich kann ich mich mit meiner Kindheit auch so beschäftigen, dass ich meine Erkenntnisse anschließend als neue Ausredengeschütze auffahre. Das ist nicht Sinn der Sache, gleichwohl eine ungeplante Nebenwirkung vieler Therapieversuche. »Mein Vater hat sich der Familie entzogen, er war unfähig, eines seiner Kinder zu umarmen. Daher bin ich so schroff.« Fazit gezogen, Kapitel geschlossen. Wir sind auf einer neuen Ebene von Ausreden angelangt. Psychologisch fundiert. Aber leider nicht geeignet, einen Fortschritt zu erzielen.

Wenn die Schlussfolgerung hingegen wäre: »Meine Schroffheit wurzelt wohl in der meines Vaters. Ich bin dabei, das zu überwinden. Es ist nicht leicht, aber ich bleibe dran!«, dann haben wir es mit einem Menschen zu tun, der sich seinen Wurzeln stellt **und** sie zugleich zu überwinden oder – wie die Schweizer Psychotherapeutin, Dozentin und Autorin Verena Kast so schön formuliert – zu »überwachsen« trachtet.

Verantwortung kann ich nur übernehmen, wo Bewusstheit und Reflexion walten. Solange ich mich nicht mit dem auseinandersetze, was meine inneren Grundannahmen, Überzeugungen, Selbstverständlichkeiten sind, wirken diese unbeobachtet, und ich pflege die Täuschung. Wenn ich ganz fest davon überzeugt bin, dass ich mich als Steinbock so verhalten **muss**, wie ich es tue, ent-schuldet mich das dann? Habe ich ein Anrecht darauf, dass man mir meine sternzeichenadäquate Sturheit nachsieht?

Nein, denn es gibt die prinzipielle Möglichkeit der Erkenntnis. Eine komplizierte Kindheit spricht mich nicht von der Aufgabe frei, heute mein Leben selbst in die Hand zu nehmen. Solange der entstandene Schaden in meiner Seele und meinem Körper mir nicht die Erkenntnismöglichkeit an sich verschließt, bin ich zu Verantwortung fähig. Ich kann wegschauen oder hinsehen, ich kann mich abfinden oder mir meinen eigenen Weg suchen. Ich habe diese Freiheit, ich kann wählen.

Wir sind, wie wir sind. Aber heißt das auch, dass wir uns nicht ändern können?

Solange wir mit der ganz normalen neurotischen Meise davongekommen sind, kann man von uns erwarten, Verantwortung zu übernehmen. Und wir sind – und sei es durch Hilfe anderer – fähig, einen Irrtum aufzudecken. Die eigentliche Täuschung ist nicht die, dass wir so sind, wie wir sind, sondern, dass daran nichts zu ändern wäre.

Wir sollten uns lösen von den albernen Ausreden, mit denen wir unsere Bequemlichkeit und die Lustlosigkeit, uns anzustrengen, kaschieren wollen. Ich **kann** pünktlich sein, wenn ich es wirklich will. Und wenn – das gehört dazu – meine Umwelt mir dazu auch Anlass bietet.

Michael ist legendär für seine Unpünktlichkeit. Wenn man ihn einlädt, muss man damit rechnen, dass er zwischen einer halben und zwei Stunden später eintrudelt. Immer mit dem gleichen Gesichtsausdruck zwischen Traumverlorenheit und großer Hetze, die er sich in der letzten Viertelstunde zugemutet hat. Die Haare sturmzerzaust. Verschiedene Tricks wurden versucht, man lud ihn einfach eine Stunde früher ein, als die Party tatsächlich begann, aber nichts fruchtete. Irgendwann, als er zu einem gesetzten Abendessen wieder einmal erst zum Hauptgang kam, platzte der Gastgeberin unerwartet der Kragen. Sie sagte ihm ohne Übertreibung, aber auch, ohne mit einem Lachen oder Lächeln den Ernst zu mildern, dass es sie wirklich sehr störe, immer auf ihn warten zu müssen.

Das machte einen verblüffenden Unterschied. Es tat ihm leid. Er hatte sich genauso wie alle anderen daran gewöhnt, unpünktlich zu sein. Tatsächlich hatten alle das Spiel mitgespielt. Man rechnete damit, dass er zu spät, kam er kam zu spät, und man scherzte darüber. Und woher sollte dann bitte schön eine Notwendigkeit kommen, etwas zu ändern?

Zum Lernen brauche ich Feedback von anderen, auch wenn

ich es manchmal ungern höre. Wenn ich aber meinen Ruf pflege, dass ich keine Kritik vertragen kann, dann bin ich auf dem besten Weg, in eine bereitgestellte Falle zu laufen. Es gibt ganz sicher Gründe, die es mir schwer gemacht haben, entspannt mit Kritik umzugehen, aber die Vermeidungsstrategie könnte langfristig riskant werden, indem sie mich zwar vor Beanstandungen abschirmt, aber auch daran hindert, sich mit mir selbst anzufreunden.

Wenn ich irgendwann einmal mein Leben – vor wem oder welcher Instanz auch immer – verantworte, kann ich es mir sparen, über das zu reden, was ich nicht gemacht habe und warum. Das interessiert niemanden mehr. Falls es je jemanden interessiert hat. Am Ende des Lebens gelten keine Ausreden.

Für die Bilanz ist sicher eines besonders entscheidend: Habe ich die mein Leben bestimmende Angst und den Schmerz früher Verletzungen überwunden oder habe ich mich ihnen immer wieder neu gebeugt?

Dazu muss ich zunächst erkennen, dass ich Angst und Schmerz habe. Den nur noch vagen Schmerz und die schlummernde Angst, die mich subtil steuern, die mich drängen, mich anzupassen oder in der Rebellion gefangen halten. Solange ich mich in der Einbildung bewege, ich sei ganz furchtlos, unverwundbar und selbstbestimmt, kann ich nicht mit Schatten der Vergangenheit ringen.

In einer sehr berührenden Sequenz in »Good Will Hunting« stehen sich der Psychologe Sean Maguire, gespielt von Robin Williams, und ein mathematisches Genie, Will (Matt Damon), gegenüber. Will ist Vollwaise, hat in verschiedenen Pflegefamilien eine schwierige Kindheit durchlebt und ist mehrfach straffällig geworden. Er ist gerade im Begriff, seine Zukunft zu verspielen. Ein Mathematik-Professor, der seine außergewöhnliche Begabung entdeckt hat, rettet ihn vor dem Gefängnis mit der Auflage, an einem Resozialisierungsprogramm teilzunehmen, die Therapie ist Teil davon. Will hat schon einige Therapeuten intellektuell ausgebootet und ist fest entschlossen, es auch mit Maguire zu tun. Der Therapeut zeigt ihm Fotos: Auf den Oberarmen des kleinen Jungen, der Will einmal war, hat man Zigaretten ausgedrückt, Bilder von Misshandlung und Verwahrlosung. Er schaut ihn an und kommentiert diese Bilder ruhig und eindringlich: »Du kannst nichts dafür!« – »Ja, ich weiß«, sagt der Junge zur Seite hin. »Nein, nein, weißt du nicht«, versetzt der Therapeut geduldig und sehr ernst, »du kannst nichts dafür.« – »Hören Sie auf mit dem Schwachsinn!«, sagt der Junge. Der Therapeut hält seinen Blick fest. »Du kannst nichts dafür.« Will stößt ihn zurück. »Lassen Sie mich in Ruhe, Mann!« Noch einmal wiederholt Maguire: »Du kannst nichts dafür.« Und da bricht der Junge zusammen und schluchzt den ganzen Kummer eines gequälten Kindes heraus, das sich diesen Schrecken nicht anders zu erklären wusste, als dass es etwas falsch gemacht haben muss. Und erst, als er das begreift, kann er die immense Härte loslassen, die er sich zugelegt hat, um sich vor der vermeintlichen Schuld und der unerträglichen Scham zu schützen.

Seine quälenden Erinnerungen und vor allem die Schlussfolgerungen, die er daraus zog, hat er verdrängt. Sein Panzer soll ihn vor einer – inneren und äußeren – Wiederbegegnung mit alten Verletzungen schützen. Und das funktioniert auch. Einerseits. Ehe ihn jemand verletzen darf, hat er schon lange zugeschlagen. Die tiefe Wunde des misshandelten Kindes kann allerdings niemals heilen, denn der Panzer hält auch die Liebe ab, die Begegnung, den heilenden Blick, die tröstende Geste. Niemand bekommt die Chance, ihm zu zeigen, dass er geliebt wird, dass Liebe eine reale Möglichkeit ist, ein Geschenk, das das Leben auch für ihn bereithält. Das weiß er zu verhindern, sein Schutz sperrt ihn fatalerweise vom Leben aus.

Und einen Therapeuten braucht er – natürlich! – schon lange nicht. Diese Seelenklempner sollen sich an Schwächlingen versuchen, nicht an ihm!

Wann immer jemand vehement über psychologische Unterstützung polemisiert, muss man meiner Erfahrung nach von beträchtlichen seelischen Wunden ausgehen, für die derjenige sich (noch) keine Unterstützung leisten darf, weil er sie (noch) leugnen muss.

Wir sind frei in unseren Entscheidungen. Einerseits.

Verena Kast formuliert das in ihrem Buch über »Wege zur Autonomie« so: »Auch hierin besteht eine Gesetzmäßigkeit psychischer Prozesse: Erst wenn wir daran sind, uns aus einer Situation herauszuentwickeln, dürfen wir uns zugeben, wie die Situation wirklich war, können wir sie wahrnehmen, ohne sie positiv – oder negativ – umdeuten zu müssen, und dann entwickeln wir auch ein Gefühl für uns in dieser Situation, die wir überlebt haben.«

Das ist eine der wichtigsten Erkenntnisse, die wir uns gönnen sollten: dass wir einerseits freier und andererseits zugleich unfreier sind, als wir uns das im Alltag eingestehen. Wenn ich meine emotionalen Reaktionen als naturgegeben betrachte, gibt es keinen Ansatzpunkt, mein Phlegma zu beschleunigen, meine Unbeherrschtheit zu zähmen oder meine Melancholie aufzuhellen. Es stößt mir dann zu. Wenn ich aber meine emotionale Verfasstheit zwar als Antwort begreife, aber nicht als Notwendigkeit, dann sieht die Sache anders aus. Dann kann ich handeln.

Nicht, dass es einfach wäre. Meine Gewohnheiten zu ändern, vor allem auch meine inneren Gewohnheiten, ist nicht mühelos, ganz im Gegenteil. Diese Anstrengung müssen wir bejahen.

Es gibt keine Persönlichkeitsentwicklung light? Falsch: Natürlich gibt es sie. Aber: Wenn ich sie absolviert habe, kann ich den Betroffenheitsjargon sprechen, kenne die wichtigen

Vokabeln und habe Seminare in Schloss Sowieso und im Kloster Da-und-da besucht. Habe »wahnsinnig viel gelernt«. Und nichts geändert.

Ich beginne erst, mich wirklich zu verändern, wenn ich mich in Ruhe und Ernsthaftigkeit mit dem echten Problem beschäftige, das meine Freiheit einschränkt – nämlich der Illusion, die wir Authentizität nennen. Zu sagen »Ich bin eben so!«, heißt nichts anderes als: »Ich weigere mich, die Verantwortung für die Gegenwart meines Lebens zu übernehmen.«

Auf »Ich bin authentisch!« zu beharren, heißt, eine aktuell bequeme, aber perspektivisch hoch problematische Verwechslung zu pflegen.

In dem Moment, in dem ich beginne, meine Verhaltensweisen als das Produkt sehr früher Erfahrungen zu verstehen, die mich aber nicht mein ganzes Leben beherrschen müssen, beginnt ein neues Spiel. Mit der Chance auf neues und frisches Glück.

Vertrieben aus dem Paradies
bedingungsloser Liebe

Wir werden in eine Welt geboren, die es so nur ein einziges Mal gibt. Es ist ein häufiger Irrtum, dass Geschwister einer Familie in der gleichen Situation aufwachsen. Das Erstgeborene macht aus einem Paar eine Dreiecksbeziehung, die komplizierteste aller Konstellationen. Das zweite Kind findet diese Dreiergruppe bereits vor und ist nun der Vierte im Bunde. Für das dritte Kind sind wahrscheinlich beide Elternteile schon verteilt, es sei denn, nach zwei Söhnen kommt nun die herbeigesehnte Tochter (oder umgekehrt).

Jeder muss auf ganze eigene Weise seinen Platz finden und verändert zugleich durch sein Dazukommen das, was vorher war. Die Eltern können und werden nicht alle Kinder gleich lieben, auch wenn sie es gern würden und es meistens behaupten. Ihre Ehe ist nicht immer im selben guten oder schwierigen oder labilen Zustand, oft genug endet sie, ehe die Kinder groß sind, es kommen andere Spieler hinzu. Die materielle Situation kann in verschiedenen Phasen sehr unterschiedlich sein. Kurz: Jedes Kind findet eine unwiederholbare, einzigartige Situation vor.

Drei Kinder in der gleichen Familie hatten drei völlig unterschiedliche Kindheiten. Und wenn sie sich später darüber unterhalten, kann es passieren, dass sie gar nicht verstehen, wovon der andere spricht. »So waren unsere Eltern doch gar nicht!«, »Mir hat die Mama aber immer vorgelesen!«, »Ich kann mich nicht erinnern, dass der Vati so streng gewesen sein soll!« Alle haben recht in ihrer eigenen Erinnerung, aber sie ist nicht übertragbar. Für jeden war es anders.

Ein Kind braucht in seiner Welt, wie auch immer die sein mag, vor allem eines: Liebe. Es braucht das Gefühl und die Gewissheit, in dieser Welt gewollt zu sein. Es braucht einen Raum, in dem durch diese Liebe Vertrauen wachsen und gedeihen kann: in diese Welt, die anderen und sich selbst.

Wir sprechen nicht umsonst von Grundvertrauen. Dieses elementare, erste und alles entscheidende Vertrauen, dass ich mich nicht fürchten und nicht an mir selbst zweifeln muss, bildet das Fundament für alles Weitere. Je nachdem, wie meine ersten Jahre sind, erwerbe ich einen stabilen Boden, der mich verlässlich trägt, oder einen schwankenden Untergrund, der mich immer einmal den Halt verlieren lässt.

Spielen wir einmal einen Gedanken durch, der völlig theoretisch, aber für unsere Zwecke sehr hilfreich ist. Nehmen wir an, dass an dem ganz besonderen Platz, an dem ich in der Welt gelandet bin, auf mich ausschließlich Liebe wartet. Und zwar eine Liebe, die keinerlei Bedingungen stellt.

Ich liebe dich. Punkt. Einfach, weil es dich gibt und ich mich darüber freue, dass du hier bei mir, bei uns bist. Du musst dich nicht anstrengen und nichts Besonderes machen, denn du bist so, wie du bist, genau richtig. Was auch immer du tust, wie auch immer du dich entwickeln wirst: An meiner Einstellung zu dir wird sich nichts ändern, darauf kannst du dich – immer immer immer! – verlassen. Die Liebe zu dir ist dein Geburtsrecht, sie steht dir von Anfang an zu, du musst sie dir nicht erarbeiten. Um keinen Zweifel aufkommen zu lassen: Dein Recht ist uns keine Pflicht, es ist uns eine tiefe Freude, denn wir waren diejenigen, die dich ins Leben gewünscht haben. Wir haben nach dir gerufen in unseren Träumen. Und jetzt bist du da, und das macht uns reich und froh.

Nehmen wir einmal an, dass ein Kind diese Grundbotschaft immer wieder hören, spüren, schmecken und erleben würde, dass dies die verlässlich wiederkehrende Begleitmelodie seiner ersten Lebensjahre wäre. Das Morgengebet und das Schlaflied.

Dann würde das Kind Liebe zu sich selbst aufbauen, die ebenfalls nicht an Bedingungen geknüpft ist. Es würde sich selbst mögen und wertschätzen können, ganz in der Tiefe, ohne jede Einschränkung oder Fragezeichen. Das Kind würde ein Bild von sich selbst aufbauen, in dem es makellos und der Liebe wert ist. Es würde gut von sich selbst denken. Richtig gut. Es wäre später nicht nötig, Selbstbewusstsein vorzutäuschen, es gäbe keinen Grund für Angabe oder Tiefstapelei – dieses Kind muss nichts kompensieren. Das Selbstvertrauen wäre glaubwürdig und echt, stabil und nicht zu erschüttern.

Das ist die Idee einer paradiesischen Kindheit.

Wenn man mit Menschen über diese Idee spricht, bleibt kaum eine Miene unbewegt. Bei (jungen) Eltern sieht man oft, wie sie sich besorgt die Frage stellen, welche Grundbotschaft sie wohl ihren Kindern geben oder gegeben haben. Die meisten gehen innerlich zurück in ihre eigene Kindheit und gleichen nachdenklich, manchmal auch schmerzlich ab. Viele sehen unangenehm berührt aus. Der schnell aufkommende Einwand, dass das doch gar nicht möglich sei – was stimmt! –, klingt wie ein Vorwurf, unwirsch, genervt. Der Tonfall lässt ahnen, wie provozierend der pure Gedanke ist. Weil er mit dem eigenen Erlebten kollidiert. Und ehe ich das an mich heranlasse, werte ich lieber die Idee ab (Unsinn!! Geht doch gar nicht!) oder versuche zu belegen, dass eine ausschließlich liebevolle Erziehung die Kinder zu egoistischen Monstern machen würde. Immer einmal seufzt auch jemand und sagt: »Wäre **das** schön gewesen!«

Tatsächlich wird durch diese Fantasiereise eine Wunde berührt. Die Wunde, die wir mit der Vertreibung aus dem Paradies erleiden müssen, die keinem erspart bleibt, die uns allen gemeinsam ist. Denn es gibt keine Kindheit, die nur bedingungslose Liebe atmet. Aber wir alle haben uns danach gesehnt. Und die Differenz als Schmerz erlebt.

Gehen wir den Gedanken gleichwohl noch ein paar Schritte

weiter. Wenn ein Kind in einem Klima unbedingter Liebe aufgewachsen wäre und daher voller Liebe zu sich selbst, dann
ginge es mit einem Schutz durch die Welt, einer Glückshaut
wie im Märchen.

Das Gefühl eigener Schönheit etwa hat wenig mit einer
»objektiven« Schönheit zu tun, sondern damit, wie sich die
Menschen selbst ansehen. Dies wiederum findet seinen Anfang darin, in welchen Augen sie sich als Kinder gespiegelt
haben. Viele Frauen, mögen sie noch so bildschöne, bezau-
bernde kleine Mädchen gewesen sein, können ihr Leben lang
nicht den kritischen Blick abschütteln, der auf ihnen ruhte.
Wenn sie in den Spiegel schauen, sehen sie sich selbst, ohne
dass sie es merken, mit den Augen ihrer Mutter an und finden immer etwas, das nicht stimmt. Haben die Kinder aber
vor allem in wohlmeinende Augen geschaut, haben sie sich
ganz von Liebe umhüllt gefühlt, so werden sie sich schön
finden. Ihre ganz eigene Schönheit steht gar nicht infrage, sie
sind in ihrem Körper zu Hause. Sie gehen gerade und aufrecht, ziehen keine Schultern ein, machen sich weder kleiner
noch größer. Sie sind, was sie sind – und zwar gerne.

Wenn ein solches Kind nun in Situationen käme, für die
es noch keine Rezepte hat, wie man sie erfolgreich bewäl-
tigt, dann würde es vermutlich eine erhöhte Aufmerksamkeit
spüren, eine Spannung, Konzentration und Neugierde. Und
dann würde es ausprobieren, was am besten klappt. So würde es beim Laufenlernen ganz nach seinem eigenen Tempo
vorgehen. Hinfallen, sich aufrappeln, neu versuchen, wieder
hindotzen, zum Ausruhen ein bisschen krabbeln oder liegen
vielleicht, dann wieder hochziehen, hinfallen, aufstehen und
irgendwann die Freude der ersten Schritte. Dazwischen keine
Sorge, es nicht schnell genug zu lernen, langsam, plump oder
ungeschickt zu sein. Lernen unter idealen Bedingungen, expe-
rimentierfreudig, spielerisch, ohne Angst.

Seine Selbstliebe wäre völlig unbeeinflusst davon, ob es

das Laufen/Sprechen/Turm bauen/Fahrrad fahren rasant oder gemächlich lernt.

Nehmen wir ein anderes Beispiel aus dem späteren Leben. Das mittlerweile größere Kind will zum ersten Mal einen Ball möglichst weit werfen. Es funktioniert nicht. Der Ball ploppt viel zu schnell zurück auf den Boden. Das Kind hält inne, ärgert sich, sammelt Kraft und versucht es noch einmal. Und noch einmal. Es wird nicht besser. Irgendwann begreift das Kind, dass das wohl nicht zu seinen Talenten zählt, und wendet sich etwas anderem zu. Es hat eine neue Erkenntnis gewonnen, einen Mosaikstein in der realistischen Bilanz seiner Fähigkeiten. Weitwurf gehört nicht dazu. Das macht aber nichts. Es könnte unbefangen zur Kenntnis nehmen, dass es manche Sachen ausnehmend gut, manche durchschnittlich und andere gar nicht kann. Das gute Gefühl und die Freundschaft zu sich selbst wären davon völlig unberührt.

Eine schöne Vorstellung: uns nicht zu schämen für das, was wir nicht gut können; nicht so tun zu müssen als ob. Keine tadelnde Stimme mehr im Ohr zu haben. Der Widerhall des Vorwurfs oder der Enttäuschung, die wir erlebt haben bei denen, die uns in dies und jenem gerne anders gehabt hätten: endlich verstummt.

Was wir schon früh gelernt haben: Liebe ist nicht sicher

Eine Kindheit, in der es ausschließlich unbedingte Liebe gab, ist pure Theorie, unmöglich, Fiktion. Gleichwohl ist die Idee hilfreich, um zu verstehen, was mit uns in Wirklichkeit passiert ist.

Die meisten Menschen hatten, statistisch betrachtet, eine normale Kindheit. Das bedeutet: Es gab viel Gutes, einiges war außergewöhnlich gut, es gab viele Hürden, und manches war einfach nur schrecklich.

Wir können am Anfang nicht sachlich Buch führen, haben keine Excel-Tabelle, auf der wir abtragen: »Aus 80 Prozent meiner Kindheitssituationen kann ich entnehmen, ich bin okay. Das ist super, eine Zielerreichung, mit der ich mehr als zufrieden bin.« So kann ein Projektmanager denken, ein Kind nicht. Als Kind registriere ich jeden Entzug von Liebe als Katastrophe und in den frühen Jahren als lebensbedrohlich.

Und ich reagiere darauf mit der Dringlichkeit und Ernsthaftigkeit, die einer gefährlichen Situation entspricht. Alles auf Alarm gestellt, alle Konzentration auf die Frage gerichtet, was ich tun kann. Meine gesamte Intelligenz läuft warm, um die Aufgabe zu lösen: Was muss ich tun, damit das Licht im Gesicht meiner Mutter wieder angeht? Was kann ich machen, damit Vater wieder freundlich auf mich schaut? Was kann ich tun, damit die Panik wieder abebbt?

Und Kinder schaffen das. Sie müssen ohne Publikumsjoker auskommen, sie lösen diese Frage ganz einsam und ganz selbstständig. Sie probieren aus, sie scheitern. Und irgendwann haben sie es heraus: was funktioniert, unter welchen Bedingungen sie wieder Liebe spüren können. Die Angst hört endlich auf. Und das merken sie sich mit jeder Faser. Das hat im Gedächtnis oberste Priorität. Sie passen sich an die Bedingungen an, die man ihnen stellt. Sei tapfer, sei gehorsam, mach dich unsichtbar, sei unkompliziert, geh über deine Gefühle hinweg ... Diese Bedingungen werden zu inneren Stimmen, die später auch dann noch funktionieren, wenn längst keiner mehr wirklich zu uns sagt, dass wir nicht trödeln oder keine Widerworte geben sollen. Wir sagen es uns den Rest unseres Lebens selbst, auch wenn wir das gar nicht bemerken.

Wir lernen, dass Liebe nicht sicher ist. Ich kann nicht darauf bauen, dass sie immer da ist, wenn ich sie brauche. Manchmal ist sie plötzlich weg. Manchmal knirscht das Eis, zuweilen bricht es. Nie werde ich wieder so unbeschwert und leichtfüßig gehen wie zuvor, ich muss meine Schritte ab jetzt anders wägen. Ich habe den Freibrief auf Liebe ohne Bedingungen verloren. Und damit auch die unbedingte Liebe zu mir selbst.

Ich bin dann okay, wenn ...

Um es vorwegzunehmen: Ich verliere sie nicht wirklich, sie ist nicht verspielt. Aber sie verschwindet vorerst unter einem neuen Thema meines Lebens, und dieses heißt: Angst. Angst schiebt sich vor mein Gefühl, dass ich so, wie ich bin, sicher und gut bin. Das Kind passt sich an, um wieder in die angstfreie Sicherheitszone zu gelangen. Das ist eine großartige Leistung. Der Preis der gelungenen Anpassung ist, dass das Kind sich ab jetzt selbst auch nur noch dann mag, wenn es die von den relevanten anderen gestellten Bedingungen erfüllt. Ich bin **dann** okay, **wenn** ich das tue, was mir Liebe bringt. Und zwar nur dann. Das Kind hat begriffen, dass Liebe nicht umsonst, kein Geschenk, sondern an bestimmte Verhaltensweisen, Leistungen geknüpft ist. Und nur dann, wenn ihm diese gelingen, kann es auch mit sich selbst zufrieden sein. Es hat eine bedingte Liebe zu sich selbst etabliert. Und das ist das eigentliche Problem.

Ein Kind kann zu dieser Zeit nicht entscheiden, sich zwar klug und pragmatisch anzupassen, aber im Inneren trotzdem weiter ungebrochen und umfassend Ja zu sich selbst zu sagen. Ich kann es als Kind nicht als Problem meiner Mutter betrachten, wenn sie sich über mich aufregt. Der Makel ist in die innere Welt gekommen, der Zweifel ist jetzt Untermieter.

Die Anpassungsleistungen, die wir erbringen müssen, um geliebt zu werden, üben wir gewissenhaft. Wir werden Künstler darin. Hier werden unsere späteren Talente angelegt, unsere ganzen Selbstverständlichkeiten und Überempfindlichkeiten.

Nehmen wir an, ein Kind hat gelernt, dass es am ehesten Liebe bekommt, wenn es besonders nett ist, sich selbst zurücknimmt und ganz auf die Wünsche und Bedürfnisse der anderen einstellt. Ein kleiner Mensch mit einem großen Seismografen für die Gefühle anderer Menschen macht sich auf seinen Weg in die Welt. Wenn er dann in eine unbekannte Situation kommt, wird er das Rezept anwenden, das er gelernt hat: nett sein. Und das wird ganz oft gutgehen. Er wird seine frühe Erkenntnis ein ums andere Mal bestätigt finden: Nett zu sein bringt mich voran. Eine weitere Bestärkung für das Motto »Mach es anderen recht«.

Leider klappt es nicht jedes Mal. Das Erfolgsrezept scheitert immer einmal. Und jetzt? Angst kommt hoch. Und was mache ich, um mit der Angst umzugehen? Reflexhaft? Natürlich das, was sich bisher am besten bewährt hat, um Angst zu reduzieren. Wenn es nicht funktioniert hat, kann das nicht an dem Rezept liegen – das liegt an mir! Ich muss mich mehr anstrengen, ich muss es besser machen.

Statt der Methode stelle ich mich selbst infrage. **Ich** bin offenbar nicht okay, bin defizitär, ich kann die Bedingungen nicht richtig erfüllen. In der Bilanz meiner Fähigkeiten taucht ein bedrohliches Minus auf. Ich strenge mich so lange an, bis es erneut klappt, oder ich schreibe eine Misserfolgsgeschichte, die die nächste vorbereitet. Meine Sicherheit wird weiter unterminiert. Ich bin in ein Hamsterrad eingestiegen, dem ich so schnell nicht wieder entkomme.

Egal, wie es läuft, immer werden die Anpassungsleistungen bestärkt. Wenn sie mir helfen, erfolgreich zu sein, dann wächst meine Gewissheit, dass sie einfach richtig sind. Gleichzeitig zahlt das jedes Mal auf das Konto der bedingten Selbstliebe ein – dass ich erfolgreich sein kann, **wenn** ... Bin ich einmal nicht erfolgreich, dann verstärkt das meine grundsätzlichen Sorgen, also muss ich meine Bemühungen verdoppeln. Und so fort, ein wasserdichtes System. Seine Stabilität wird durch die Logik der Angst garantiert: Gut ist, was Angst reduziert. Insofern steigt in uns immer, wenn wir etwas tun, was gegen unsere früh gelernten Anpassungsleistungen verstößt, ein Unbehagen auf, der Vorbote der Angst. Und prompt gehen wir schön brav zurück auf Linie. In unserer Kindheit genau die richtige Reaktion: Da war kein Kampf zu gewinnen.

Ich habe neulich einen etwa dreijährigen Jungen beobachtet, der beim Spielen auf der Terrasse unabsichtlich einen Stuhl umgeworfen hatte. Es war nichts kaputt, es war nichts passiert. Der Kleine stand wie angewurzelt da und starrte auf den Stuhl, schüttelte den Kopf und murmelte betrübt und ängstlich »Nicht aufgepasst!!«. Er schien einem inneren Dialog ausgesetzt zu sein, in dem es um Anklage ging, und er bekannte sich schuldig. Ich wollte mir nicht ausmalen, wie oft der Junge was genau gehört und erlebt haben muss, dass er so früh bei einem unbedeutenden Missgeschick schon so mit dem Finger auf sich selbst zeigen musste.

Wenn wir größer sind, stehen wir meistens nicht mehr so da. Wir haben entweder gelernt, uns so umsichtig zu bewegen, dass wir nichts mehr umstoßen. Oder aber wir finden sofort einen Grund, warum wir selbst nicht schuld sein können (»Wer hat den Stuhl denn da so blöd hingestellt?«). Oder wir haben uns eine Erklärung zurechtgelegt (»Ich bin leider so ungeschickt!«). Das ist dann zwar bedauerlich, aber jedenfalls müssen wir uns nicht besonders erschrecken oder fürchten, an das »Ich bin eben so« haben wir uns schließlich gewöhnt. Sodass wir später nur selten manifeste Angst erleben.

Das Gute am Mechanismus der bedingten Liebe ist also, dass wir uns seiner für den größeren Teil unseres Lebens gar nicht bewusst sind. Es tut nichts weh, es ist vertraut, nichts beunruhigt, das Leben geht so seinen Gang. Die Ausreden tun ihren Teil dazu, wir kommen prima zurecht. Nur hier und da irritieren uns Wiederholungen, wundern wir uns über eigene Empfindlichkeiten oder Befürchtungen, die sich trotz aller Erfolge nicht abschleifen wollen, oder bemerken, wie wir ziemlich streng mit uns selbst sind.

Wenn wir uns heute als erwachsene Menschen aus dem inneren Hamsterrad verabschieden wollen, dann werden wir immer einmal frühen Gefährten wiederbegegnen: Unsicherheit, Zweifel, Schmerz.

Sollten wir uns das wirklich antun? Unbedingt!

Ego und Selbst: Eine folgenschwere Verwechslung

Ein Kind ist keine Münze, kein lebloses Metall, das nach Belieben bedruckt, gestanzt, geformt, also im Wortsinn »geprägt« wird. Von Anbeginn, das wissen wir heute, treten Kinder in Wechselwirkung mit der Welt und gestalten so ihre Entwicklung mit. Gleichwohl sind die Karten zu Beginn nicht ganz gleich verteilt. Ein Ergebnis dieser prägenden Jahre ist die bedingte Selbstliebe: Ich bin **nur** liebenswert, **wenn** …

Wir haben die Regeln der bedingten Liebe so verinnerlicht, dass wir sie für unsere eigenen halten. Denn wir konnten nicht sagen: »Weißt du, Mutter, was du hier von mir verlangst, das widerspricht meiner gesamten Natur; wenn du so weitermachst, verlerne ich es, ich selbst zu sein!« Wir können nicht auf die Liebe verzichten. Und so nehmen die Dinge ihren Lauf.

Ich lerne, mich auf die Erfüllung der Bedingungen zu konzentrieren, statt auf meine Bedürfnisse, lerne, meinen Schmerz zu ignorieren, wenn Vater dann stolz auf mich ist, lerne, besonders niedlich und originell zu sein, wenn es dafür im Tausch Liebe von der Mutter gibt. Nachdem ich wunschgemäß mein durchsetzungsstarkes, originelles oder friedfertiges, pflichtbewusstes oder vernünftiges Repertoire gelernt habe, beginne ich irgendwann, mich damit zu identifizieren. Ich fange an, von mir selbst als Ganzem als stark, nett, schnell, besonders oder fröhlich zu denken. Mein Selbstbild beginnt dem zu entsprechen, was man von mir gewollt hat. Auftakt für das: Ich bin eben so.

Wir können nicht denken: »Ich bin so, weil ich so sein soll«, das ist eine psychische Unmöglichkeit. Das würde uns zerreißen, denn es hieße: »So wie ich eigentlich, wie ich ursprünglich bin, bin ich nicht geliebt.« Das ist undenkbar. Also gehen wir den anderen Weg und erklären uns zu dem, was wir sein sollten. Und speichern eine Reihe elementarer Erkenntnisse über uns und die Welt: unsere Überzeugungen.

Danach – das ist sehr entscheidend – vergessen wir diese Einsichten weitgehend. Und sie beginnen ihr Werk im unbeleuchteten Raum unseres Unbewussten. Unbeobachtet, unreflektiert können nun Ideen unser Leben steuern, die wir uns als Fünfjährige zurechtgelegt haben.

Auf diese Weise verwechseln wir uns. Identifizieren uns mit einer eingeschränkten Version unserer selbst. Wir machen keinen Unterschied zwischen dem, was wir sein könnten, was in uns ursprünglich einmal angelegt war, und dem, was wir geworden sind. Wir identifizieren uns mit der Auffassung über uns, die man uns als Auftrag erteilt hat. Unser innerer Reichtum bleibt uns so – bis auf Weiteres – vorenthalten. Die Sparversion unserer selbst ist uns so vertraut, dass wir sie schließlich für echt halten. Wir bleiben unter unseren Möglichkeiten.

Wir sagen nun »Ich« zu dem, wie wir uns als Kinder notgedrungen erfunden haben. Wir halten daran fest, obwohl wir diese Erfindung mit begrenzten Mitteln bewerkstelligen mussten, auf Basis sehr unzureichender Informationen und unter dem Diktat alternativloser Anpassung. Wir erklären das, was uns damals geholfen hat – unsere Notlösung – zum Standard.

Das ist die fundamentale Täuschung, hier liegt das zentrale Wachstumshindernis.

Wo ein Selbst angelegt war, macht sich nun das Ego breit, ein außerordentlich kraftvolles, mächtiges System. Es kennt jeden Trick, damit alles so bleibt, wie es ist. Im Ego-System haben sich starke Partner gefunden, allesamt gut gerüstete Kampfgefährten, die zu verhindern wissen, dass sich etwas ändert. Da wäre die selektive Wahrnehmung, meine individuell gefärbte und hier und da stark beschlagene Brille, mit der ich die Welt sehe, sie interpretiere und bewerte. Da sind die eingeschliffenen Routinen, die sich einfach richtig anfühlen. Im Laufe der Zeit haben sich ein für mich typisches Verhaltensrepertoire, automatisierte Gewohnheiten und berechenbare Reaktionen entwickelt, die sich immer wieder bewähren. Dann sind da meine gelernten Gefühle und das schlechte Gewissen, das mich zurück auf den richtigen Weg lotst, wenn ich doch einmal dabei sein sollte, ein wenig abzuweichen. Mit von der Partie sind außerdem eine Fülle von Überzeugungen, die mir sagen, wie ich mich verhalten, was ich tun und was ich lassen sollte, meine ganz persönlichen Verhaltensvorschriften. Diese sind längst zu »**Man** sollte/darf nicht/muss!« generalisiert und bilden meine Selbstverständlichkeiten, meine Lieblingsargumente, mit denen ich besonders gerne ins Rechthaben gehe. Dazu mein spezifischer Modus, mit dem ich auf andere Menschen reagiere und mit ihnen in Beziehung trete. Ich rege mich leicht über bestimmte Themen und Verhaltensweisen anderer auf, biete Spiele an und lasse mir andere aufdrängen.

Schließlich kommt dazu der jeweilige Stil, wie sich das Ego in Szene setzt, die für mich typische Art, mich nach außen darzustellen.

Kleines Karo oder groß geblümt: Unser Ego inszeniert sich

Ein ganz wichtiges Element unserer Eigendarstellung ist, wie wir uns kleiden.

Nehmen wir zwei Extreme: eine Frau, die es bunt und barock mag, und eine, die Grau zur persönlichen Modefarbe erklärt hat. Auf der einen Seite leuchtende Farben, auf der anderen Dezentsein als Markenzeichen.

Eine Frau, die auffälligen Schmuck trägt, Kreolen groß wie

Kontinente, flatternde Schals und laute Schuhe – das sieht man doch gleich, dass die eitel ist. Wie sie sich in den Hüften wiegt und jeden zum Spiegel und zum Zuschauer macht, klar.

Diejenige aber, die immer korrekt gewandet ist, das Blau immer dunkel genug, um gediegen zu sein und nur nicht in die Nähe von Italien, von Azur oder gar Türkis zu geraten, der Ohrstecker könnte als Sehtest fungieren, und der Stoff des Wintermantels verschwimmt in den Grau- und Brauntönen mit der vorsichtig höflichen Sprechweise – die ist natürlich nicht eitel. Oder doch!? Diese Selbstdarstellung präsentiert doch scheinbar das Gegenteil. Aber: diese Eitelkeit heißt »Ich bin nicht eitel!«. Und sie schaut nicht ohne Herablassung auf jene, die sich schmückt, statt sich zu verbergen.

Es geht beiden um das Gleiche: In welcher Kleidung, welcher Verpackung und Verkleidung fühle ich mich sicher?

Wovor? Vor den Blicken der anderen. Vor meinen Fantasien, was die anderen sehen, wenn sie mich betrachten. Davor, dass ich anders scheine, als ich meine zu sein.

Der eine fühlt sich sicher, wenn er so rauchig unsichtbar bleibt, wie es nur ein Anzug in Anthrazit bewirken kann, und der andere empfindet sich nur dann auf der richtigen Seite, wenn er eine deutliche Kontur macht, ein unübersehbares modisches Statement. Eine Frau, die mit einem Wagenrad von Hut ihren Auftritt hat, braucht dafür nicht mehr Mut als die Frau, die mit einem beigen Rollkragenpullover und schwarzer Flanellhose in den Raum kommt. Man könnte meinen, die eine hätte vorher überlegt, womit sie garantiert auffällt, und die andere hätte gegrübelt, wie sie verhindern kann, dass zu viel Aufmerksamkeit auf sie fällt. Vermutlich hat weder die eine noch die andere diese Gedanken bewegt. Denn es ist längst habituell, längst Gewohnheit. Mut wäre für die erste, zu einer Vernissage in kleinem Karo zu gehen, und für die andere, einen Pashmina in Pink überzuwerfen. Da würde das Ego beider Damen jaulen, da liefe ja nun wirklich was verkehrt.

Zum Ego-Inszenierungsprogramm gehören natürlich auch alle anderen Statussymbole. Welches Auto ich fahre und welches ich niemals(!) fahren würde, wo ich meinen Urlaub verbringe, wie ich mich einrichte. Alles ist Teil der Verlautbarung »So bin ich!« (und nicht anders!!).

Das Ego: Ein gut gerüsteter Gegner

Wenn wir in unserem Leben etwas ändern wollen, für die Auseinandersetzung mit dem Ego aber schlecht vorbereitet sind, werden wir uns die Zähne ausbeißen. Wer es mit ihm aufnehmen will, braucht langen Atem. Und darf sich auf keinen fairen Kampf einstellen, dem Ego ist jedes Mittel recht.

Besonders clever finde ich persönlich die Methoden, mit denen das Ego organisiert, dass wir immer wieder beim »Womit wieder einmal bewiesen wäre!« landen. Wenn wir Erfolg haben mit unserem Repertoire, bestärkt es sich selbst. Wenn wir, was ja immer einmal vorkommt, ins andere Extrem rutschen, dann geht das meist dermaßen schief, dass es als Alternative auch künftig nicht in Betracht kommt. So bekommt ein Mensch, der zu lange Ja und Amen sagt, wenn er Nein meint, früher oder später einen Wutanfall und schreit dem, der gerade da ist, ein XXL-Nein entgegen. Oft ist das dann wirklich überzogen oder trifft den Falschen. Dann setzt ein Katzenjammer des schlechten Gewissens ein. Wenn wir eine leichte Variation versuchen, und die funktioniert nicht sofort – dann ist auch das ein Beweis, dass die alte Methode immer noch die beste ist.

Ein Klient erzählte mir neulich seinen Plan: Er würde demnächst in den Meetings nicht mehr die Rolle übernehmen, alles zielorientiert voranzutreiben, das könnten ja auch mal andere tun. Keine schlechte Idee, es würde ihm Luft geben und den anderen, die sich seinem Tempo oft nicht gewachsen fühlen, auch. Im nächsten Meeting probierte er es aus. Genau eine halbe Stunde hielt er es durch. Dann hatte er festgestellt, dass es nicht so lief, wie er es sich vorstellte. Und griff steuernd ein. Worauf alle sowieso längst gewartet hatten. »Wenn ich es nicht mache, dann läuft es eben leider nicht!«, fasste er bedauernd zusammen. Es fiel ihm schwer, zu erkennen, wie er gerade ein altes, ritualisiertes Spiel weiter stabilisiert hatte. Eins zu null fürs Ego.

Besonders folgenreich ist dieser Aspekt des Ego-Systems, indem er verhindert, dass frühe Wunden heilen und unsere tiefen Sehnsüchte sich erfüllen können. Stattdessen sorgt er dafür, dass sich am Ende unsere Ängste bewahrheiten, wir kommen oft genau in den Schlamassel, dem wir entrinnen wollten. Wir wollten auf keinen Fall, nachdem wir ohne Vater aufgewachsen sind, eine alleinerziehende Mutter sein – und dann kommt es doch so. Wir wollten unbedingt eine Ehe führen, die von Partnerschaft und Respekt geprägt ist, nachdem es uns so gestört hat, wie unsere Mutter den sanften Vater dominiert hat. Und plötzlich stehen wir in unserer Küche und merken, wie wir einem Mann, dessen Passivität uns zum Wahnsinn treibt, Vorschriften machen.

»Ich will dich lieben und ehren ...«: Partnerwahl als Symptom

Ein Kernthema des Ego-Systems ist die Wahl unseres Partners. Partnerschaft ist im günstigen Fall ein Versuch der Selbstheilung. Oft wird sie ungewollt zu einer Art Programm zur Verhinderung persönlicher Entwicklung, und zwar für beide Beteiligten. Ich suche mir den Partner, mit dem ich mich genau **nicht** weiterentwickeln muss. Sondern der mir erlaubt, mich so auf ihn, seine Stärken und seine Defizite zu konzentrieren, dass ich meine eigenen Potenziale und Lernfelder jahre- oder jahrzehntelang übersehen kann.

Eine Frau wirft ihrem Mann vor, dass er nicht sorgsam mit ihren Gefühlen umgehe, in schwierigen Situationen unsensibel, fast grob sei. Er bemerke gar nicht, wenn es ihr schlecht gehe, sobald sie seinen Trost suche, entziehe er sich. Das wird vielleicht so sein und seine Gründe in der Geschichte des Mannes haben. Eine wichtige Frage an diese Frau wäre dennoch: Wie gut und sorgfältig geht sie selbst mit ihren Empfindungen um, ist sie aufmerksam mit sich selbst und ihrem Körper, achtet sie auf Signale und passt gut auf sich auf? Ist das Verhalten des Partners vielleicht ganz ähnlich dem, das sie sich selbst gegenüber an den Tag legt? Solange sie sich über ihn aufregt, fällt das gar nicht groß auf. Er ist ja viel schlimmer.

Darunter wartet eine andere Frage: **Darf** sie Trost bekommen, darf sie sich wirklich in Geborgenheit fallen lassen? Oder muss sie sich das (noch) verbieten, weil es ihr – aus irgendwelchen Gründen – nicht zusteht? Wenn diese Frage zu bejahen wäre, dann ist die Prognose für eine persönliche Entwicklung beider in dieser Partnerschaft schlecht. Dann helfen sich die Partner gegenseitig, frühe Wunden offen zu halten.

Mit einem Mangel an Liebe zu mir selbst mache ich ein Beziehungsangebot, das dem entspricht. Schlechte Aussichten. Aber nicht gänzlich aussichtslos: Ich kann beginnen, die Freundschaft zu mir selbst zu erneuern und zu vertiefen. Dann könnte ich aufhören, mit meinem Partner zu ringen, und den eigenen Entwicklungsauftrag annehmen. Oder wie Pema Chödrön, eine buddhistische Meditationsmeisterin aus den USA, mit einem Augenzwinkern schreibt: »Schließlich könnten wir uns sogar dazu entschließen, uns nicht immer wieder auf dieselbe Weise wehzutun.«

Erwachsen werden: Der Abschied von der selbst verschuldeten Unmündigkeit

Immanuel Kants Definition des aufgeklärten Menschen steht wohl in jedem Geschichtsbuch der Oberstufe. Er unterscheidet darin die unverschuldete Unmündigkeit, die auf einen Mangel an Verstand zurückgeht, von jener, die auf einen Mangel an Entschlossenheit und Mut zurückgeht. Ein Mensch, der sein Leben selbstbestimmt lenken will, muss nicht nur klar und unabhängig denken können, sondern sich vor allem trauen, es auch zu tun. Das »Sapere aude!«, mit dem die Definition endet, heißt: »Habe Mut, dich deines eigenen Verstandes zu bedienen.«

Genau davon kann man nicht ausgehen, solange wir im Ego befangen sind und das mit Authentizität verwechseln. Wir bedienen uns nämlich genau **nicht** unseres Verstandes, wenn wir mit den Selbstverständlichkeiten herumhantieren, sondern wir beten alte Texte herunter, die schon vor Ewigkeiten auf unserer Festplatte abgespeichert und nie erneuert wurden.

Unser Ego hält uns mit allen Tricks die Angst vom Leib, und so merken wir gar nicht, wie wenig Mut wir aufbringen. Als Kinder konnten wir es nicht, aber als Erwachsene können wir entscheiden: Setzen wir die Unmündigkeit fort oder heben wir sie auf. Allerdings brauchen wir dazu sicher nicht den Verstand allein. Da müssen noch mitspielen: unser klopfendes Herz und unser wiederzuentdeckendes Vertrauen in das Leben, das ihm Mut macht.

»Stell dich nicht so an!« Wie die Sätze unserer Kindheit immer noch Macht über uns haben

Von unserer frühen Kindheit wissen wir meist nur noch wenige Details. Es gibt ein paar Episoden, Erzählungen, Familienfotos. Oft sind wir nicht sicher, ob es unsere eigenen Bilder oder ob es die Geschichten der anderen über uns sind. Erinnern wir uns noch selbst daran, wie die Tapete in unserem Kinderzimmer war, wie wir das erste Mal Schnee gekostet oder eine Sandburg gebaut haben? Bei den meisten Menschen beginnen die bewussten Erinnerungen mit der Schulzeit. Das, was früher war, bleibt für viele diffus, der Bildschirm schneit.

Andererseits erleben wir oft, wie ein Geruch oder ein Lied Gefühle auslösen kann. Bei dem einen ist es der Duft von Apfelstrudel, beim Nächsten der Geruch eines bestimmten Klebstoffs, der an Marzipan erinnert, und beim Dritten sind es die Irisblüten, die damals auf Höhe der Kindernase blühten und deren Duft ein Leben lang vertraut bleibt. Wenn ein Kinderlied ertönt oder die Titelmelodie der Eurovision oder von »Bonanza« oder »Lassie«, dann haben wir für einen Moment Verbindung zu unseren Kindertagen, von denen wir meinten, nichts mehr zu wissen. Es tauchen Empfindungen auf, schöne, traurige oder unbestimmte.

Mal abgesehen von den vielen interessanten Aspekten dieses geheimnisvollen Vorgangs, wie auf verschlungenen biochemischen Pfaden an die Pforten des sonst gut verschlossenen Kindergedächtnisses geklopft werden kann, so macht es doch mindestens eines offenkundig: Die Erinnerungen sind nicht weg, sie sind da. Und mag es zunächst nur etwas Vages sein,

ein undeutlicher Widerhall – wenn man geduldig lauscht, meldet sich oft mehr.

Ähnlich verhält es sich auch mit den Sätzen, die wir als Kinder ein- bis hundertmal pro Tag gehört haben. Ermahnungen, Vorschriften, Verbote, Weisheiten. Danach gefragt, was das für Sätze waren, fällt es vielen Menschen zunächst schwer, sich an diese zu erinnern. Nimmt man sich aber die Zeit, tauchen sie meist nach und nach wieder auf.

Manche sind sehr – oft heute noch – präsent, sie sind Teil einer bewusst gepflegten Familienkultur, jedes Mitglied kann sie ohne Zögern aufsagen. Manche Clans haben ganze Bände davon, für jede Lebenslage gibt es was im Angebot. »Der frühe Vogel fängt den Wurm«, »If you first don't succeed, try try try again«, »Jeder nach seiner Fasson«, »Gesunder Geist in gesundem Körper«, »Da, wo man singt, da lass dich nieder, böse Menschen kennen keine Lieder«. Wenn Bildung einen hohen Stellenwert im Selbstverständnis einnimmt, gibt es sie vielleicht sogar in Französisch oder Latein. Diese Sätze gehören zur familiären Selbstdarstellung: Wir sind Bildungsbürger, wir sind Sportler, wir sind gute Staatsbürger, wir sind anders. In manchen Familien fällt umgekehrt die Abwesenheit solcher Empfehlungen auf. Was auch nicht zufällig ist.

Viele Sätze sind Erziehungsmaximen und Gebrauchsanweisungen für das Leben: So musst du es, so sollst du es, so darf man es nicht machen. Es gibt Klassiker, die manchmal eine ganze Tradition bündig zusammenfassen wie das berühmte »Solange du deine Füße unter meinem Tisch hast …!«, Sprichworte als Zeitzeugen pädagogischer Auffassungen und als Erfolgsrezepte: »Mit dem Hut in der Hand kommst du durch das ganze Land« oder »Pünktlichkeit ist die Höflichkeit der Könige«.

Manchmal ist es verblüffend, wie sehr diese Verhaltensmaximen der Eltern später zu verhaltensleitenden, keinen Widerspruch duldenden Sätzen für ihre mittlerweile längst erwachsenen Kinder geworden sind. Ich kenne keine ordentlicheren Menschen als die beiden, die »Lerne Ordnung, liebe sie, sie erspart dir Zeit und Müh'« früher ungezählte Male gehört haben. Da funktioniert Erziehung also doch erstaunlich gut.

»Morgenstund' hat Gold im Mund«, »Einem geschenkten Gaul schaut man nicht ins Maul« – es gibt eine unglaubliche Fülle möglicher Ratschläge fürs Leben, das fünfbändige »Lexikon der sprichwörtlichen Redensarten« von Lutz Röhrich enthält immerhin rund fünfzehntausend. Interessant ist, welche Auswahl unsere Eltern für wichtig gehalten und uns regelmäßig warnend, belehrend, ermutigend, spottend oder tröstend vorgetragen haben. Und welche sehr spezifisch mit ihnen selbst und ihrer Beziehung zu uns als Kindern zu tun hatten. Zwei Geschwister können völlig unterschiedliche Sätze erinnern, gehört und wichtig genommen haben.

Ermahnungen und Überzeugungen:
Das Drehbuch unseres Lebens

Die für unser Thema spannenden Sätze sind die, die wir als Kinder auf uns bezogen haben, von denen wir das Gefühl hatten oder wussten: Die meinen uns persönlich, hier steckt ein Briefchen, nur für uns bestimmt, drin.

Aus dem Zusammenhang gerissen, besagt oder enthüllt ein solcher Kindheitssatz nicht viel. Entscheidend ist, in welchem Kontext wir uns einen individuellen Reim auf ihn gemacht haben. Wenn es also gelingt, ihn in Bezug zu anderen Schlüsselerfahrungen zu setzen, kann er zu sprechen beginnen. Das gilt sowohl für die Zitate als auch für jene Sätze, die die Eltern individuell an die Kinder gerichtet haben. Und die ihre Spuren hinterlassen haben. Ich glaube mittlerweile, dass man aus den Sätzen, die sich uns am eindringlichsten eingebrannt haben, eine Art Lebens-Drehbuch schreiben kann, zumindest in groben Zügen. Einige wesentliche Überschriften geben sie allemal her.

Wenn wir unser Ego etwas besser verstehen und ausleuchten möchten, haben wir hier eine kleine Pforte: Versuchen Sie sich doch einmal daran zu erinnern, welche Aussagen Sie damals von Ihrer Mutter und Ihrem Vater besonders häufig, mitunter bis zum Überdruss, gehört haben. Wenn Sie nicht bei beiden oder überhaupt nicht bei den Eltern aufgewachsen sind, dann eben von den relevanten Personen Ihres frühen Umfeldes. Schreiben Sie die Sätze auf und lassen Sie sie dann auf sich wirken.

Im ersten Schritt stellt man oft fest, dass man diese aus dem trüben Teich der Erinnerung schließlich doch nach oben gefischten Sätze selbst häufig verwendet. Oft zur nicht allzu großen Freude der eigenen Partner oder Kinder. So wie man selbst damals diese Sätze vielleicht auch nur mäßig toll fand. Sich darüber klar zu werden, dass man mittlerweile die gleichen Sprüche verwendet, ist für manche, gelinde gesagt, irritierend.

Im zweiten Schritt geht es bei der Betrachtung dieser Sätze vor allem um die Frage, welche Lebensthemen sie auf welche Weise ansprechen. Was sagen sie über mich aus? Was legen sie mir nahe, was verbieten sie mir, wovor machen sie mir Angst, was versprechen sie mir? Welche Bedingungen werden hier für mich formuliert? Kann ich den roten Faden sehen? Wie sind meine Empfindungen dazu? Erfreuen sie mich, bin ich dankbar, empören sie mich, machen sie mich stolz, bin ich froh, dass ich sie – nicht mehr – befolge, spüre ich, wie sehr ich gegen sie anleben musste?

Ich bin zufällig auf dieses Phänomen gestoßen, als ich in meinen Seminaren nach einem Weg gesucht habe, auf die ja oft nicht präsenten Selbstverständlichkeiten zu kommen. Ich war verblüfft zu entdecken, dass bestimmte Persönlichkeitstypen verwandte Spruch-Historien teilen. Und dass es dadurch umgekehrt möglich wird, die Kindheitssätze als einen Schlüssel für das Verständnis der eigenen Biografie zu verwenden. Wohlgemerkt: Der Satz an sich hilft uns wenig weiter. Nur was er dem Einzelnen **bedeutet**, wie er ihn in sein Weltverständnis und Ego-System eingebaut hat, das ist entscheidend.

»Na, komm, Kopf hoch! Du hast es doch gut!!« erinnert sich eine Frau oft gehört zu haben, wenn sie Kummer hatte. »Wer abends feiern kann, muss morgens auch aufstehen!« und immer wieder Variationen von »Stell dich nicht so an!«.

Das gemeinsame Moment dieser Sätze bezieht sich auf den Umgang mit Gefühlen: Man soll sie relativieren, sie sind nicht so wichtig, dürfen nicht im Weg sein. Daraus wurde später eine grundlegende Überzeugung, die heißt »Gefühle sind unpraktisch!«. Ihre Mutter hatte das bereits von ihrer Mutter gelernt, »Weinen kommt nicht infrage!« war ihr immer eingeschärft worden.

Eine zweite Frau hatte besonders oft gehört: »Nimm dir ein Beispiel an …!«, »Das tut man nicht als Mädchen!« und »Der oder die ist kein Umgang!« und »Reagier nicht so impulsiv!« Hier heben hohe Ansprüche den Finger. Das Mädchen kann sie kaum erfüllen. Als Frau hat sie eine große Prinzipientreue und Strenge im Umgang mit sich selbst entwickelt. Ihr ganzes Leben lang hatte sie gegen das Gefühl zu kämpfen, sich anstrengen und es immer noch besser machen zu müssen.

Einen Mann begleiteten in seiner Kindheit Sprüche wie »Das Leben ist Kampf«, »Wer Angst zeigt, hat schon verloren!« und »Es wird dir nie etwas geschenkt!«. Im Skript dieses Mannes ist an prominenter Stelle eine Ablehnung jeglicher Schwäche vermerkt. Die erste Hälfte seines Lebens beschrieb er, der erfolgreich einem bürgerlichen Beruf nachging, selbst als eine Art Straßenkampf. Niemals das Visier öffnen.

Eine erfolgreiche Unternehmerin mit einer ähnlichen Persönlichkeitsstruktur erinnert sich an »Jeder ist seines eigenen Glückes Schmied«, »Alles was du wirklich willst, kannst du auch erreichen«. Das sind Aussagen, die ihr Lebensgefühl auf den Punkt bringen. Sie zweifelt nicht an sich und ihren Möglichkeiten, ihr Anspruch an die Welt ist nichts weniger, als dass sie ihr zu Füßen liegen soll. Dafür ist sie bereit, viel Kraft und Enthusiasmus einzusetzen. Sie denkt groß, nicht klein.

Hinter dem inneren Imperativ, immer stark, mutig und ohne Zweifel sein zu müssen, steckt meist ein Erleben von Bedrohung. In ihrem Fall war sie in den Nachkriegsjahren das erste Kind nach einer elenden Kette von Vertreibung, Tod und Verlust. Und sie die Zukunft. Ihr Großvater trug sie nach ihrer Geburt stundenlang auf seinen Armen umher und zeigte allen überglücklich: Jetzt – endlich! – geht das Leben weiter. Sie musste überleben, sie durfte keinen enttäuschen, sie trug die Verantwortung für die Hoffnung vieler. Und durfte darunter unter keinen Umständen zusammenbrechen.

Noch heute kann sie fast nur ausruhen, wenn sie krank wird. Sonst ist sie immer stark, schmiedet das Glück jeden Tag.

»Arm gebrochen ist schlimmer!« ist der Satz der Sätze, mit denen die Mutter eines Mannes auf alle Sorgen und Situationen reagierte. Die Lektion hieß: Die meisten Probleme sind nicht schlimm, nimm sie nicht so wichtig. Ich habe selten jemanden getroffen, der sich als Erwachsener so hartnäckig weigerte, Probleme anzuerkennen. Ein Meister im Relativieren und Tieferhängen.

Unter den Sätzen der Kindheit gibt es durchaus auch Schönes: »Du bist dem Papa sein Sonnenschein!«, »Wir sind stolz auf dich!«. Sätze, die helfen, durchs Leben zu steuern: »Du kannst immer deinem Herzen vertrauen!« oder »Du brauchst dich von niemandem einschüchtern zu lassen!« Sätze, die später Trost und innere Sicherheit geben.

Aber es gibt auch Erinnerungen an Sätze, da möchte man sich die Ohren zuhalten. »Wenn du nicht brav bist, kommst du ins Heim!« hörte ein kleines Mädchen, das bei seinen Großeltern aufwuchs, immer wieder, und die Drohung war ernst. Sie konnte kaum sprechen, als sie dreißig Jahre später davon erzählte. Was das für ein Kind bedeutet, welche Vernichtungsfurcht aufsteigen muss, kann man nur ahnen. Keine Chance zu lernen, dass die Welt ein sicherer Ort ist. Die Bedrohung ist immer da. Wie diese Frau das Drama eines ungewollten, vor allem dem gewalttätigen Großvater lästigen Kindes Stück für Stück bewältigen konnte, ist ein Mut machendes Glanzstück in Überlebenswille und -kraft. Ihr ist es gelungen, sich von der empfundenen Scham, nicht willkommen und daher ja offenbar nicht »richtig« zu sein, Schritt für Schritt zu befreien. Und sie konnte es so ihren eigenen Kindern ersparen, das Unglück weiterzugeben, in dem sie beinahe ertrunken wäre.

Das Abwerfen der Scham ist kein leichter Weg. Denn was ich als Kind immer wieder gehört habe, das speichere ich nach und nach als absolut ab. Wenn mir immer wieder gesagt wurde, wie wichtig es ist, alles richtig zu machen (»Gut ist nicht gut genug!«, »Das Bessere ist der Feind des Guten«), dann wird daraus irgendwann mal eine Überzeugung, die in etwa heißt: »Ich darf keine Fehler machen.« Sie geht einher mit der Angst, nicht zu genügen und dafür verurteilt zu werden.

Einschub für besorgte Eltern: Was mein Kind als Wirklichkeit erlebt, welche Botschaften es aufnimmt und als Kernbotschaften begreift, das habe ich nicht in der Hand. Welche Schlüsse die Kinder aus unserem Verhalten und unseren Sprüchen ziehen, ist sehr viel unvorhersehbarer, als uns das vielleicht lieb ist. Andererseits ist es entlastend zu wissen, dass wir die Erkenntnisse unserer Kinder nur begrenzt steuern können. Nehmen wir es dennoch als eine Einladung, auf das zu achten, was wir sagen. Den einen oder anderen Satz noch einmal auf Tauglichkeit überprüfen, ehe wir ihn absenden, das wäre schon etwas.

Aber zurück zu dem Kind, das sich seinen Reim auf die unwirsche Reaktion der Mutter gemacht und es in eine Regel übersetzt hat. Keine Fehler zu machen, ist keine leichte Sache. Da sitzt auf der Kinderzeichnung der Schornstein schief auf dem Dach. Sehr schlecht, ein Fehler. Da hat man mit dem Ketchup gekleckert, noch ein Fehler. Da ist die Deutscharbeit schwächer ausgefallen als gewohnt, nicht gut. Aber das Kind arbeitet daran. An der korrekten Wiedergabe der Dinge, dem ordentlichen Essverhalten und den guten Noten. Denn schließlich ist das seine Eintrittskarte ins Liebeland.

Je länger wir nach den Regeln leben, umso eherner werden sie. Welche Anstrengung, immer auf der Hut vor dem Fehler zu sein! Es frisst so viel Leichtigkeit und Energie auf. Freiwillig hätten wir uns dies Konzept nicht ausgesucht. Auch wenn es schon längst keinen mehr gibt, der die Stirn runzelt, wenn wir ein Wort falsch aussprechen, haben wir es uns vielleicht längst angewöhnt, dies mit anderen und uns selbst zu tun. Und es könnte sein, dass wir sogar die Rechtschreibfehler in Büchern korrigieren.

Überkommene Regeln brechen, um selbst zu entscheiden

Wenn wir erst einmal entdeckt haben, dass und wie wir uns mittlerweile selbst mit diesen Sätzen traktieren, können wir unsere Begleiter von damals freundlich in den Ruhestand schicken. Und aufatmen. Heute können wir unseren inneren Text selbst bestimmen. Und damit vielleicht auch segensreich mit einer Familientradition brechen.

Eine Kinder- und Jugendpsychologin hatte bei dem zehnjährigen Jan eine bisher übersehene Leseschwäche diagnostiziert, und damit wurde plötzlich klar, warum er sich in einigen schulischen Fächern so schwertat. Er hatte in den letzten Monaten viele Misserfolgserlebnisse ertragen müssen, er würde nicht versetzt werden, und es stand sogar infrage, ob er auf der Schule würde bleiben können. Seinen Kummer und sein

Gefühl, auf der Verliererseite zu stehen, behielt er weitgehend für sich. Die Psychologin erzählte den Eltern, dass er auch ihr gegenüber zuerst den kleinen Coolen gegeben habe. Ihr sei klar gewesen, dass es ihn zusätzlich belasten musste, sich so zusammenzureißen. Irgendwann habe er dann gesagt: »Na ja, Männer zeigen doch keine Gefühle.« Den Eltern war zunächst unverständlich, woher Jan diese Auffassung hatte, beide waren sich sicher, so etwas nie gesagt zu haben.

Allerdings gibt es in Jans Umfeld verschiedene Modelle dafür, wie man negative Gefühle unterdrückt. Seine Mutter Sophie ist eigentlich nie schlecht gelaunt, egal, was passiert, sie kann allem eine positive Seite abgewinnen, von eigenen Schwierigkeiten – wenn es einmal welche gibt – erzählt sie immer erst dann, wenn sie vorüber sind, bis dahin beißt sie sich allein durch und hält sich mit einem sprühenden Zweckoptimismus selbst handlungsfähig. Sie selbst wiederum ist groß geworden mit einer Mutter, die nach der Devise »Nur die Harten kommen in den Garten« durchs Leben gegangen ist – einer zupackenden, resoluten Geschäftsfrau, die keine Zeit für Sentimentalitäten hatte. Sophie hält es für möglich, dass Jan den Satz von ihrem Bruder, Jans Onkel, hat.

Der Vater wiederum hat aus seiner Kindheit ein gerüttelt Maß an Selbstrelativierung mitgenommen, er stellt seine Bedürfnisse oft hinter denen seiner Familie zurück, er würde nie auf die Idee kommen, seine eigenen Sorgen zu ernst zu nehmen und andere damit zu belasten.

Die Großmutter, der Onkel, die Mutter, der Vater – alle leben auf ihre Weise Jan das vor, was ihm jetzt das Leben noch schwerer macht. Neben den realen Schulproblemen ist es der Zwang zum Optimismus, der ihn überfordert.

Die prägenden Sätze unserer Kindertage sind Bedingungen, die man uns formuliert hat und auf die wir oft jahrzehntelang mit mechanischer Anpassung reagieren. Heute gibt es niemanden mehr, der uns zwingen kann, alte, längst überholte Sprüche weiterzudeklamieren. Es gibt keine Veranlassung mehr, uns innerlich vor Sätzen zu verkrampfen, die uns demütigen wie etwa »Wie kann man nur so dumm sein?!!« oder »Aus dir wird nie etwas!«. Wir können uns weigern, Sätzen Glauben zu schenken, die uns unsere Lebensfreude abspenstig machen wie »Das Mädchen, das morgens singt, fängt abends die Katz«. (Ja, nicht der Vogel, das Mädchen wird hier bedroht!) Ob wir nun tun, was man uns geheißen hat, oder ob wir in einer rebellischen Nein-Haltung in der Opposition gelandet sind – beides ist Fremdsteuerung.

Freiheit bedeutet: selbst zu entscheiden, an welche Regeln ich mich binden will.

Das eigene Leben erzählen:
Ein Wagnis, das sich immer lohnt

Je besser wir verstehen, was uns geprägt hat (und zugleich, dass wir dabei nicht stehen bleiben müssen), desto eher können wir in Möglichkeiten denken. Sobald wir wirklich begreifen, dass es einen Unterschied gibt zwischen dem, was wir im Alltag als Ich zu bezeichnen gewohnt sind, und unserem tatsächlichen inneren Reichtum, dann können wir wachsen, uns entfalten, entwickeln und emanzipieren. Und gleichzeitig ändert sich auch unsere Sichtweise auf die Andersartigkeit der anderen. Unser Blick wird weiter und weicher.

Seit einigen Jahren arbeite ich in Seminaren zur Persönlichkeitsentwicklung mit einer Übung zur eigenen Biografie. Ich bitte die Teilnehmer, sich einige Stunden Zeit zu nehmen und über ihr Leben nachzudenken. Vielleicht mögen Sie es für sich einmal ausprobieren? Die Instruktion lautet:

- »Nehmen Sie sich ein Blatt Papier, einen Bogen Flipchart, ganz wie Sie mögen. Und tragen Sie zunächst Ihr Leben auf einer Zeitachse ab. Die Zeit, die Sie bislang gelebt haben und die, von der Sie vermuten, dass Sie sie noch leben werden.«

Interessanterweise haben die meisten Menschen eine ziemlich präzise Vorstellung darüber, wie alt sie wohl werden. So entsteht auf dem Papier eine Linie des Lebens, das hinter uns, und dessen, was noch vor uns liegt. Für viele bringt dieses Abbilden und Betrachten der eigenen Lebenssituation innerlich einiges in Bewegung.

- »Schauen Sie, in welche Phasen Sie Ihr Leben einteilen können. Und finden Sie eine Metapher für jede Phase.«

Diese Überschriften können aus allen Bereichen des Lebens stammen, sie können Buch- oder Filmtitel oder selbst erfunden sein.

- »Suchen Sie in Ihrem Leben nach den Weggabelungen. Immer wieder einmal im Leben stehen wichtige Entscheidungen an – und wie haben Sie entschieden?«
- »Markieren Sie Traumata und Triumphe und notieren Sie, wer die wichtigsten Wegbegleiter Ihres Lebens waren: Wer hat Ihnen geholfen, wer hat Sie geliebt, beschützt, herausgefordert, wer hat Sie verletzt, gehemmt und verraten?«

Spätestens jetzt ist es still im Seminar. Jeder geht in sein eigenes Leben, seine eigenen Erinnerungen, und viele begegnen zum ersten Mal seit Langem sich selbst.

- »Bitte finden Sie am Ende eine Überschrift. Wenn Ihr Leben – bis jetzt – ein Buch, ein Roman wäre, wie lautet der Titel?«

Als ich diese Übung die ersten Male moderiert habe, war ich verblüfft über ihre Kraft. Die Teilnehmer hören der Instruktion zu, es ist deutlich zu sehen, wie es in allen arbeitet, es ist völlig klar, das ist keine belanglose Sache, das ist kein Spiel. Wann denken wir schon über das eigene Leben einmal so konzentriert und am Stück nach – und sprechen darüber? Im beruflichen Kontext erzählen wir eher Erfolgsstorys, wie toll wir durchs Leben gekommen sind, wir berichten Schwänke aus der Jugend oder unterhaltsame Nichtigkeiten.

Das wirkliche Gespräch, der Dialog, ist die Ausnahme, nicht die Regel. Das beginnt schon damit, wie viel Raum das Zuhören im Alltag hat. Zählen Sie einmal spaßeshalber die Minuten, die in einem Gespräch von einer Stunde – drei Menschen reden miteinander – zugehört werden. Mit Zuhören meine ich: wirklich auf das hören, was der andere sagt, und im Anschluss darauf Bezug nehmen, etwas nachfragen, vertiefen, eine Meinung dazu äußern. Das Gesagte aufnehmen und weiterentwickeln, gemeinsam mit dem anderen ein Gespräch flechten.

Im Normalfall sieht so ein Gespräch eher so aus:

A »Ich komme gerade aus New York zurück, wir haben da eine Woche Urlaub gemacht. Tolle Stadt! Einmal haben wir …«

B unterbricht: »Wo habt Ihr gewohnt?«

A »Im Algonquin, da wurde in den Zwanzigerjahren der ›New Yorker‹ gegründet, da …«

B unterbricht: »Ach ja, da haben wir auch mal gewohnt. Das letzte Mal waren wir aber im hmhmhm, das liegt noch besser, da bist du direkt an der 5th, da wo …«

C mischt sich ein: »Dieser Nike-Shop, der ist doch schlicht irre, oder?«

B »Na ja, aber das bekommst du ja mittlerweile hier genauso günstig.«

C »Aber es ist doch was anderes, es da zu kaufen.«

A »Da waren wir gar nicht …«

Fragen sind in Alltagsgesprächen oft keine Fragen, sie dienen nur als Stichwortgeber für eigene Erlebnisse. Wenn überhaupt welche gestellt werden. Oft haben die Gesprächsfäden keine echte Verbindung, es wird simultan, aber nicht miteinander gesprochen. Da wird nichts geflochten.

Die Kraft, die aus der geteilten Geschichte erwächst

Die Vorstellung, in einer Gruppe, überhaupt vor anderen, über sein Leben zu sprechen, die eigene Geschichte zu erzählen, bereitet den meisten Menschen Herzklopfen: Bin ich der einzige Mensch hier im Raum, der eine etwas schwierige (komische/zerstrittene/verrückte/komplizierte) Familie hat? Bleibt das hier vertraulich? Kann ich mich auf die anderen verlassen?

All diese Gedanken kommen hoch und sie sind berechtigt

und wichtig. Führen sie doch genau in den Kern der Frage – wer ich bin, was ich vorgebe zu sein und wer ich werden und sein könnte.

Ich kann Ihnen nur ans Herz legen, dieses Experiment einmal zu wagen. Vielleicht besuchen Sie ein Seminar, Sie können es aber auch mit einer engen Freundin oder einem guten Freund tun oder in einer kleinen Gruppe von Menschen, denen Sie sich verbunden fühlen. Erzählen Sie sich gegenseitig einmal in Ruhe und unverstellt Ihr bisheriges Leben. Sie werden sich selbst und den anderen auf eine neue und tiefere Art begegnen.

Man muss dazusagen, dass meine Arbeit keine therapeutische ist, sondern, dass ich mit Führungskräften in Unternehmen arbeite. Mit erfolgreichen, ganz normal neurotischen Menschen wie Sie und ich. Und es ist keinesfalls an der Tagesordnung, dass man in dieser Konstellation über die eigene Kindheit spricht.

Wenn nun doch die oder der Erste beginnt, entsteht eine Atmosphäre, die sich nur schwer beschreiben und charakterisieren lässt. Meist macht den Anfang einer aus der Gruppe, der selbstbewusst und stark wirkt. Und fast jedes Mal erleben die anderen eine Überraschung.

Als ich die Übung vor Jahren das erste Mal angeleitet und erlebt habe, hatte ich dafür insgesamt zwei Stunden in den beiden Seminartagen eingeplant. Ich hatte damit gerechnet, dass die Teilnehmer nur ganz kurz eine Art Zusammenfassung referieren würden. Begrenztes Risiko, nur Überschriften, keine Handlung. Es wurden zwei Tage.

Es begann eine Frau, die für ihre Durchsetzungskraft und ihren Humor bekannt ist, und sie erzählte über eine Stunde lang ohne Pause. Keine Minute war langweilig. Niemand ging raus, keiner unterbrach die Erzählung. Am Ende traute sich zunächst niemand, etwas zu sagen. Einer sagte schließlich: »Das hätte ich ja nie gedacht!« Über diesen Satz haben wir später sehr lachen können, er kam nämlich auch bei den nächsten zwei Lebensgeschichten. Und dann wussten alle: So ist es offenbar jedes Mal!

»Ich hatte eine schöne Kindheit«: Meist ein Mythos

Wir haben keinen Plan davon, wie das Leben anderer Menschen bislang war. Bis sie es uns erzählen. Und dann hat es fast immer mehr und oft andere Nuancen, als man je vermutet hätte. Oft beginnt die Erzählung mit den Worten »Ich hatte eine schöne Kindheit«. Viele haben nicht sehr viele klare Erinnerungen, aber sie möchten gerne, dass die Rückschau auf diese Zeit positiv ist. Es ist erstaunlich (und auch wieder nicht), wie viel Hemmung vorhanden ist, die Kindheit unter einer anderen Überschrift zu schildern. Es klingt ja auch wohltuend, dieses »schöne Kindheit«. Das riecht nach Blumenwiese, Baumhaus und Waldboden, Pfeilen aus Holunderzweigen, Grießbrei und Himbeersirup, Brausepulver und Kakao. Das ist Geborgenheit, Unbeschwertheit, jede Menge Liebe, auf dem Schoß kuscheln, Engelchen flieg spielen, mit dem Schlitten fahren, auf das Glöckchen vom Christkind warten.

Glücklicherweise haben wir alle solche Erinnerungen. Allerdings nicht nur. Die Verklärung der Kindertage überdeckt, dass Kindsein meist nicht nur kinderleicht war. Und sie verhindert, dass wir verstehen, wie uns die Welt als Kind wirklich vorgekommen ist, wie wir uns darin gefühlt und welche Schlussfolgerungen wir daraus gezogen haben.

Gerade bei dramatischen Kindheitserlebnissen findet oft eine rückwärtige Verharmlosung statt. Mit dicken Schichten von Rationalisierungen (»Dann müssten doch alle Nachkriegskinder einen Schaden haben, Prügel waren doch normal«) wird die Brisanz der Erinnerung vertuscht. Erst wenn die Leugnung aufhört, kann Tauwetter einsetzen. Mitleid mit dem Kind zu haben, das man einmal war, schwächt nicht, im Gegenteil: Es können daraus Tatkraft und Energie wachsen.

In der Biografieübung lernen Menschen einander – und sich selbst – auf eine ganz besondere Art und Weise kennen. Es ist eine große Pause vom (Arbeits-)Alltag, in dem wir uns überwiegend auf mehr oder weniger distanzierte Weise begegnen. Da halten wir uns auf mindestens Armlänge, verbergen uns hinter gut polierten Fassaden. Wir nennen es Gespräch, darin akzeptiere ich deine Floskeln und Du stellst meine auch nicht infrage. »Wie geht es Ihnen?« oder die positiv verschärfte Variante »Geht es Ihnen gut?« – als ob da irgendwer eine ernst gemeinte Frage stellen würde. Die Spielregeln sind klar, darauf versetzt man ein freundlich knappes »Super!«. Wir verstehen uns.

Eine Gruppe, die zwei Tage damit verbracht hat, voll konzentriert und mitfühlend ganz unterschiedlichen Lebensläufen zuzuhören, ist hinterher nicht mehr dieselbe. Da haben Floskeln keinen Raum. Da ist Stille respektierter und erwünschter Teil des Gespräches. Dieselbe Stille, die im Alltag oft gemieden wird wie ein gefährlicher Infekt. Und alle spüren, dass sowohl das Erzählen als auch das Zuhören, dieses Miteinanderteilen der Lebensgeschichten, etwas sehr Besonderes ist. Es ist eine heilsame und für viele befreiende Erfahrung.

Große Worte? Mag sein. Es ist auch eine große Erfahrung.

Als Zuhörer lernt man, dass unter jedem Dach ein Ach wohnt oder gewohnt hat. Man ist beeindruckt von der Kraft und Fähigkeit von Menschen, auch aus den schwierigsten Anfängen gute und erfolgreiche Wege zu finden. Und erlebt schmerzhaft mit, wie sich Dinge wiederholen, fast unerträglich wiederholen, ehe eine Variation möglich wird, wenn sie möglich ist. Der Bogen wird gespannt, manchmal reißt er. Wir halten den Atem an. Manchmal spürt man die Freiheit, die der Erzähler sich erkämpft hat, den Humor, die Gelassenheit, die Warmherzigkeit. Manchmal ist noch ganz präsent, wie die Anfänge die Gegenwart unerbittlich im Griff haben. Eine Frau erzählt, wie ihre Mutter sie gewarnt habe, ihr Herz zu vergeben und sich dadurch abhängig zu machen. Und noch nach der dritten Scheidung trägt sie dieses Tabu in sich. Es ist ungebrochen.

Im Aufspüren von Wiederholungen und fataler Aufträge liegt das inhaltliche Potenzial der Übung. Welche familiäre Konstellation stelle ich selbst gerade wieder her, obwohl ich in ihr nicht glücklich war? Habe ich mir beruflich eine Situation gesucht, die ich kenne und die schon damals nicht gut für mich war? Was müsste ich endlich verzeihen? Welche tiefe Sehnsucht habe ich aus meinen Kindertagen mitgenommen? Und: Welche Warnung kann mir mein bisheriges Leben zurufen, um mich davor zu bewahren, in die falsche Richtung zu gehen?

Als Erzählender erlebt man zunächst die Nervosität, bevor man beginnt. Jeder ist nervös. Man soll aus der Deckung kommen, sich zeigen. Keine Hochglanzbroschüre meiner selbst präsentieren, sondern einfach davon sprechen, wie mein Leben bisher verlaufen ist. Und das fühlt sich – für die meisten – wie ein hohes Risiko an. »Das würde ich nie machen!«, diese spontane Reaktion habe ich oft gehört.

Geschenktes Vertrauen wird immer gewürdigt

Natürlich überlegen alle, wie viel Wahrheit sie wirklich riskieren wollen. Wie viel sie lieber weglassen, entschärfen, glätten und frisieren wollen. Denn wen geht das eigentlich etwas an, wie es wirklich war? Und was bringt das, es zu erzählen?

Es kommt ausgesprochen selten vor, dass jemand nach dieser Abwägung eine Geschichte zum Besten gibt, die ohne jede Kanten, Zweifel oder dunkle Stunden auskommt, die sich selbst feiert: Ich war toll, ich bin toll und ich werde toll sein.

In einem Klima von Aufrichtigkeit wirkt eine solche Präsentation plötzlich so deplatziert und falsch wie ein Witz zur
Unzeit, die Peinlichkeit klirrt. Niemand weiß recht, wie damit
umgehen. Jeder spürt den falschen Klang. *The great pretender*
hat noch das Sagen. Aus Furcht, sich verletzbar zu machen,
verschenkt er ungezählte Möglichkeiten, hat überdimensio-
niert aufgerüstet und sich hinter mit Stacheldraht garnierter
Lässigkeit zurückgezogen.

Für diejenigen aber, die sich zu Offenheit durchringen,
die die Maske lüften, ist es immer wieder beeindruckend zu
erleben, wie die Magie funktioniert: Geschenktes Vertrau-
en wird immer gewürdigt. Ich erzähle von mir, erzähle von
Erfolgen und Niederlagen, erzähle vom Scheitern und vom
Gewinnen, von Sackgassen und von Durchbrüchen. Und spüre: Man hört mir zu, man interessiert sich für mich, und vor
allem: Man beurteilt mich nicht.

Das bedeutet viel. Das ist doch das, was wir alle bezweifeln:
dass wir, einfach so, liebenswert, der Liebe wert sein könnten.

Ich kann mich noch sehr gut erinnern, wie eine sehr hübsche, junge Frau ihre Geschichte erzählte: Anfang dreißig,
stets mit einer dicken Make-up-Schicht gewappnet und mit
einer Frisur, in der aber auch kein Haar sich gegen die blonde,
gescheitelte Ordnung aufzulehnen traute. Sie war umgeben
von einem immateriellen Schutzschild, der einen Durchmes-
ser von ungefähr zwei Kilometern hatte. Keine Chance, sie
dahinter zu erreichen. Immer positiv, immer unverbindlich,
ein Charme aus Granit.

Und sie begann mit einem Stolpern in der Stimme, einem
alten Kummer, der sich jetzt nicht verbergen ließ, es war ihr
zutiefst unangenehm. Doch sie ließ es zu. Sie erzählte, wie sie
als Kind aufgrund eines Sprachfehlers verspottet und gequält
wurde. Wie man sie für blöd gehalten hatte, bis sie es selbst
fast geglaubt hatte. Sie, die Immaculata, die immer Coole,

146

kämpfte mit den Tränen. Alle Herzen, alle(!), flogen ihr zu. Wie lange hatte dieses kleine Mädchen auf die Zuneigung gewartet, die ihr jetzt kiloweise entgegenkam?

Die Intensität und Wirkung der Übung sieht man den Teilnehmern an. In den Gesichtern, die entspannt, und den Augen, die oft wie frisch gewaschen wirken, an den Bewegungen, die natürlicher sind. Man hört es am veränderten Gespräch und erkennt es daran, wie sie miteinander umgehen, wenn sie sich wieder treffen. Da ist eine Wahlverwandtschaft entstanden. Und ich freue mich immer wieder aufs Neue, dass ich dabei sein kann. Es wird viel gespürt in dieser Übung, es fließen Tränen, es wird befreit gelacht, es wird Zorn empfunden und ausgedrückt. So wie das Leben eben ist. Bunt, grau, sonnig, neblig, fabelhaft und ungerecht, schmerzhaft und festlich, beglückend und bestürzend. Wir schwimmen, saufen ab, kommen wieder hoch, taumeln, tanzen und stürzen.

Kein Leben geht nur geradeaus. Und wir können nur mit unserem eigenen Leben weiterkommen. Nicht mit der Idee eines Ideals.

Es sind viele Menschen, die sich an schwierige Kindertage erinnern und sich noch als Erwachsene dessen im Inneren schämen. Sie würden gerne von einer Kindheit voller Sorglosigkeit berichten, Probleme kämen nur in Form aufgeschrammter Knie vor, es gäbe immerzu duftenden Kakao beim einträchtigen Kuchenessen in der intakten Großfamilie – genau wie in den Musterfamilien aus der Fernsehwerbung. Es war aber anders. Sie schämen sich für materielle Not, den zermürbenden Streit der Eltern, ihre Verlassenheit in einem Haushalt, in dem sich alles um das Geschäft drehte, die Sucht des Vaters, die überforderte Mutter, die mit Selbstmord droht, für die Lieblosigkeit und Kälte, die sie erlebt haben, die Tatsache, dass sie aus einem Seitensprung stammen und man sie das hat immer spüren lassen, für Übergriffe oder das Drama eines tödlichen Unfalls, der alles verdüsterte. Diese Scham ist nicht immer präsent, aber sie kommt hoch, wenn man vor der Aufgabe steht, sein Leben zu erzählen. Schlimm genug, dass die Kinderzeit kein Zuckerschlecken war, jetzt ist es einem auch noch schmerzlich peinlich. Ein absurder Zusatzkummer.

Das Schöne ist: Hier ist eine Chance, der Scham den Schneid abzukaufen! Wenn man merkt, dass man mit der Erinnerung an kindliche Nöte, Furcht, hilflose Wut und Einsamkeit keinesfalls allein ist – dann spürt man eine immense Erleichterung.

Glücklicherweise ist ja vielen Menschen zwischenzeitlich die Erlösung gelungen, konnten sie ihre Fesseln sprengen. Sie tun es immer mit der Hilfe anderer, die ihnen beistehen, ihre Geschichte aufzudecken und zu verstehen. Immer wieder schaffen sie es, durch den Zorn, die Versteinerung, den Hass vorzudringen und den durch Schuldgefühle überlagerten frühen Schmerz wiederzufinden. Und dann zu erkennen: dass er Vergangenheit ist. Das Kind hätte ihn nicht überleben können, hatte sich vor ihm verschließen müssen. Der Erwachsene kann ihn ertragen und überwinden. Um sich dann dem Leben, der Gegenwart und der Liebe, von der er sich zugleich mit dem Schmerz entfernt hat, endlich wirklich öffnen zu können – ohne die Klinge vermeintlicher Schuld im Herzen immer aufs Neue umdrehen zu müssen. Dabei hilft es, zu erzählen, was war, die eigene Geschichte zu teilen. Und so dem frühen Kummer seinen Schrecken zu nehmen.

Es geht darum, das zu tun, was ein schwedisches Sprichwort weiß: Nenne den Troll beim Namen, und er wird platzen!

Das Enneagramm: Liebeserklärung an ein Persönlichkeitsmodell, das Ihr Leben verändern könnte

So einmalig und individuell unsere Kindertage waren und unser Leben auch verlaufen ist – Ihnen ist sicher über die Jahre aufgefallen, dass sich Menschen zwar enorm voneinander unterscheiden, andererseits aber verblüffende Ähnlichkeiten aufweisen. Das liegt daran, dass wir alle die gleichen Grundbedürfnisse und Antriebskräfte mitbringen und unsere Prägung in Bezug auf diese stattfindet. Dadurch ist die Variationsbreite groß – aber endlich. Unsere Idee des »Ich bin eben so!« ist weder zufällig noch einmalig: Wir haben viel gemeinsam mit Menschen, die vergleichbare frühe Erfahrungen gemacht haben – nicht zuletzt unsere Ausreden.

Ich möchte Ihnen ein Persönlichkeitsmodell anbieten, das die enorme Vielfalt möglicher Ego-Systeme nach roten Fäden durchleuchtet und sie in neun Grundtypen sortiert hat: das Enneagramm (griechisch »ennea«: neun, »gramma«: Zeichen). Es beschreibt neun Muster typischer Verhaltensweisen und die dazugehörige Art, die Welt zu betrachten und zu deuten. Die jeweiligen Aufmerksamkeitsstile zeigen, worauf man sich besonders konzentriert und was man wegblendet. Jeder Typus hat seine eigene Sammlung charakteristischer Überzeugungen, Selbstverständlichkeiten und Werte und seine spezifische Art, in Rechthaben-Spiele zu gehen, Beziehungsmuster anzubieten, Ausreden zu verwenden, sich zu inszenieren und erfolgreich zu sein.

Dieses Modell gibt es vermutlich seit zweitausend Jahren und es hat nichts, aber auch gar nichts an Aktualität eingebüßt. Über seine Herkunft gibt es verschiedene Hypothesen, nach neuesten Erkenntnissen wird es frühchristlicher Tradition zugeschrieben. Erst im 20. Jahrhundert fand es seinen Weg aus der mündlichen Überlieferung in die Schriftform, seither wird es in Europa und den USA gelehrt, praktiziert und erforscht. Weder im Studium noch danach habe ich ein so spannendes und vor allem praktisches Modell der Persönlichkeit kennengelernt. Diese Typenlehre ist für das Leben gemacht. Für Menschen, die an sich selbst und an anderen Menschen interessiert sind und sich entwickeln wollen. Es ist ein sehr komplexes Modell mit großem Tiefgang. Und zugleich gibt es uns ganz handfeste und umsetzbare Empfehlungen für persönliches Wachstum.

Unser Persönlichkeitsmuster konstruiert unsere Wirklichkeit

Im Zusammenhang mit unseren Selbstverständlichkeiten, die uns daran hindern, neue Erfahrungen zu machen (»Das geht ja wohl gar nicht!«), haben wir die subjektive Konstruktion von Wirklichkeit gestreift. Das Enneagramm zeigt, dass unsere Unterschiedlichkeit im Erleben nicht zufällig ist, sondern sich systematisch beschreiben lässt. Das jeweilige Persönlichkeitsmuster gibt vor, wie wir wahrnehmen, interpretieren und handeln.

Fast alle Menschen, mit denen ich bisher mit dem Enneagramm gearbeitet habe, sind davon fasziniert, wie unterschiedlich die vermeintlich gleiche Situation von verschiedenen Menschen aufgefasst werden kann. Das ahnen wir zwar vage, aber es ganz bewusst zu erleben, ist immer wieder spannend. Dazu werden in Enneagramm-Workshops oft kleine Geschichten vorgelesen; die Teilnehmer schreiben auf, wie sie sich in diesen Situationen verhalten, was sie denken und was sie empfinden würden.

Maria-Anne Gallen und Hans Neidhardt, zwei süddeutsche Psychotherapeuten und Enneagramm-Experten, verwenden beispielsweise eine vierteilige Geschichte, in der es um eine Housewarming-Party geht, zu der man eingeladen ist. Auf der Fahrt dorthin gibt es im Bus nur noch einen einzigen freien Platz; auf dem Fest kennt man außer dem Gastgeber niemanden; und dann taucht dort erst eine gute Freundin auf und zu guter Letzt der eigene Chef, mit dem man am Morgen einen unerfreulichen Streit hatte.

Jeder beantwortet zunächst für sich die Frage nach dem jeweiligen Tun, Fühlen und Denken, anschließend lesen alle ihre Antworten vor. Nehmen wir die letzte Szene mit dem Vorgesetzten: Für den einen ist es zum Beispiel »völlig klar!«, dass er den Chef ignorieren wird, dem anderen, dass er ihn »natürlich!« um ein klärendes Gespräch bitten wird, während der Dritte das Fest (»Logo!«) genervt verlässt und der Vierte wiederum (»Was sonst?!«) versuchen wird, durch einen humorvollen Small Talk den Konflikt indirekt aufzuheben.

Im Raum zerplatzen Selbstverständlichkeiten wie Seifenblasen, eine nach der anderen. Wie man mit »Natürlich« und »Nur so« zu so unterschiedlichen Ergebnissen kommen kann, ist immer wieder spannend, lustig und lehrreich.

Es verblüfft mich auch nach vielen Jahren jedes Mal neu, wie die Menschen aus einem Typenkreis des Enneagramms zu diesen kleinen Situationen und bei vielen anderen Gelegenheiten manchmal sogar fast wortgleiche Antworten geben. Umgekehrt kann man es mitunter kaum fassen, wie andere auf Strategien kommen, die einem im Traum nicht einfallen würden. Für jeden fühlt sich die Art, wie er selbst auf die Situationen antwortet, völlig vertraut und richtig an – so sind wir eben. Ganz bewusst zu erleben, dass es auf mindestens acht andere Arten auch geht, ist sehr erhellend.

Brauchen wir wirklich eine Typologie?

Zunächst einmal: Wir haben längst eine. Jeder von uns hat sich die Menschheit sortiert. Wir wissen, was wir von BMW-Fahrern, Handwerkern/Lehrern/Juristen (»Typisch! Ist doch klar!«) zu halten haben. Weil wir ohne Vereinfachungen nicht auskommen; sie helfen uns bei der Orientierung und Erklärung der Welt, reduzieren die überbordende Fülle von Informationen.

Jede Art von formulierter Typologie aber – wie etwa die Astrologie mit ihren zwölf Tierkreiszeichen oder die verschiedensten psychologischen Modelle von C. G. Jung oder Fritz Riemann bis zu dem heute in Firmen verbreiteten DISC-Ansatz – löst widersprüchliche Empfindungen in uns aus. Einerseits finden wir sie interessant, andererseits natürlich viel zu banal. Als ob wir so einfach zu kategorisieren wären. Natürlich ist es spannend, zu lesen und zu schauen: Erkenne ich mich wieder? Und was ist mit meinem Kollegen aus der Nachbarabteilung, der mir so gut gefällt, würde der zu mir passen? Und dann spürt man im nächsten Augenblick Widerwillen: So kann, so darf das doch nicht gehen! Lasse ich mich auf so triviale Parameter reduzieren, dass sie auf ein Zuckertütchen passen? Natürlich nicht. Ich bin außerdem ganz anders als mein Bruder, der auch Wassermann ist.

Wir bestehen auf unserer Individualität.

Wäre schön, wenn wir im Alltag tatsächlich so differenziert wären. Wenn einer zu Recht bezweifelt, dass man die Menschheit in drei, fünf, neun oder zwölf Zeichen einteilen kann, dann müsste er folgerichtig bei der Beurteilung anderer Menschen angemessen feine Unterschiede machen. Das passiert aber eher selten. Die meisten Menschen kommen mit drei Kategorien aus: sympathisch, unsympathisch und egal. Super, total daneben und weiß nicht. Aber wir wollen alle Menschenkenner sein. Oder halten uns dafür.

Mögen wir normalerweise noch so hemmungslos in Stereo-typen denken, bei der Konfrontation mit Typologien bäumt sich unser Inneres plötzlich auf und besteht auf unserer persönlichen Besonderheit jenseits der Schablone. Dann ist jede Schublade zu eng.

Es gibt ganze Bücherwände voller Argumente gegen Typologien. Viele sind mehr als berechtigt. Und die meisten warnen vor der Vereinfachung und ihren Auswirkungen. Da bin ich dabei.

Auch mit dem Enneagramm können wir so umgehen, dass es uns nicht weiterbringt als ein Partyspiel. Wir können es aber auch so verwenden, wie es seiner Werthaltigkeit entspricht. Und dann kann es unsere Differenziertheit in der Betrachtung anderer und unserer selbst enorm erweitern, kann unser Verständnis vertiefen und unser Verhaltensrepertoire bereichern.

Wie wir werden könnten – im schlimmsten und im besten Fall

Was das Enneagramm für mich in so besonderer Weise attraktiv macht, ist das, was es von anderen Typologien unterscheidet: Es ist ein Entwicklungsmodell, eine dynamische Typologie. Es beschreibt, wie wir uns auf der Grundlage eines spezifischen Typus entwickeln können, im Guten und im weniger Erfreulichen. Wie unser Weg aussehen könnte, wenn wir in Selbsterkenntnis und ihre Konsequenzen investieren. In der Sprache des Enneagramms geht es um *Reife* und *Erlösung*. Aber auch: Wie wir uns wahrscheinlich entwickeln werden, wenn wir einfach so weitermachen wie bisher, ohne innezuhalten. Das Enneagramm findet dafür eine sehr heftige Vokabel, es spricht von der *Apokalypse*.

Es geht um die Frage, was am Ende unseres Lebens aufgedeckt wird, und das Leben ist der Weg dahin. Wie werden wir sein, wenn wir alt sind? Weise oder verbittert, gelassen oder enttäuscht? Wenn wir in der Lebensmitte keine Kurskorrektur vornehmen, dann landen wir im Alter sehr wahrscheinlich in einer wenig attraktiven Form unserer Selbst, werden wir zu jener Sorte Menschen, die von ihren Angehörigen mit Nachsicht und Resignation (»Ach, lass ihn doch!«) behandelt und somit letztlich aus dem wirklichen Leben ausgeschlossen werden. Das ist mit Apokalypse gemeint: dass ich am Ende meines Lebens vielleicht genau so werde, wie ich es nie wollte, und einem Schmerz wiederbegegne, von dem ich dachte, ihm entronnen zu sein.

Als ich das erste Mal las, wie sich die verschiedenen Typen – so auch meiner – im Alter negativ entwickeln (man sagt auch: eskalieren) können, war ich schockiert. Davon, dass mir diese Zerrbilder entschieden unsympathisch und furchtbar vorkamen. Und noch mehr davon, dass ich es sofort plausibel fand, dass es so, auch für mich, kommen könnte. Ich las das in einer Phase meines Lebens, in der ich keinesfalls depressiv vernebelt auf Hinweise auf eine düstere Zukunft wartete. Es ging mir blendend, beruflich wie privat, ich war überraschend erfolgreich und freute mich ausgiebig darüber. Dennoch konnte ich mir erstaunlicherweise gut vorstellen, dass ich im ungünstigen Fall eine solche engstirnige, nervige, alte Frau werden könnte.

Dieser leichte, aber nachhaltige Schrecken überkommt viele Menschen, wenn sie beginnen, sich mit der Altersprognose im Enneagramm zu befassen. Sie erkennen relevante Personen ihrer Familie wieder, sehen ihre alternde, unzufriedene Mutter oder den in den letzten Lebensjahrzehnten verbohrt gewordenen Vater vor sich auftauchen.

Anklänge dieser Apokalypse kennen wir alle aus Situationen unseres Lebens, wenn der Stress überhand genommen hat und wir uns mit den normalen Strategien nicht mehr zu helfen wissen. Dann werden friedfertige Dulder plötzlich herrisch und selbstgerecht, werden aktive Macher unerwartet zweifelnd und gelähmt. Für Momente, Stunden oder Tage sind wir nicht mehr wir selbst. Ehe wir wieder zur alten Form zurückfinden. Das könnte ein Vorgeschmack sein.

Umgekehrt beschreibt das Enneagramm das Prinzip Hoffnung, was unsere Entwicklung betrifft. Es entwirft eine Zukunft, die auf uns warten könnte, wenn wir uns diese bewusst aneignen und Schritt für Schritt Neues wagen. Auch dieses Bild ist nachvollziehbar und merkwürdig vertraut. In unseren besten Momenten, wenn wir uns ganz leicht und im Einklang mit uns selbst fühlen, dann kennen wir uns bereits so. Dann ist die Pingeligkeit, mit der man sonst auf jeden Fehler schauen muss, einer heiteren Gelassenheit gewichen, dann schweigen die Selbstzweifel, können wir unsere Alltagsmaske, hinter der wir sie verstecken, lüften, und unser Herz schlägt ruhig und kraftvoll.

Die Entwicklungslogik, die das Enneagramm beschreibt, macht klar, warum wir nicht von selbst weise werden. Ein Alter, so wie wir es uns wünschen, scheinen wir nur mit Erkennen und Umkehr bewerkstelligen zu können. Falls Sie wie ich beabsichtigen, eine nette, liebenswerte alte Dame oder ein sympathischer, interessanter alter Herr zu werden, gibt es dazu wohl keine Alternative.

Die Entwicklung zur Reife, zur Heiterkeit und Souveränität ist eine bewusste Entscheidung, die ich als erwachsener Mensch treffe. Und sie ist zugleich eine Rückkehr. Oder eine Wiederentdeckung. Denn eines der besonders schönen Angebote, die das Enneagramm – und natürlich nicht nur das Enneagramm – uns macht, ist die Idee, dass unser Selbst unverwundbar und unzerstörbar ist. Unter wie vielen Schichten auch immer verborgen, existiert damit völlig heil und unbeschadet etwas in uns, das die einen wahres Selbst nennen, die anderen Wesenskern oder Seele. Hier finden wir unsere Unschuld wieder und das Vertrauen in uns und in das Leben.

Wozu können wir das Enneagramm befragen?

Die Typologie gibt uns Anregungen, anders und neu über uns und unsere Entwicklung nachzudenken. Zugleich ermöglicht sie uns, andere Menschen in ihrer Andersartigkeit besser zu verstehen und damit unser Verhältnis zu ihnen zu verbessern.

In meiner Arbeit hilft das Enneagramm mir, Menschen spezifischer und damit effizienter zu beraten. Es gibt nicht *the one best way* in den wichtigen Fragen des Lebens. Die Antworten haben immer etwas mit der persönlichen Ausgangssituation zu tun, kontextfreie Empfehlungen sind Unfug. Wenn einer meiner Klienten vor der Frage steht, wie er sich in einer Auseinandersetzung verhalten soll, dann kommt es sehr auf seinen eigenen Beitrag zu der Situation an. Und ein ganz wesentlicher Beitrag ist sein Persönlichkeitsmuster. Bezieht man dieses bewusst in die Überlegungen ein, dann kann man in der Suche nach Lösungen viel passgenauer sein.

Gerade Konflikte lassen sich mit dem Enneagramm plötzlich ganz neu verstehen. Denn oft verhaken sich einfach unterschiedliche Ego-Systeme miteinander, und es beginnt eine Interaktion, die einen vorhersagbaren, stereotypen Verlauf nimmt und nicht selten eskaliert.

Ein Beispiel: Es gibt Menschen, die prüfen Situationen gerne mit kühlem Kopf und scannen sie sorgfältig auf mögliche Risiken und Gefahren. Das Pfadfindermotto »Be prepared« könnte ihre Devise sein: Man muss mit allem rechnen und sich, wenn es geht, dafür rüsten. Solchen Menschen ist Enthusiasmus verdächtig, sie fügen schnell das Wort »blind« hinzu.

Nehmen wir an, dass ein solcher Pfadfinder mit einem Kollegen zusammenarbeitet, der seinerseits dazu tendiert, Situationen sehr optimistisch zu betrachten. Er geht über ein beruhigendes »Das wird schon gut gehen« hinaus und malt sich und anderen gerne farbig aus, wie toll das wirklich werden wird. Da er gerne Superlative verwendet, wird es nicht nur toll, sondern »sensationell!« werden. Daraufhin läutet beim Pfadfinder die Glocke der Vorsicht. Da hat der Optimist doch offenbar noch nicht genau analysiert, was alles passieren könnte, der kann ja durch seine rosa Brille gar nicht richtig sehen! So stellt er ein um die andere Frage, ob der Kollege auch an dies und jenes gedacht und auch berücksichtigt habe, dass das Wetter im April unberechenbar sei. »Ach, du lieber Himmel!«, denkt jetzt der Optimist, »der hat aber eine echte Begabung zum Schwarzsehen, dem muss man mal seine pessimistische Sicht der Dinge relativieren!« Außerdem fühlt er sich von den detaillierten Fragen bedrängt und spürt leichte Verstimmung über das darin liegende Misstrauen. Er weicht den Fragen elegant aus und fügt ein weiteres euphorisches Stück Zukunft dazu. Was das ungute Gefühl des Ersten allmählich zur Gewissheit werden lässt: »Auf diesen Luftikus ist kein Verlass!«, denkt er und lässt verlauten, dass er sich doch lieber selbst noch ein genaueres Bild verschaffen wolle. »Typisch!«, ärgert sich der Kollege, »der kann einfach nicht loslassen, meint wohl, er könnte alles am besten!«

Hier prallt das Konzept »Man muss aufpassen, die Welt ist voller Unwägbarkeiten« auf die Überzeugung »Man sollte sich keine Sorgen machen, das schwächt nur die Tatkraft«. Das kann nicht gut gehen, die beiden müssen sich missverstehen, und ihre wechselseitige Sympathie dürfte sich in Grenzen halten.

Das kann sich in dem Moment verbessern, wenn die beiden erkennen, wie sie aus ihrem Persönlichkeitsmuster heraus jeweils beim anderen unabsichtlich die Knöpfe drücken. Sie könnten sich vermutlich sofort in einem »Ach so, deswegen!« entspannen und vielleicht sogar bereits ein bisschen über das Ganze lachen. Wenn sie öfter zusammenarbeiten, würde es sich für beide auszahlen, sich in Zukunft etwas auf die Sichtweise des anderen einzustellen und einander entgegenzukommen.

Verstehen kann so viel ändern. Wir denken dann zwar immer noch, wie wir denken, und nicht wie der andere, haben unsere Selbstverständlichkeiten natürlich nicht vom Hof gekehrt, aber wir können uns immerhin besser vorstellen, wie das Ganze aus Sicht des anderen aussehen mag. Plötzlich sehen wir, dass es ein Spiel ist – und wie es funktioniert.

Eine der ertragreichsten Erkenntnisse, die Menschen aus der Beschäftigung mit dem Enneagramm ziehen, ist sicher: So unterschiedlich wir sein mögen, im Inneren werden wir alle dadurch zusammengehalten, dass wir keine Angst mehr haben wollten. Und der eine hat gelernt, seine Angst durch Starksein zu besiegen, der andere dadurch, sich aus jedem Kampfgetümmel herauszuhalten und lieber auf die Zuschauertribüne zu gehen, und der Dritte, indem er überhaupt keinen Anlass erkennen kann, warum man sich streiten sollte.

Das Enneagramm ist nur ein Modell, keine Frage. Es hat keinen Wahrheitsanspruch, und nicht jeder mag oder kann sich dafür öffnen. Wenn es aber passt und die Zeit reif ist, kann die Beschäftigung mit dem Enneagramm eine wirklich lebensverändernde Erfahrung sein. Und ein hervorragender Reisebegleiter beim Kampf mit Dämonen und Trollen.

Die neun Typen im Enneagramm:
Neun Mal Ego, neun Mal rechthaben

Wenn Sie jetzt herausfinden möchten, zu welchem der neun Typen im Enneagramm Sie gehören, gibt es in diesem Kapitel zwei Möglichkeiten.

1. Entdecken Sie Ihr Tableau

Als Erstes folgen neun Blätter. Ein jedes steht für einen Typus und stellt einen Assoziationsraum dar: Wesentliche Lebensthemen und charakteristische Verhaltensweisen sind darin aufgeführt.

Dies ist kein Test im herkömmlichen Sinn, es werden keine Punkte vergeben, es gibt keine Musterlösung, kein Richtig oder Falsch. Es geht um ein spürendes Erkennen: Welches Tableau entspricht Ihnen, und in welchen anderen sind Sie weniger oder gar nicht »daheim«?

Betrachten Sie die neun Blätter nacheinander ganz in Ruhe und lassen Sie sie auf sich wirken. Und dann finden Sie heraus, in welchem Tableau Sie sich am ehesten wiederfinden. Wo erkennen Sie am meisten von sich? Nicht, wie Sie gerne wären, sondern wie Sie **sind**. Wo sind Ihre Themen, Licht und Schatten, am besten getroffen?

Wundern Sie sich nicht, dass zuweilen scheinbar sehr widersprüchliche Begriffe in ein und demselben Tableau vorkommen; diese Spannung ist Bestandteil des jeweiligen Persönlichkeitsmusters.

Vielleicht wissen Sie es sofort: »Ihre« Seite winkt Ihnen

unverkennbar zu und sagt »Das bist du!«. Es könnte dennoch der eine oder andere Begriff dabei sein, der Sie abstößt oder von dem Sie sagen: »**Das** bin ich hundertprozentig nicht!« Wenn aber die Mehrheit stimmt, bleiben Sie bei diesem Blatt.

Vielleicht kommen auch mehrere Tableaus in die engere Wahl. Entscheiden Sie dann schrittweise vergleichend, bis eines übrig bleibt. Selten (aber möglich) wäre, dass Sie sich in jedem oder keinem finden. Dann gehen Sie einfach zu den Texten (ab Seite 172) über. Wahrscheinlich können Sie sich nach dem Lesen dann leichter zwischen den Tableaus entscheiden.

Zunächst waren die Tableaus als Illustration, als visuelle Zusammenfassung der Muster und zur Ergänzung für verschiedene Testverfahren gedacht, doch mittlerweile arbeite ich fast am liebsten mit diesen Blättern. Vielen Menschen fällt es erstaunlich leicht, sich zuzuordnen. Der Zugang ist unkompliziert, er braucht keinerlei Vorkenntnis und scheint mir sogar weniger anfällig zu sein für einige, das Ergebnis oft verfälschende Tendenzen, die man beim Ausfüllen der gängigen Tests oft hat.

2. Welche Beschreibung charakterisiert Sie am besten?

In den darauf folgenden Texten finden Sie einen zweiten Zugangsweg, Ihren Typ zu entdecken. Diese Zusammenstellung hilft Ihnen, die neun Varianten des In-der-Welt-Stehens in ihrer Besonderheit zu verstehen. Da die Typen keine Erfindungen, sondern dem Leben abgelauscht sind, kennen Sie sie alle, wenn auch vielleicht nicht unter diesen Namen.

So werden Sie lauter alte Bekannte treffen, und ich vertraue darauf, dass Sie die kleinen Geschichten mit Ihren Erfahrungen und Erlebnissen vorsichtig füllen und sich so dem Wesen der verschiedenen Muster allmählich weiter nähern können. Bitte kultivieren und bewahren Sie sich die Haltung eines respektvollen Entdeckers. Alles Wissen ist vorläufig. Kein zu frühes »Ach ja, klar, ich weiß Bescheid!«.

Nehmen Sie die Typenbeschreibungen als Skizzen und als Anregungen, um sich der Vielfalt zu öffnen.

Halten Sie sich nicht damit auf, wenn Sie in mehr als einer der Typenbeschreibungen Verhaltensweisen finden, von denen Sie sagen: Das mache ich auch oft. Schauen Sie danach, wie der Zusammenhang ist, das ganze Paket: die Art zu denken und zu empfinden, Aspekte der Prägung und die daher rührenden typischen Ausreden und Täuschungen. Und schauen Sie dann, was – als Ganzes – am ehesten zu Ihnen spricht.

Für die Frage, zu welchem Typus ich gehöre, kann die Beschreibung typischer Verhaltensweisen bestenfalls erste Anhaltspunkte geben. Hier liegt eine Quelle gefährlicher Missverständnisse: Ich kann einen Typus **nicht** daran erkennen, dass er immer elegant oder nachlässig gekleidet ist, schlecht zuhört, Konflikte meidet wie der Teufel das Weihwasser oder ohne Bedenken einen Porsche fährt. Es verfehlt den Sinn des Enneagramms, statt seine Schätze zu heben, wenn wir hier oberflächlich zuordnen.

Hilfsbereitschaft kann ganz unterschiedlichen Motiven folgen, moralisches Argumentieren, Aggressivität, Konkurrenz, schnelles Beleidigtsein, Impulskontrolle oder das Negieren von Problemen ebenfalls. Entscheidend ist immer der innere Antrieb für das sichtbare Tun: Auf welche innere Bedingung reagiere ich mit dem Verhalten? Für welche frühe Not war es eine Lösung?

In erster Linie ist das Enneagramm für uns selbst gedacht: Erkenne dich selbst, verstehe dich besser, lerne deine Möglichkeiten auszuloten. Und wenn wir eine echte Übung darin haben, uns freundlich und immer leichter in unseren Ego-Gewohnheiten zu erkennen und uns nach und nach von ihnen zu emanzipieren, dann können wir vorsichtig den Blick auf die anderen richten, mit einem Ziel vor Augen: sie besser zu verstehen. Nicht zu bewerten, zu verurteilen oder zu idealisieren. Nicht den einen besser, den anderen bemitleidens- und den dritten bewundernswert zu finden und gar nicht zu merken, wie wir unser neues Wissen ungewollt nur in unser altes Ego-System einbauen – und so nichts dazugewonnen haben.

Innerer Gerichtssaal

Schuld(-gefühle)

Selbstbestimmung

Richtig und falsch

Verlässlichkeit

Berechenbarkeit

Perfektion

Die Wahrheit sagen

Selbstbeherrschung

Rationalität

Strenge

Empfindlichkeit

Ernsthaftigkeit

Prinzipien

Integrität

Kategorisch sein

Gewissen

Regeln

Kritisieren

Hohe Ansprüche

Unterdrückter Zorn

Fehler vermeiden

Moral

Sich anstrengen

Verbessern

Struktur

Toleranz

Verantwortung

Vorwürfe

Unbestechlichkeit

1

2

Mitleid

Sich kümmern

Schutzengel

Schmeicheln

Anteilnahme

Mitgefühl

Aufmerksamkeit

Charme

Unterstützung

Freundlichkeit

Personenorientierung

Abhängigkeit

Nachgeben können

Sich zurücknehmen

Hingabe

Eigene Bedürfnisse nicht wahrnehmen

Begeisterungsfähigkeit

Freundschaft

Wärme

Manipulation

Kummerkasten

Gebraucht werden

Hilfsbereitschaft

Einfühlungsvermögen

Einsichtig sein

Hochmut

Nachgeben

Nähe

Fürsorge

Dienstleistung

3

Gewinnen

Ungeduld

Effizienz

Hauptsache, es funktioniert

Immer gut aussehen

Anerkennung

Immer aktiv sein

Applaus

Leistung

Konkurrenz

Eitelkeit

Chamäleon

Dominanz

Optimismus

Prestige

Harmoniebedürfnis

Lüge

Generalistentum

Ehrgeiz

Erfolg

Pragmatismus

Rolle

Sich nicht mit negativen Gefühlen aufhalten

Image

Fassade

Kränkbarkeit

Tatkraft

Zielorientierung

Taktik

Tempo

165

4

Schönheit

Sensibilität

Gerettet werden wollen

Individualität

Guter Geschmack

Abneigung gegen Regeln

Launenhaftigkeit

Ferne

Intuition

Rätsel

Romantik

Träumen

Komm her/geh weg

Schmerz

Sehnsucht

Exzentrik

Anders sein

Kunst

Neid

Fantasie

Einsamkeit

Introversion

Exklusivität

Kreativität

Originalität

Inspiration

Melancholie

Luxus

Selbstverwirklichung

Sich Gefühlen hingeben

Beobachten

Gründlichkeit

Isolation

Analysieren

Gleich-Gültigkeit

Genügsamkeit

Geiz

Privatsphäre

Reaktionsverzögerung

Zurückhaltung

In die Tiefe gehen

Ruhebedürfnis

Sammeln

Objektivität

Respekt

Welt der Bücher

Überflutung

Klugheit

Zuhören

Denken statt handeln

Systematik

Theorie

Weisheit

Durchdringen

Die Weltformel finden

Unerreichbarkeit

Distanz

Experte

Erkennen

Verstehen

Konvention

Zwiespalt gegenüber Autorität

Vorsorge

Loyalität

Sinn für das Praktische

Vorsicht

Verlässlichkeit

Mut

Anpassungsbereitschaft

Überlastung

Skepsis

Suche nach Sicherheit

Kooperation

Traditionsbewusstsein

Verantwortung

Ambivalenz

Sorge

Treue

Vertrauen

Angst

Belastbarkeit

Bescheidenheit

Pflichtbewusstsein

Projektion

Planung

Humor

Engagement

Krisen meistern

Misstrauen

Durchhaltevermögen

6

168

Einfallsreichtum
Alleskönner
Spontaneität
Umherschweifen
Vielseitigkeit
Feste feiern
Lockerheit
Impulsivität
Positiv denken
Verschwendung
Zerstreuung
Zukunft
Fülle
In Eile sein
Möglichst viele Wahlmöglichkeiten
Neugierde
Maßlosigkeit
(Über-)Aktivität
Oberflächlichkeit
Optimismus
Stimulation
Genießen
Enthusiasmus
Spiel
Witz
Leichtsinn
Rigidität
Schmerzvermeidung
Getriebenheit
Ablenkung

Abenteuer

Charisma

Mut

Macht

Energie

Freiheit

Aggressivität

Exzess

Gerechtigkeit

Führung

Großzügigkeit

Disziplin

Herausforderung

Kraft

Wucht

Autonomie

Mein Clan

Harte Arbeit

Grenzen überschreiten

Willenskraft

Konfrontation

Schwarz-Weiß

Radikalität

Zerstörung

Ordnung

Risiko

Sieg

Wagnis

Rache

Unbeirrbarkeit

Unaufgeregtheit

Ausgeglichenheit

Übereinstimmung

Unparteiisch sein

In sich ruhen

Stabilität

Unentschlossenheit

Sturheit

Diplomatie

Fleiß

Sich verzetteln

Bescheidenheit

Freundlichkeit

Fairness

Konfliktvermeidung

Teamgeist

Harmonie

Sowohl/als auch

Friedfertigkeit

Zufriedenheit

Bequemlichkeit

Geduld

Gutmütigkeit

Passivität

Zurückhaltung

Sich raushalten

Beharrlichkeit

Probleme tiefer hängen

Zuversicht

Vermitteln

Welche Beschreibung charakterisiert Sie am besten?

Typ 1 Die Perfektionisten

Um es vorwegzusagen: Nicht alle Perfektionisten sind ordentlich. Aber alle interessieren sich für die Ordnung der Dinge, für richtig und falsch und für die beste Lösung. Einen Fehler unkommentiert stehen zu lassen, bereitet ihnen beinahe körperliches Unbehagen. Ihr Blick fällt auf das, was man verbessern könnte, das decken sie auf, ungerührt davon, ob das sonst noch jemanden interessiert oder ob es dafür Applaus geben wird. Man nennt sie daher auch Reformer, sie sind unbequem, unbestechlich, verlässlich, berechenbar, ihren Idealen und Prinzipien treu. Ein bisschen weißes Pferd ist immer dabei, die Fahne der Ideale und Gerechtigkeit weht leise dazu.

Das Spielerische, Leichte, Unbeschwerte ist nicht ihr Element, aber ihre große Sehnsucht. Kein Wunder, fast alle Perfektionisten sind zu früh aus der Kindheit vertrieben worden. Nicht wenige mussten zur Unzeit eine quasi elterliche Rolle einnehmen. Ihr Freiheitsdrang und der Wunsch nach Eigenständigkeit wurden oft nachhaltig unterhöhlt (»Gib keine Widerworte!«). Sie haben gelernt, ihre Gefühle zu kontrollieren und vor allem Ärger und Zorn zu unterdrücken. Sie träumen von heiterer Gelassenheit, davon, sich selbst und anderen endlich die Akzeptanz und Vorbehaltlosigkeit schenken zu können, die ihnen als Kind vorenthalten wurde. Die Dinge so zu nehmen, wie sie sind, und sehen zu können, dass so vieles schon gut ist.

Der größte Teil des Dialoges mit der eigenen und der Unvollkommenheit anderer findet bei ihnen im Kopf statt. Der innere Kritiker schläft nie: Perfektionisten neigen dazu, sich lange und intensiv darüber zu grämen, wenn ihnen etwas nicht gelungen ist. Die Intensität, mit der sie wieder und wieder die

Situation gedanklich durchspielen, grenzt an Selbstquälerei. Ihre Aufmerksamkeit geht unmerklich immer dahin, wo irgendjemand etwas nicht richtig macht (sie selbst, der Partner, der Chef, die Freundin, die Gesellschaft). Damit bleiben sie in der Tradition ihrer eigenen Prägung; sie haben den Eindruck gewonnen, dass sie die an sie gestellten Erwartungen nie wirklich erfüllen. »Wer war denn besser?«, wurde eine Frau als Kind gefragt, wenn sie mit (ihren immer) guten Noten nach Hause kam. Sie konnte es nie gut genug machen.

Ich habe einmal einen Konflikt moderiert zwischen einem Vertriebsleiter (einem Perfektionisten) und einem seiner jungen Mitarbeiter. Der Leiter empörte sich über den begabten Trainee, der ständig zu spät kam und überhaupt aus seiner Sicht eine ziemlich lose Arbeitsmoral aufwies. Allerdings auch erstaunlich erfolgreich war. Der junge Mann lümmelte lässig in seinem Sessel, während der Vertriebschef aufrecht vorn auf der Stuhlkante saß. »Sie ärgern sich sehr!«, äußerte ich meinen Eindruck. »Nein! Das hat mit mir nichts zu tun. Es geht um die Firmenkultur. Das macht man bei uns nicht, das gehört sich einfach nicht.« Der junge Mann blieb völlig ungerührt, tauchte unter den moralischen Argumenten weg, solange der Vertriebschef nicht von sich selbst, sondern von den Prinzipien seines Hauses redete.

Perfektionisten argumentieren selten mit »**Ich will!**« oder »Ich halte für richtig«, sondern mit Regeln, Vernunft, mit »So gehört sich das« oder »Das geht nun mal nicht!«. Sie fühlen sich im Recht, weil sie meinen, sich auf Qualität und Richtigkeit zu konzentrieren. Es fällt ihnen schwer zu sehen, dass ihre besondere Aufmerksamkeit für den Fehler etwas mit ihnen selbst zu tun haben soll. Natürlich hat aber das, was sie aufregt, mit ihnen zu tun (mit wem auch sonst?). Das zu erkennen und anzuerkennen, ist ein entscheidender Schritt.

Perfektionisten haben – wie alle anderen – gute Absichten, auf die sie sich berufen. Ihre gute Absicht ist die, immer die beste Lösung zu finden. Sie können nur schwer anerkennen, dass andere sich oft persönlich von ihnen kritisiert fühlen, wo es ihnen doch nur um die Sache geht.

Das Verbessernwollen ist ihre Natur geworden; sie können nur schwer nachvollziehen, dass andere eine Sache oder sich selbst schon ausreichend prima finden und keine Notwendigkeit spüren, weiter »daran zu arbeiten«. Ein klassischer Konflikt, der so entsteht, ist der zwischen einem Perfektionisten und einem Dynamiker (siehe Typ 3, Seite 177). Der eine schaut auf den Fehler und der andere auf das Gute. Beide fühlen sich leicht voneinander abgelehnt. »Du mit deinem enormen Anspruch, du machst es mir schwer, dir gegenüber einen Fehler zuzugeben!«, könnte der Dynamiker sagen. Und der Perfektionist würde entgegnen: »Wenn du nur ein Mal einen Fehler eingestehen könntest, müsste ich nicht immer so kritisch sein!«

Wie können Perfektionisten »lockerlassen«? Sie müssten den Schutz aufgeben, den sie aus der Fehlervermeidung und der prinzipiellen Moral zu gewinnen glauben. Wenn sie vom »man« zum »ich« übergehen, können sie vom Sockel des Absoluten herabsteigen, sich einen machbaren, entspannteren Alltag gönnen und mit der unvermeidlichen, schönen Scheckigkeit des Lebens anfreunden.

Einer der hilfreichsten Sätze, die man einem Perfektionisten schenken kann, lautet: »Du darfst hoch erhobenen Hauptes unter der Latte deiner eigenen Ansprüche hindurchgehen!«

Typ 2 Die Helfer

Ihre Sicht auf die Welt ist von Einfühlung, Freundlichkeit und Fürsorglichkeit bestimmt. Helfer haben feine Antennen für Stimmungen im Raum und sind immer ansprechbar. Ein Nein auf eine Bitte ist für sie ein Fremdwort. Sie sind herzlich, zugewandt, kümmern sich. Ihre Aufmerksamkeit ist immer beim anderen, sie spüren, wie es dem anderen geht, was er braucht, und versuchen ohne Aufforderung, das zu tun, was – wie sie glauben – dem anderen guttut.

Nicht immer darf der, dem geholfen wird, mit entscheiden; die Fürsorge kann sich mitunter auch recht tyrannisch gestalten. Ich werde nie vergessen, wie mir ein Freund an einem heißen Sommertag seinen neuen Ventilator vorführen wollte. Ich hasse Ventilatoren, Klimaanlagen und kalten Luftzug. Aber kein Argument und keine Bitte konnten mir helfen. Er **wusste** nämlich, dass ich Abkühlung brauche und es am Ende doch lieben würde. Der Ventilator wurde angestellt und ich ermuntert, ruhig zuzugeben, dass es jetzt doch viel besser sei.

In dieser Situation habe ich allerlei gelernt – auch über mich. Seit Jahren versuche ich meinem Mann wort- und argumentereich die Vorteile eines ausgiebigen Frühstücks nahezubringen. Dabei will bloß ich frühstücken, ihm reicht ein schneller Kaffee völlig.

Die Partner der Helfer leiden darunter, dass diese ihre eigenen Bedürfnisse selten äußern. Man will so gerne auch mal etwas für sie tun, aber … »Mach dir keine Umstände, nein danke, alles in Ordnung!« Die Helfer ihrerseits wissen oft tatsächlich nicht so genau, was sie möchten, und wenn, dann können sie es noch lange nicht gut äußern.

»Wer immer nehmen muss, wird böse und muss gehen.«

Lesen Sie diesen Satz bitte noch einmal. Die Erkenntnis, dass Überfürsorglichkeit Undankbarkeit erzeugen muss, verdanken wir der systemischen Familientherapie. Wie das im Alltag funktioniert, erleben Helfer leider oft: Da sie immer geben und dem anderen keine Chance lassen, sich zu revanchieren, fühlt der sich erpresst und manipuliert. Das Geschenk ist zu groß, es erdrückt. Mancher Partner weiß sich dem Übermaß der Liebe nicht anders zu erwehren, als sie zu fliehen – und zu gehen.

Ihre eigenen Wünsche ignorieren Helfer oft, projizieren sie

auf die anderen, erfüllen sie dort – und erwarten Dankbarkeit. Still hoffen sie, dass der andere sich durch alle Abwehrmanöver kämpfen und ihnen schenken möge, um was sie nicht bitten. Und sind enttäuscht, dass das nicht passiert. So stehen Helfer in der Gefahr, sich ausgenutzt zu fühlen. »Ich habe meine besten Jahre …!«, das ist im Alter der Aufschrei eines verbitterten Gebers.

»Nimm dich zurück!«, »Nimm Rücksicht!« – solche oder ähnliche Sätze haben die Helfer früher gehört. Diese Prägung hat sie in ihrem Selbstwert davon abhängig gemacht, dass sie es anderen recht machen. Ergebnis: Ich bin nur dann der Liebe wert, wenn ich meine Bedürfnisse zurückstelle. Oder auch: Wenn jemand mich nicht mag, dann liegt das an mir. So beschäftigen sich Helfer innerlich permanent damit, wen sie unterstützen können und wer ihren Beistand braucht. Und mit der Frage, ob sie gut genug lieben. Wenn sie das Gefühl haben, nicht gebraucht zu werden, verlieren sie den Boden unter den Füßen.

Helfer spüren im Lauf ihres Lebens deutlich, dass sie drohen, sich zu verausgaben; sie sehnen sich unterschwellig danach, sich den eigenen Bedürfnissen zuwenden zu dürfen. Aber sie finden immer neue Gründe, warum das gerade jetzt nicht (oder noch nicht) geht. Sie könnten das »Ich kann dem anderen doch nicht wehtun!« erfunden haben. Und sie glauben es auch. Das Kind ist noch zu klein, die Eltern sind schon so alt, der Partner hat ja eigentlich einen weichen Kern, die Kollegin gerade eine schlechte Phase … Helfer sind Meister darin, selbst zurückzustecken und die Dinge zugunsten anderer zu interpretieren. Deren Ansprüche sind berechtigter und greifbarer als die eigene oft nur vage Idee eines Lebens, in dem sie sich selbst etwas gönnen und tun dürfen, wonach ihnen ist.

Ihre eigenen Wünsche etikettieren Helfern rasch als egoistisch: Das schlechte Gewissen ist der beste Verbündete ihres Musters; schon wenn sie sich in der Fantasie ein anderes Leben ausmalen, fühlen sie sich unwohl. Sie nehmen gerne Rücksicht, geben nach. Sie wollen sich nicht in den Vordergrund drängen, weil sie fürchten, in ihrer eigenen Bedürftigkeit abgelehnt zu werden. Ihre gute Absicht, mit der sie sich blockieren, ist das Wohlergehen des anderen. Dass dieser sich durch ihre stete Aufmerksamkeit und Selbstlosigkeit überfordert und belastet fühlen kann, ziehen sie nicht in Betracht. Sie können sich schwer vorstellen, dass auch er davon profitieren würde, wenn sie mehr auf sich selbst schauen würden. Ihre Fantasie, was dann passieren würde, ist eher pessimistisch. Aus halbherzigen kleinen Ansätzen, auf die von der Umwelt nicht sofort perfekt geantwortet wurde, haben sie geschlossen: »Wenn ich schon mal jemanden brauche, dann ist keiner da!«

An der Heftigkeit, mit der Helfer umgekehrt reagieren, wenn man sie am Helfen hindert oder ihre Hilfe ablehnt, kann man die Wichtigkeit ablesen, die ihre Fürsorglichkeit für sie selbst hat. Das beleidigte »Dann eben nicht!« klingt wie eine Drohung. »Dann mach doch, was du willst!« heißt: »Du bist für mich erledigt.« Dabei wäre es im positiven Sinn genau das Programm, was sie selbst zutiefst brauchen: das tun, was sie selbst wollen. Ja zu sich selbst und ihren Sehnsüchten sagen. Aufhören dürfen, immer weiter Bedingungen zu erfüllen. Sich den Gedanken trauen, dass sie schon jetzt, ohne jede Auflage, liebenswert sind und sie sich selbst wichtig nehmen dürfen.

Typ 3 Die Dynamiker

Sie heißen so, weil der Herzschlag ihres Lebens Handeln ist. Das Ziel ihres Handelns ist Erfolg. Und: Erfolg ist **der** Maßstab. Dass es auch andere Maßstäbe geben könnte – schwer zu sehen!

Zupackend, pragmatisch und effizient, das ist der typische Dreiklang der Dynamiker. Sie heißen auch »die Macher«. Sie sind die Meister des Ungefähren: Wichtig ist, dass etwas funktioniert, Aufwand und Nutzen sollen dabei in einem vernünftigen Verhältnis stehen. Sie entscheiden gerne und schnell und bestimmen lieber, als über sich bestimmen zu lassen. Sie sind optimistisch, locker und selten um einen guten Spruch verlegen. Eine Pointe wird niemals ausgelassen. Sie strahlen Selbstvertrauen und Energie aus, sind unterhaltsam und charmant.

Alle Situationen werden als Chancen betrachtet und bei Bedarf positiv umgedeutet. »Es ist die Pflicht zum Optimismus«, so hat es einmal ein Dynamiker formuliert und damit die Paradoxie auf den Punkt gebracht: Optimismus ist leicht, und Pflicht ist eigentlich schwer. Diesen Widerspruch und die daraus resultierende Anstrengung mögen sie vielleicht spüren, Rücksicht nehmen sie darauf nicht. Sie wollen nicht ins allgemeine Jammern einstimmen, sie wollen Dinge vorantreiben. Sie konzentrieren sich auf das Lösen von Aufgaben, das Erreichen von Zielen und ansonsten darauf, die schönen Seiten des Lebens zu genießen. Der Blick nach innen oder das Lauschen auf Empfindungen liegt ihnen nicht. »Wozu soll das gut sein?«, wäre eine typische Frage. Wenn sich doch einmal ein negatives Gefühl bemerkbar machen sollte, ist der Impuls sofort auf Handlung ausgerichtet – es kommt darauf an, die Situation zu optimieren, Gefühle halten nur auf.

Geschwindigkeit ist ein wichtiges Thema. Schnell sein, schnell ankommen, überholen, nicht lange warten müssen. Immer wieder fällt den Dynamikern auf, wie schwerfällig und umständlich alle anderen Leute sind. Wie langsam der Autofahrer an der Ampel abfährt, wie langsam die Leute an der Theke ihre Entscheidungen treffen, wie lange der Gesprächspartner überlegen muss, dabei hätte es eine knappe Antwort doch getan … Sie können ihre Ungeduld schwer zügeln.

Andere Menschen fühlen sich in ihrer Gegenwart oft gedrängt, gegen ihren Willen beschleunigt. Die enorme Tatkraft hat etwas Ansteckendes, aber manchmal auch Entmutigendes.

Dass sie anderen etwas aus der Hand nehmen, weil es dann schneller geht, kommt nicht immer gut an. Darauf angesprochen, sind Dynamiker leicht gekränkt. Schließlich sind sie doch nur hilfsbereit und umsichtig, sehen, wo etwas getan werden muss, und tun es einfach.

Die große frühe Bedingung, die man ihnen gestellt hat, war: Sie müssen immer erfolgreich und etwas Besonderes sein. Immer gut aussehen, nicht verwundbar, schüchtern sein, man darf ihnen nicht anmerken, wenn sie unsicher oder zweifelnd sind. Sie überspielen alles, halten sich nicht mit Befindlichkeiten auf, bleiben handlungsfähig und wissen immer noch eine neue Geschichte von Erfolg und Tüchtigkeit. So hat man in ihrer Nähe leicht das Gefühl, als Publikum gebraucht zu sein – zustimmen, loben, bewundern, applaudieren.

Auch wenn man das nicht so schnell bemerkt: Dynamiker sind so sensibel wie kaum ein anderes Zeichen, sie sind sehr schnell verletzt. Hinter Schlagfertigkeit und Parkettsicherheit verbergen sich Schüchternheit und die meist gut verpackte und weggelegte Erinnerung, sich oft beschämt gefühlt zu haben. So sind sie die Weltmeister der reflexhaften Rechtfertigung geworden. Nicht selten nach dem Motto: Angriff ist die beste Verteidigung. Sie haben vielfältige Methoden entwickelt, einer erneuten Kränkung zu entgehen. Eine Bitte, die man ablehnen könnte, äußern sie gar nicht erst. »Ein Wunsch, den ich sagen muss, ist nichts wert!« wäre eine typische Begründung. Ehe irgendjemand über sie lachen könnte, haben sie selbst einen Scherz gemacht. Charmant und elegant halten sie andere auf Abstand. So extrovertiert sie auch sein mögen – sie wirklich kennenzulernen, ist schwierig.

Prägend war wohl das Wechselbad zwischen dem bewundernden Blick eines Elternteils: »Du bist der/die Schönste/ Beste/Tollste!« und dem Absturz in die Beschämung, wenn das Kind etwas nicht gut konnte, krank war, nicht funktionierte, nicht schnell genug lernte, wenn ihm ein Missgeschick zustieß.

Dynamiker sind zugleich diejenigen, die die Idee der schönen Kindheit besonders lange verteidigen. Sie wollen keine desillusionierenden Erkenntnisse aus traurigen Erinnerungen ziehen. »Was soll das bringen?«

Da sie sich nicht an die frühe Beschämung erinnern wollen, können sie schwer mit Misserfolg und Fehlern umgehen, neigen dazu, sie umzudeuten. Entweder war es in Wirklichkeit gar kein Misserfolg, oder aber irgendjemand anders hatte Schuld. Das Diktat und die Logik des Erfolges machen es ihnen schwer, damit fertig zu werden, wenn sie am Nachmittag des Lebens auf der beruflichen oder familiären Bühne nicht mehr in der ersten Reihe stehen. Es ist wichtig, alles selbst im Griff zu haben. Wenn man ihnen Hilfe anbietet, ist eine freundliche, aber entschiedene Absage sehr wahrscheinlich. Sie sagen es nicht unbedingt, aber man spürt, dass sie davon ausgehen, es selbst besser, schneller und effizienter zu können. Darin sind sie geübt. In ruhigen Minuten wird Machern daher mitunter bewusst, dass sie – so kommt es ihnen vor – immer alles allein machen müssen.

Die Begründung, mit der Dynamiker ihre eigene Entwicklung bremsen, lautet zunächst: Im Wesentlichen ist doch alles gut, so wie es ist. Ich komme doch gut mit mir selbst zurecht und bin erfolgreich. Wozu also nach innen und nach Problemen schauen? Wären Dynamiker tatsächlich so im Frieden und Einklang mit sich, gäbe es allerdings keinen Grund für ihre große und mit Bedacht kaschierte Kränkbarkeit und ihre zwar selten geäußerten, aber leicht zu weckenden Selbstzweifel.

Wenn sie das anerkennen können, ohne es als Schwäche zu fürchten und zu verurteilen, dann öffnet sich die Tür. Wenn es ihnen gelingt, sich ihrer Empfindsamkeit, ihren Gefühlen und Sorgen zu öffnen, statt sie immer weiter dem »Alles kein Problem!« zu opfern, gewinnt ihr Optimismus einen ganz neuen, tieferen Boden.

Das Wesentliche für die Dynamiker ist, erst einmal selbst wahrzunehmen, auf welche Weise sie sich unter Druck setzen und vom Spüren abhalten. Wie oft sie sich und anderen etwas vormachen, damit sie immer gut drauf sind. Wie eine Klientin mir einmal sagte: »Bis Mitte vierzig habe ich nie gemerkt, dass überhaupt und wie viel Fassade ich gebraucht habe.« Erst mit der Anerkenntnis dieser Tatsache habe ihre Entwicklung begonnen.

Typ 4 Die Künstler

Schönheit ist ein wichtiges Motiv ihres Lebens, Sehnsucht ein anderes. Sich nach dem zu sehnen, was fehlt, ist ihr Lebensgefühl und oft die Quelle ihres schöpferischen Tuns – egal, ob sie in einem kreativen Beruf arbeiten oder sich im Privaten mit der Einrichtung der Wohnung, dem fantasievollen Menü, ihrem Tagebuch oder dem superben kleinen Garten befassen. Die Welt wird, wenn überhaupt, durch Schönheit gerettet. Man nennt sie auch die tragischen Romantiker. Sie fürchten nichts mehr als das Gewöhnliche, Normale. Alles muss besonders sein. Ich habe in den letzten zehn Jahren bei einem Freund noch kein einziges Mal das Gleiche gegessen. Im Kern heißt das: »Ich bin nur liebenswert, wenn ich außergewöhnlich bin.«

»Ich bin anders!«: Das Selbstbild und die Inszenierung des tragischen Romantikers kann sehr stolz klingen, und das soll es auch. In dem leicht trotzigen Unterton und dem melancholischen Blick, der fast allen Menschen dieses Musters gemeinsam ist, sieht man die schmerzliche Erinnerung an eine andere Bedeutung: »Ich bin anders – ich gehöre nicht dazu.« Diese Erinnerung muss übertönt werden. Sie haben in ihrer Kindheit wenig Nähe und Verständnis erfahren und daraus den Schluss gezogen, dass etwas mit ihnen nicht stimmt.

Schutz suchend zogen sie sich in eine Welt von Fantasie und Träumen zurück.

Künstler sind dünnhäutig, in alle Richtungen. Empfindsam, oft sehr mitfühlend, nehmen sie wahr, was passiert. Aber auch ihren eigenen Gefühlen, dem Auf und Ab einer inneren Achterbahn, sind sie scheinbar schutzlos ausgeliefert. Wenn sie sich schlecht fühlen, fühlen sie sich eben schlecht. Menschen, die einen eher robusten Umgang mit ihren Emotionen haben, stehen dieser Haltung oft verständnislos gegenüber. »Wie kann man sich nur so gehen lassen?«, fragen sie und deuten damit auf ihr eigenes inneres Gebot, sich zusammenzureißen.

Künstler haben eine Aversion gegen Regeln. Pünktlich zur Probe kommen, Termine halten, Bankauszüge prüfen, strukturiert diskutieren? Regeln sind bürgerlich, langweilig, zerstören die Kreativität. Große Geste, theatralisches Moment ist eher in ihrem Repertoire als Interesse an praktischen Belangen. Davon zu träumen, ein eigenes exquisites Modeatelier zu haben? In Farbe und Detail! Das zu planen, durchzukalkulieren, einen Businessplan für die Bank zu machen? Na ja.

Sie können Kritik nur schwer vertragen. Dass der Wein korkig ist, kann schon den Abend verderben. Sie berufen sich auf ihre Empfindsamkeit und dass man von guten Freunden wohl Sensibilität erwarten kann. Was hier oft launisch und schwierig wirkt, ist der Versuch, alles abzuwehren, was die Wunde des vermeintlichen Unvollkommenseins wieder zum Bluten bringen könnte.

Dem Partner bieten sie oft ein Spiel von Nähe und Distanz an. Sie trauen der Beziehung nicht und wollen doch endlich gerettet und behütet sein. Sie schützen sich und ihre große Verletzlichkeit, indem sie den anderen immer wieder vor den Kopf stoßen, um dann im nächsten Moment wieder umworben werden zu wollen. Scheint Sicherheit und Nähe endlich möglich zu sein, muss sie zurückgewiesen werden. Und so fort. Die darunter liegende, tiefe Sehnsucht bleibt ungestillt.

Künstler lassen sich von ihrer Empfindlichkeit dominieren; ihre Tendenz, die Dinge zu persönlich zu nehmen, dient zugleich als Schutzschild gegenüber den Erwartungen anderer. Anstatt den durchaus freundlich gemeinten Kern eines Feedbacks oder einer Empfehlung zu würdigen, ziehen sie sich gekränkt zurück. Sie fordern die Welt auf, sie mit Glacéhandschuhen anzufassen, und bleiben genau dadurch im Muster gefangen. Damit ich die Diva geben darf, muss ich eine **sein**. Sonst verzeiht man es mir nicht. Also kann ich nie erfahren, ob man mich lieben würde, wenn ich eine ganz normale Person wäre.

Wie alle anderen wehren sich Künstler genau gegen das, was ihnen Halt geben und eine neue Entwicklung einläuten könnte. In ihrem Fall ist das die Einladung, das Mögliche dem Unmöglichen vorziehen zu dürfen, sich der Welt da draußen zuzuwenden und ein paar ihrer Spielregeln zu akzeptieren.

Typ 5 Die Beobachter

Hier begegnen wir Menschen, die lieber denken als handeln. Sie sammeln immer noch mehr Informationen, als sie eigentlich bräuchten. Und oft so lange, bis die Gelegenheit vorüber ist. Wie ein Vertreter dieses Musters einmal zusammengefasst hat: »Wir tun nicht, was wir wissen.« Während sie über die anderen denken, dass die nicht wissen, was sie tun.

Sie beobachten genau und geben möglichst wenig von sich selbst preis. Obwohl stolz auf ihre Bescheidenheit, sind Beobachter nicht per se geizig. Sie sind es aber auf jeden Fall mit sich selbst, mit ihren Gefühlen, ihrer Spontaneität, vor allem ihrer Nähe. Sie haben Genügsamkeit lernen müssen, sind groß geworden mit dem Gefühl, dass etwas oder ein anderer wichtiger ist als sie selbst. Meine älteste Freundin ist geboren worden und hätte ein Junge sein sollen. Was man nicht versäumte, ihr oft zu sagen. Und dann kam er, der ersehnte Stammhalter. Sie hatte gleich zweimal Anlass, sich in die innere Welt zurückzuziehen.

Für diese Kinder hatte man oft wenig Zeit, und ihre Eltern hatten selbst wenig Zugang zu ihren eigenen Empfindungen; körperliche gezeigte Zuneigung, Wärme, freier Ausdruck von Gefühlen waren teure Mangelware. Die Welt der Bücher wird oft ihr eigentliches Zuhause. Später fürchten Beobachter dann ein Zuviel an Nähe, an Kontakt. Sie fühlen sich davon schnell überfordert. Eine Party mit mehr als sechs Gästen hat schnell die Qualität von Reizüberflutung, von der man sich zurückziehen und erholen muss. So sind Beobachter oft überdurchschnittlich belesen und trotzdem nur schwer zu den Früchten der Herzensbildung fähig. Und wie sehr ihre eigenen Kinder das dann wieder vermissen müssen …

Die Unfähigkeit, in der Situation selbst spontan zu reagieren, verstört und verletzt andere oft und lässt sie dieses Verhalten als Gleichgültigkeit und Teilnahmslosigkeit deuten. Dabei sind Beobachter schlicht von den Informationen, die ihnen Intuition und Herz geben könnten, wie abgeschnitten. Sie fühlen sich unbeholfen, unsicher, sobald sie instinktiv oder herzlich reagieren sollen.

Der Chef einer erfolgreichen Niederlassung begegnete im Flur einer Mitarbeiterin, die morgens beim Joggen im Wald über eine Wurzel gestürzt war. Ihre eine Gesichtshälfte war zerkratzt und blutunterlaufen. Sie stehen sich gegenüber. Und er sagt – nichts. Weil er verzweifelt überlegt, was jetzt eine angemessene Reaktion wäre. Sie steht da, wartet darauf, dass er sie fragt, was ihr denn passiert ist. Was aus ihrer Sicht das Normalste von der Welt wäre. Und wartet vergeblich.

Dabei leiden die Beobachter, die oft brillante Denker sind, selbst sehr darunter, sich in Gefühlsfragen nur schwer mitteilen zu können. Während sie in einer emotionalen Situation oft wortlos sind, wie erstarrt, können sie später und mit

Abstand wunderbare, gut und lebendig formulierte Briefe schreiben.

Beobachter werden in ihrem Muster am ehesten gestört und dadurch gerettet, wenn sie sich ganz gegen ihre Absicht leidenschaftlich und wehrlos verlieben. Wenn die Vernunft weggespült wird und dann eine andere Logik greifen darf.

In einem Seminar habe ich einmal eine klassische Abschluss-übung gemacht. Die Frage lautete, was die Teilnehmer sich als neue Idee und Erlaubnis oder als Motto mitnehmen. Der Beobachter machte, als er an die Reihe kam, zunächst das, was wir von ihm kannten: Er überlegte in aller Ruhe. Und verblüffte uns dann, indem er von einem Traum berichtete, den er vor dreißig Jahren gehabt hatte und der ihm nun wieder in den Sinn gekommen war. In diesem Traum hatte sein Onkel ihm einen Zettel gegeben, auf dem ein Gedicht stand: »Freude schenken und doch an sich denken. Leid tragen und doch zurückschlagen.«

Es war ein Gänsehautfaktor, den man schwer beschreiben kann, denn das ist exakt das, was ein Beobachter lernen muss. Es schien, als ob sein Selbst eine Nachricht an ihn verfasst hatte. Und fast drei Jahrzehnte später verstand er sie.

Typ 6 Die Loyalen

Sie sind Meister darin, sich Sorgen zu machen, und zugleich: geborene Krisenmanager. Sie machen sich einerseits endlos Gedanken über dies und das, ungelegte Eier und die Risiken des Lebens. Sie denken schon über die Mücken nach, die sie stechen könnten, ehe der See in Sicht ist. Wenn sie aber wirklich in eine gefährliche Situation geraten, dann laufen sie zu Hochform auf. Jetzt sind sie gefasst, souverän und handlungsfähig, zum *trouble shooting* bereit und willens. Da sie sich nicht mehr sorgen müssen, sind sie ganz Gegenwart und packen furchtlos zu. Umgekehrt sagte ein Seminarteilnehmer in einer Eröffnungsrunde zu der Frage, wie es ihm gehe: »Na ja, nicht so gut. Alles läuft super, alles ist erfolgreich. Das macht mich nervös.«

Meine persönliche Prüffrage für die Loyalen ist: Wann haben Sie sich das letzte Mal etwas Unvernünftiges geleistet, und was war das?

Bei 90 Prozent der Loyalen kommt jetzt ein schräger Blick, und der heißt: Natürlich leiste ich mir nichts Unvernünftiges, warum sollte man das auch tun?

Das ist keine Frage des Geldes. Ich sehe gerade einen sehr reichen Mann vor mir, der sich in seinem riesigen Haus an einen kleinen Küchentisch setzt und Tiefkühlpizza isst, obwohl er sich eine Köchin leisten könnte.

Die Loyalen sind treu, fürsorglich und immer auf das Wohl ihrer Lieben bedacht. Sie vergessen keinen Geburtstag und sind da, wenn man sie braucht. Aber aus einem anderen Motiv als die Helfer: Sie suchen nicht Nähe, sondern kümmern sich aufopferungsvoll, weil das für sie in der Familie und unter Freunden selbstverständlich ist. Es fühlt sich gut an, es gibt einen Sinn, auf der Welt zu sein. Die Loyalen kennen sich aus mit dem, was **man** machen muss (»Was sollen denn die Nachbarn sagen!«).

Sie sind in einer Umgebung aufgewachsen, die sie nicht vorhersagen und daher nicht beherrschen konnten. In ihren Biografien gab es oft körperliche Gewalt, Härte, Strenge. Oder auch unlösbare Widersprüche (zwischen Sagen und Handeln oder den entgegengesetzten Wünschen der Eltern). Oder subtile Strategien der Verunsicherung und Abwertung (»Du siehst aber wirklich wieder schlecht aus, Kind!«), gegen die sie sich nur schwer zur Wehr setzen konnten. Was sie früh gelernt haben, ist die Lektion der Unberechenbarkeit, und dass die Welt ein gefährlicher Ort sein kann. Ob sie gerade sicher oder bedrohlich ist, muss immer neu geprüft werden.

Und darauf stellen sie sich ein. Vorwegnehmen, was schief-gehen könnte – und sich dafür rüsten. Das Pfadfindermotto »Sei vorbereitet!« ist ihr Credo, so zu handeln, gibt ihnen Sicherheit. Alles wird – oft lange im Voraus – durchgeplant und organisiert.

Loyale haben oft Schwierigkeiten, sich im Enneagramm zuzuordnen. Sie wollen, haben sie mir verschiedentlich erklärt, einfach nicht so sein, wie sie da beschrieben werden. Sie wären lieber anders. Dazu kommt, dass sie oft schlechte Erfahrungen damit gemacht haben, wie und was man in sie hineininter-pretiert hat. Eine weitere Festlegung von außen – wie in einer Typologie – fühlt sich sehr unangenehm an. In den Augen derer, an denen sie sich in der Kindheit orientierten, schienen sie irgendwie »nicht genug« zu sein. Eine Formulierung, die immer wieder fällt.

Sie wünschen sich so sehr, endlich in ihren Stärken und Fähigkeiten erkannt und akzeptiert zu werden. Respektiert und geliebt, so wie sie sind.

Die Loyalen gehen mit dem Mangel an innerer Sicherheit in zwei Varianten um: Sie sind freundlich, sogar oft über die Gebühr freundlich – dann kann man ihnen nichts tun. Oder sie sind autoritär und tyrannisch, auch das ist eine Form der Sicherheit. »Ich kriege keine Magengeschwüre, ich mache welche.«

Das Selbstbild heißt: »Ich (immerhin) tue meine Pflicht!« Hören Sie den Unterton? In dem Punkt ist das Weltbild klar: Sie persönlich machen, was man tun sollte, und es gibt aber leider reichlich Leute, die das nicht tun. Der Ton ist nicht frei von Selbstgerechtigkeit. Das wiederum liegt den eher auf Ausgleich bedachten Loyalen eigentlich fern. Wenn man sie kritisiert, können sie damit schwer umgehen. Sie haben doch selbst dreitausend Mal geprüft, ob sie das Richtige tun, nichts vergessen und an alles gedacht haben. Wenn jetzt doch etwas schiefgegangen ist, dann wären sie dankbar, man ließe es unerwähnt. Wenn sie sich ungerecht behandelt oder von jemandem, dem sie vertrauen, verraten fühlen, kann man einen Zorn erleben, den man ihnen niemals zugetraut hätte.

Das Muster der Loyalen ist von verschiedenen Ambivalenzen geprägt. Einerseits kommen sie gut mit Hierarchie zurecht, andererseits geraten sie früher oder später damit in Konflikt. Sie klagen viel und sind dabei doch immer optimistisch. Sie hegen viele Befürchtungen und sie können furchtlos handeln. Sie sind im Inneren oft unsicher und können doch humorvoll und tatkräftig das Leben meistern.

Im Einerseits/Andererseits bleibt allerdings oft eine fällige Entscheidung auf der Strecke. Selbst wenn sie nicht glücklich in einer Partnerschaft sind, sehen sie nur schwer einen Grund, eine Trennung ins Auge zu fassen. Denn das Wichtigste ist es, eine eigene, sichere und stabile Familie aufzubauen und zu pflegen. Dafür geben sie alles. Es wäre der größte Schmerz, wenn diese Sehnsucht sich nicht erfüllen und dieses Herzensprojekt zu scheitern drohte.

Loyale lassen sich nur ungern helfen. So schwankend sie an anderer Stelle sein mögen, eigentlich wissen nur sie (wirklich), wie man in dieser Welt voller Wechselfälle die richtige Vorsorge trifft und das Rechte tut. Da ist es fast aussichtslos, sie beirren zu wollen. Sie bürden sich selbst viele Pflichten auf, bis an die Grenze ihrer Möglichkeiten, und lassen sich nicht entlasten. Mit immer guten Argumenten: Das Au-pair-Mädchen würde das Kind nicht richtig versorgen, die Kollegin eine Aufgabe nicht korrekt erledigen.

Bis sie lernen, sich etwas zu gönnen, kann sehr viel Wasser den Rhein herunterfließen. Je unabhängiger sie sich davon machen können, was sie meinen, tun zu **müssen**, umso eher können sie sich selbst achten und schätzen. Wenn sie vom Müssen zum Wollen und Können kommen, wachsen ihre Freiheit und ihr Vertrauen in sich selbst. Dann kann in ihrem Denken *Murphy's law* in den Hintergrund treten. Und sie könnten dem Satz der Dichterin Marie Luise Kaschnitz Vertrauen schenken: »Warum sollte in dem undurchdringlichen Stück Zukunft nicht auch ein Entzücken stecken?«

Typ 7 Die Genießer

Hier ist die Fähigkeit und die Entschlossenheit verankert, das Leben in vollen Zügen und allen Varianten zu genießen. Man nennt sie auch die Vielseitigen oder die Positiven. Die Aufmerksamkeit liegt auf den Chancen des Lebens, den vielen bunten und unerschöpflichen Möglichkeiten. Zwischen denen man sich ungern entscheiden möchte. Keine Festlegung bitte! Lasst das Leben ergebnisoffen und die Zukunft positiv, aber vage bleiben. Das Leben ist ein Abenteuer, die Welt voller Überraschungen, es gibt immer etwas Schönes zu erleben, zu schmecken, zu tun und etwas Neues zu wagen! Jetzt ist jetzt, und jetzt soll schön sein. Probleme und Sorgen, die können doch gar nicht so schlimm sein. Lass uns über etwas Erfreuliches reden!

Genießer denken gerne nach vorn, sind begeisterungsfähig und können andere gut mit ihrem Enthusiasmus anstecken. Sie lieben es, Projekten eine Vision und Schwung zu geben. Die Sonnenkinder im Enneagramm haben oft vielseitige Interessen, es ist weniger ihre Sache, in die Tiefe zu gehen. Überblick und Vielfalt sind wichtiger. Dass man sie immer einmal als oberflächlich einschätzt und ihnen mangelndes Durchhaltevermögen vorwirft, kann sie gleichwohl kränken.

Dynamiker und Genießer werden oft verwechselt und weisen tatsächlich einige Gemeinsamkeiten auf: den Blick auf das Positive, den Schwung, die Tatkraft, das Leichte. Der innere Antrieb der beiden Muster ist aber fundamental anders.

Obwohl es nicht so wirkt, suchen Genießer Sicherheit und Orientierung. Ob sie jemandem Vertrauen schenken, hängt davon ab, ob derjenige zuverlässig handelt, nicht davon, ob er ihre Nähe sucht und ihnen Anerkennung gibt. Durch Schmeichelei sind sie nicht zu beirren. Obwohl sie sehr kontaktfreudig sind (»Wo ist hier die nächste Party?«), können sie Distanz wahren und darin einen klaren Kopf. Sie prüfen die Welt mit dem Verstand, nicht mit dem Herz.

In ihrer Kindheit gab es einen Mangel, an den sich die Genießer interessanterweise oft nicht erinnern. Welcher Mangel es auch war – Zeit und Raum für sie, Nähe, materielle Sorglosigkeit, Stabilität der Familie –, er hat zu einem Bedürfnis nach Fülle geführt, dem Wunsch, keine Einschränkung, keine Armut, keine Restriktion mehr zu erleben. Und zum Bedürfnis, unabhängig zu sein, sich nicht auf andere angewiesen zu fühlen. Sie wollen selbst für ihr Wohlbefinden sorgen können. Sie haben gelernt, sich in die Zukunft zu beamen, in die erfreuliche Alternative. Sobald ein unangenehmer Gedanke auftaucht, finden sie einen anderen, angenehmeren. Sie können sich ausgezeichnet ablenken – mit einem neuen Projekt, das sie sich ausmalen, oder auch einer schönen Erinnerung, in der sie mit Freude umherstreifen. Wenn etwas nicht ganz rund läuft, findet sich eine Erklärung, die das Suboptimale akzeptabel macht. Läuft es gut, kann man sich zusätzlich ausmalen, wie es noch besser werden kann.

Die Fähigkeit der Genießer, sich auf diese Weise in einen positiven mentalen Zustand zu versetzen, ist für andere, denen es schwerfällt, sich von einem Problem zu distanzieren, beeindruckend. Der unbedingte Wunsch, sich von Schmerz und den dunkleren Fragen des Lebens abzuschirmen, lässt allerdings ahnen, dass das Kind früh gelernt hat, Entbehrung durch Ablenkung und Ersatz auszugleichen.

Wenn Genießer – etwa durch Krankheit – daran gehindert werden, ihren vielen Aktivitäten und Ablenkungsstrategien nachzugehen, können mit Nervosität und Unbehagen Vorboten früher Erinnerungen aufsteigen. Das gilt auch, wenn

190

jemand ihre Person infrage stellt: Das löst Abwehr aus, angesichts der sonst offenkundigen Selbstsicherheit erstaunlich massive Abwehr. Aber sinnvoll im Kontext des Musters, das die Wiederbegegnung mit Schmerz und Furcht verhindern soll.

Das Grundgefühl der Genießer lautet: Alles ist gut. Es gibt gar keinen Anlass, etwas infrage zu stellen. Ein Programm der Autosuggestion im Dienst der Schmerzvermeidung … Diese Hürde müssen sie überwinden, um sich weiterzuentwickeln. Zu erkennen, dass die fabelhaft funktionierende Flucht doch immer nur eine Flucht bleibt und der Schmerz nicht richtig verschwindet, indem man ihn vermeidet, gelingt vielen Genießern erst, wenn sie in Krisen geraten.

Bis dahin wird reflexhaft abgewertet, was eigentlich weiterhelfen könnte. Abstand nehmen und zur Ruhe kommen? Langeweile! Sich auf unangenehme Gefühle einlassen? Das Leben ist zu kurz zum Trübsalblasen! Sich für die Probleme anderer wirklich interessieren? Das hilft denen auch nicht weiter, dass ich mich runterziehen lasse, die müssten ihre Einstellung ändern, lieber muntere ich sie auf. Konzentration und Fokussierung? Dann verpasse ich zu viel! Dass weniger mehr sein soll, kann sich nur jemand ausgedacht haben, der das Glas immer halb leer sieht.

Der Entwicklungsimpuls kommt oft von außen – wenn etwa Partner sich davon verletzt fühlen, dass die Genießer sich den schwierigen Themen gerne entziehen, in Aktivität flüchten, wo Gespräch und Innehalten wichtig wäre. Genießer können diese Impulse allerdings nur aufnehmen, wenn sie sie als freundlich und liebevoll erleben. Wenn sie sie als Kritik oder Kontrolle wahrnehmen, blockieren sie und erklären die Rückmeldung zum Problem des anderen, das für sie selbst keinen Belang hat. **Ich** bin eben glücklich, was kann ich dafür?

Genießer können in der Gegenwart ankommen, wenn sie sich von dem Positivsein-**Müssen** emanzipieren. Ihre Lebensfreude kann sich vertiefen, wenn sie verstehen, dass sie auch dann liebenswert sind, wenn sie sich einmal Sorgen machen oder traurig sind.

Niemand kann so schön lachen, schreibt Oriana Fallaci über ihre Mutter, wie jemand, der auch viel geweint hat.

Typ 8 Die Bosse

Ich bin stark und gerecht – das ist ihr Selbstbild. Ich **muss** immer stark sein, das liegt als Dogma der Prägung dahinter. Sie gehen Risiken ein, wagen, kämpfen und gewinnen. Sie sind nicht im engeren Sinn mutig, denn sie haben wenig Angst. Sie müssen sich nicht überwinden, sie gehen einfach davon aus, dass sie es schaffen werden. In Bewegung bleiben, heißt das Zauberwort, dann wird es schon gehen. Wenn etwas nicht funktioniert, halten sie sich damit nicht lange auf. Ein Fehler oder ein Misserfolg ist überhaupt kein Problem. Sondern eine Chance, etwas daraus zu lernen und es das nächste Mal noch besser zu machen. Was sonst?

Menschen aus diesem Zeichen sind oft charismatisch, haben eine große Wirkung auf andere. Ihr scheinbar unerschütterlicher Glaube an sich selbst lässt auch bei anderen wenig Zweifel aufkommen, dass ihre Pläne gelingen werden. So gewinnen sie Menschen und führen Projekte zum Erfolg. Als Angestellte sind sie langfristig selten kompatibel mit Organisationen, früher oder später steigen sie aus und machen ihre eigene Show. Sie sind geborene Unternehmer. Alle sind disziplinierte, oft harte Arbeiter, manche arbeiten immer, rund um die Uhr, und das ist völlig in Ordnung für sie. Sie kämen nicht auf die Idee, sich hängen zu lassen, da muss das Bein schon gebrochen oder die Bandscheibe verrutscht sein.

Ihr Wunsch nach Selbstbestimmung ist enorm und nimmt manchmal übertriebene Formen an – schon ein Verkehrsschild kommt ihnen wie eine Einschränkung ihrer Persönlichkeits-rechte vor. Sie fliegen jedes Flugzeug, egal, ob sie am Steuer, in der Mitte oder in der letzten Reihe sitzen. Sie müssen nahezu alles kontrollieren. Das entspricht oft nicht ihrer Selbstein-schätzung, stehen doch Freiheit und Selbstbestimmung ganz weit oben in ihrer Werteskala. Aber die Menschen in ihrer Um-gebung erleben es täglich, wie die Bosse sanft, nachdrücklich oder ungehalten versuchen, jeden in ihrer Nähe zu steuern. Sie argumentieren, dass einem schwindlig werden kann. Sie setzen sich ein und sie setzen sich durch. Anders kennen sie es kaum.

Ordnung spielt oft eine große Rolle. Viele Bosse sind für ihre innere auf eine äußere Ordnung angewiesen, sie sind bis zur Pedanterie auf Symmetrie, Übersicht, Funktionalität und Struktur ausgerichtet.

Ihre Welt zerfällt in Clan und Nicht-Clan. Wer zu ihrem Clan gehört, findet uneingeschränkte Unterstützung, lebens-lange Treue und jede Fürsorge, die man sich wünschen kann. Wer nicht zum Clan gehört, kann auf Höflichkeit setzen, nicht aber auf Rücksichtnahme oder gar Hilfe – außerhalb des Clans gilt Bedürftigkeit als Schwäche.

Sie reagieren aus dem Bauch und haben wenig Distanz zu ihren Impulsen. Sie stellen sie nicht infrage, sie fühlen sich im Recht. Die meisten geben viel auf ihre Intuition, nicht immer liegen sie richtig. Dann eben eine Kehrtwendung. Auch gut.

Einen Boss zu kritisieren, wagt kaum jemand. Da sie Kritik wie Verrat empfinden, fällt die Reaktion entsprechend heftig aus. Und dann lässt man es eben lieber, zumal ihre Bereitschaft, einen Fehler einzugestehen, gegen null tendiert. Nicht, weil sie es nicht zugeben wollen, sondern weil sie es nicht sehen. Sie selbst wissen, dass sie in guter Absicht gehandelt haben, das ist das Wichtigste. Wenn das Ergebnis nicht plangemäß war? Das kann passieren, ist aber kein Grund, ihr Motiv in Zweifel zu ziehen. So würde es sich aber für sie anfühlen, wenn sie sich entschuldigen. Also argumentieren oder wischen sie einen Einwand vehement weg. Die Formulierung »um Verzeihung bitten« ist sowieso außerhalb der Welt. Auf die Dauer kann sich das idealisierte Bild von sich selbst und die Einschätzung der anderen riskant verhärten.

Ich habe lange gebraucht, um diesen Widerspruch zu verstehen: Bosse können austeilen, dass es nur so scheppert (dazu müssen sie gar nicht schreien), sind aber unverhältnismäßig empfindlich bei Kritik. Für sie ist es schwer, sich verletzlich zu fühlen; sich verletzlich **zeigen**: ausgeschlossen. Sie haben die Erfahrung gespeichert, dass es wirklich gefährlich war, sich schwach zu zeigen und zu öffnen. Ihr Körpergedächtnis sagt ihnen, dass das ausgenutzt wird und sie echten Schaden nehmen könnten.

Zwischentöne sind nicht ihr Metier, ein Superlativ muss es schon sein. Sie sind total begeistert, oder es war völlig unmöglich. Fast alle sind blendende Erzähler.

Ein wichtiges, wenn nicht **das** Thema, ist ihre Aggressivität. Sie in den Griff zu bekommen, ist eine zentrale Aufgabe für die Menschen dieses Musters. Ihre Wucht zunächst erst einmal angemessen wahrzunehmen, der Beginn. Sie unterschätzen sie in der Regel massiv, merken gar nicht, wie verurteilend, dogmatisch und verletzend sie oft sind. Sie bemerken es nicht, weil sie sich von ihrer eigenen Empfindsamkeit so stark abgeschnitten haben, dass ihre Einfühlung in andere mit auf der Strecke geblieben ist. Das fällt ihnen oft schwer anzuerkennen, sie verwechseln ihre enorme Großzügigkeit und Fürsorge mit Empathie.

Tatsächlich haben sie als Kinder oft massive Beeinträchtigungen ihrer Selbstbestimmung erlebt, autoritäre Strenge, Übergriffe, Ungerechtigkeit. Und sich davon innerlich so distanziert und in Folge abgepanzert, dass sie nur noch das Ergebnis – ihre nahezu unverwundbare Rüstung – sehen und sie für Stärke und Lebenstüchtigkeit erachten. Für sie ist es viel anstrengender, eine aus ihrer Sicht notwendige Konfrontation zu vermeiden, als sie einzugehen. Sich mit der eigener Verletzbarkeit und den eigenen Sehnsüchten auseinanderzusetzen, ist viel bedrohlicher, als mit Haien zu tauchen. Zu sehen, dass sie sich – mit dem Gefühl, gerecht zu sein – oft ihr Leben lang rächen für früh erlittene Ungerechtigkeit, ist eine emotionale Zumutung. Dennoch handeln sie oft nach dem Motto »Rückennummer merken und weiterspielen«.

Ihre Weiterentwicklung setzt genau hier an, und der Mut, den sie brauchen, um sich ihren zarten Seiten zu nähern, ist groß. Sie müssen das scheinbar Absurde tun: ihren – vor allem den zornigen – Impulsen nicht nachgeben, sondern genau die Art von Reaktionskontrolle aufbieten, die die Beobachter, Typ 5 im Enneagramm, beispielsweise überwinden müssen. Innehalten, nachspüren, nicht sofort agieren. Wenn sie das schaffen, taucht unter der Wut vielleicht ein Wunsch auf, eine Sehnsucht, eine Verletzlichkeit. Die Empfindsamkeit ist oft groß, dafür hat es eines starken Panzers bedurft. Wenn sich nun Energie und Sensibilität neu verbinden dürfen – wie schön!

Typ 9 Die Vermittler

Man versuche einmal, mit einem Vermittler in Streit zu geraten. Schwierig bis unmöglich. »Ich bin eben friedfertig und ausgeglichen.« Sie sind bis in die Haarspitzen diplomatisch, freundlich und legen sich selten mit jemandem an – weil es ihnen das nicht wert ist. Sie sind geduldig und großzügig, verschenken Wertschätzung leicht und warmherzig, man spürt keine Gegenforderung. Sie können Talente anderer neidlos anerkennen und sie fördern. In ihrer Gegenwart fühlt man sich gemocht und akzeptiert, man spürt keinen Tadel, kein »Sei anders!«, man muss sich nicht erst anstrengen. Das ist vielleicht das größte Geschenk, das sie machen.

Sie wirken geerdet und in sich ruhend und bleiben es auch, wenn andere nervös werden. Daher können sie gut beruhigen, ermutigen, unerschütterlich sein. Die anderen erscheinen ihnen dagegen oft unnötig aufgeregt und emotional. »We'll cross that bridge when we come to it« ist ein typisches Motto. Diese Vermittlerphilosophie ist der Gegenentwurf zum Typ des Loyalen, der sich im Vorfeld oft viele Gedanken und Sorgen macht: Vermittler kümmern sich dann (und erst dann!) um das Problem, wenn es da ist. Jede zu frühe Beunruhigung – unnötig. Da muss man jetzt noch nichts machen. »Das wird schon wieder!«, »Halb so schlimm«, »Mach dich nicht verrückt!«

Sie sind virtuos darin, den Ball flach zu halten. Außerdem muss man immer alle Seiten sehen, eigentlich hat doch jeder recht ... Vermittler sind im besten Sinn unparteiisch und die Idealbesetzung, um einen Konflikt zu moderieren, an einem Ausgleich der Interessen mitzuwirken, gegenseitiges Verständnis zu ermöglichen. Ihre Differenziertheit und die Fähigkeit des »Sowohl als auch« machen es ihnen andererseits mitunter schwer, zu priorisieren und zu fokussieren; sie stehen in Gefahr, sich zu verzetteln.

Im kleinen Karo des Zusammenlebens sind Vermittler völlig unproblematisch, man kann ihnen alles vorschlagen, und sie machen alles mit. Kino oder Coach? Party oder Orgelkonzert? Spaghetti oder Steak? Beides recht. Und dann ist es auch wirklich recht. Kein Nachkarten, wie das andere täten (»Ich wäre/hätte ja doch lieber ... aber na ja ...«).

Im großen Karo allerdings, an wichtigen Weggabelungen, entscheiden sie selbst, und es dürfte eher aussichtslos sein, sie von ihrem (neuen) Kurs abzubringen.

Wie passt das zusammen?

Vermittler mögen keine Konflikte. Einen großen Teil ihrer Energie verwenden sie dazu, sie zu vermeiden. Für sich und für andere. Das bedeutet aber bei Weitem nicht, dass sie es mögen, wenn man versucht, sie zu dominieren. Sie entziehen sich dann. Sie machen keinen Aufstand, sondern einfach weiter das, was sie für richtig halten. Autonomie ist ihnen wichtig, auch wenn das oberflächlich betrachtet nicht so wirkt. Wenn man sie zu etwas drängt, beißt man auf (zwar freundlichen, aber trotzdem:) Granit. Ihre Sturheit ist legendär. Sie haben sehr wohl eigene Vorstellungen, nur liegt es ihnen nicht, Wind zu machen. Beharrlichkeit halten sie für die bessere Strategie. Wenn man sie allerdings zu sehr drängt, kann die passive Aggressivität auch in offenen Widerstand umschlagen.

Entscheidungen, insbesondere, wenn es um Veränderungen geht, schieben sie vor sich her, oft auch über die Zeit. Sie weigern sich, anzuerkennen, dass ihre Friedfertigkeit und Problemrelativierung auch Schwierigkeiten erzeugen können, für sie selbst und die anderen.

Das erste Gebot der Vermittler lautet: »Ich darf mich nicht trennen!« Sie sind damit aufgewachsen, dass man sich nicht streiten, nicht abgrenzen und exponieren soll. Dass man zusammengehört und zusammenbleibt. Und so vermeiden sie Streit, wo immer es geht. Sich auf andere einstellen, zurücknehmen, kooperieren, ausgleichen – das ist ihr Metier. Solange es eben geht. Probleme bleiben unbearbeitet, die relativierten eigenen Wünsche unerfüllt. Manchmal wird auf genau diese Weise langfristig die Trennung unvermeidbar. Und dann überraschen sie ihre Umwelt damit, dass sie eine – für die anderen völlig unerwartete – Entscheidung treffen oder Kehrtwendung machen. Ohne vorherige Abstimmung oder Vorwarnung. Trennungen verlaufen nicht selten dramatisch und langwierig, die verlassenen Partner können es nicht glauben, sie fühlen sich durch die Jahre ungestörter Harmonie, die abrupt endet, massiv getäuscht.

Vermittler sind meist keine Menschen für den ersten Blick. Sie kommen zurückhaltend und oft unscheinbar in den Raum, machen keinen Paukenschlag, kaum dass sie eine Triangel dabei hätten. Sie legen keinen Wert auf Image, sie würden sagen:

auf Äußerlichkeiten. Ihre Büros sind oft reine Zweckräume, kein Bild, kein Statussymbol, aber der PC auf dem neuesten Stand. Dass es den Inhalt nicht schlechter macht, wenn man ihn gut präsentiert, können sie zwar einsehen, vergessen es aber schnell wieder.

Vermittler wollen sich üblicherweise nicht gerne mit sich selbst beschäftigen. Eine Analyse ihres Inneren erscheint ihnen wenig sinnvoll – so wichtig nehmen sie sich nicht, und sie glauben auch nicht, dass das viel bringt.

Es ist erstaunlich, wie viele Argumente ihnen einfallen, um zu begründen, dass sie sich jetzt nicht aufregen, etwas ändern, etwas fürchten oder infrage stellen müssen. Damit haben sie oft recht. Und oft machen sie sich etwas vor.

Was im Einzelfall wirkliches In-sich-Ruhen ist und was Passivität, ist eine wichtige Unterscheidung für Vermittler: ob es eigentlich darum geht, dass sie sich nicht aufregen **wollen,** oder ob es wirklich nichts zum Aufregen gibt. Sich früh genug auch in den Fragen kleinerer oder mittlerer Reichweite auseinandersetzen zu lernen, würde sie als Partner greifbarer machen und kann eine bessere Investition in die Stabilität der Beziehung bedeuten, als sie es glauben mögen.

Während die Perfektionisten lernen müssen, das zu sehen, was schon gut ist, benötigen die Vermittler für ihre nächsten Schritte die Bereitschaft, ein Problem als Problem anzuerkennen. Wenn sie ihre Gelassenheit in Anerkenntnis – statt Leugnung – dieses Problems nutzen können, dann bekommt ihre Ruhe noch viel mehr Kraft.

Die Apokalypse: Wohin uns Ausreden führen, wenn wir einfach so weitermachen

Sie haben das Kapitel über die neun Typen gelesen. Nehmen wir an, Sie haben sich selbst gefunden, haben hier geschmunzelt, da gezuckt und dort protestiert. Haben es vielleicht erstaunlich gefunden, dass man Sie so gut kennt? Jedenfalls haben Sie einiges bestätigt gefunden, was Sie schon wissen oder öfter gehört haben. Und mancher Aspekt war vielleicht auch neu, neutral, erhellend, unangenehm oder fremd. Mag sein, dass Sie erst in ein paar Tagen genauer wissen, was Sie wirklich davon halten sollen. Es könnte sein, dass Sie die Versuchung verspüren, jetzt eine neue Form von Ausreden anzuführen: »Ich kann gar nicht geduldiger sein, ich bin nämlich ein Dynamiker.« Oder: »Ich kann nicht Nein sagen, das widerspricht der Natur des Helfers.« »Wir Genießer sind eben so, lass mal gut sein!« Oder oder. Das wäre zwar nicht Sinn der Sache, aber verführerisch ist es schon.

Ehe wir uns der Frage widmen, wie Sie sich von Ihrem Muster emanzipieren und damit als Mensch und Persönlichkeit weiterentwickeln können, lassen Sie uns noch einmal die Alternative prüfen, die wir im Leben immer haben – nämlich weitermachen wie bisher. Wie das ja wohl die meisten Leute tun.

Verschiedene Gedanken könnten Ihnen kommen:

Eigentlich ist ja alles gar nicht so schlecht. Ihr Muster funktioniert: Was Sie tun, fühlt sich richtig und plausibel an. Sie sind erfolgreich. Vielleicht gelingt nicht alles zu hundert Prozent, aber im Großen und Ganzen ist die Welt in Ordnung. Nichts beunruhigt Sie. Gelegentlich streiten Sie, über manche Sachen

auch regelmäßig, aber gut, wer tut das nicht? Ihre kleinen Ma-
cken sollte man Ihnen schon zugestehen. Sie sind, wie sie sind.
Ihre Überzeugungen sind erprobt, ein bisschen besser Bescheid
als andere wissen Sie halt schon ... Ihre Inszenierung entspricht
Ihnen: Sie fallen auf oder fallen nicht auf, fahren das richtige
Auto, also das sportlich angesagte oder ökologisch unbedenk-
liche oder das vor allem praktische (»Es muss nur fahren«).

Sie haben sich für das Berufsleben eine Fassade zugelegt,
mit der Sie zeigen, was Sie zeigen wollen, und verbergen, was
Sie verbergen wollen. Sie können im Small- oder alternativ
im Betroffenheits-Talk mitreden. Auch im Privaten geben Sie
manche Ihrer Seiten gerne preis, und andere behalten Sie für
sich. So kommt man durchs Leben.

Was soll daran falsch sein? Solange sich für Sie das Ego gut
anfühlt, wo ist das Problem? Wenn die Fassade funktioniert,
warum sie beschädigen? Und dann diese Rückbesinnung:
Wozu dieses Lecken an alten Kamellen, die Kindheit kann
doch nicht ewig herhalten müssen, Sie sind doch längst viel
weiter. Und ob das wirklich so kommen muss mit der Eskalation im Alter? Das kann man sicherlich bezweifeln, es sind
doch nicht alle Alten verschroben, einsam und verzweifelt in
ihrer Apokalypse gelandet. Im Grunde sind Veränderungen
doch nur sinnvoll, wenn man mit dem eigenen Leben unzufrieden ist. Das sind Sie aber gar nicht! Selbstbestimmung, mehr
Flexibilität, mehr innere Freiheit, die Chance eines umfassen-
deren Verständnisses – das klingt gut, aber ist es notwendig?

Okay, alles klar. Wenn Sie jetzt an diesem Punkt sein sollten,
gibt es zwei Möglichkeiten. Entweder Sie klappen das Buch zu
und lesen es in einer anderen Phase Ihres Lebens noch einmal
neu und weiter. Im Moment kann ich schreiben, was ich will, Sie
werden es nicht auf sich beziehen. Die Vorteile Ihres bisherigen
In-der-Welt-Seins sind ganz offenkundig stärker als die Ver-
lockung eines anderen Lebens. Und das ist ganz in Ordnung.

Oder aber: Sie schauen sich einmal tief in die Augen und

prüfen, wie viel Ausredenenergie Sie gerade ins Spiel bringen. Ob Sie diese Fragen nur stellen, um am Gewohnten festhalten zu können – entgegen einer leisen inneren Gewissheit, dass es Zeit wäre, einige Themen anzugehen. Lächeln Sie sich freundlich an, loben Sie sich für Ihre Fähigkeit, so schöne Ausreden zu erfinden und sie dann doch entzaubern zu können – und lesen Sie weiter.

Warum sollten wir schon heute mit unserer Zukunft beginnen?

Es ist zweifellos eine legitime und sinnvolle Frage, warum man an etwas rühren sollte, das erfolgreich ist. Die Antwort lässt sich im Moment nur aus Prognosen, also Vermutungen über die Zukunft, ableiten. Was heute funktioniert, wird mit einer hohen Wahrscheinlichkeit nicht immer funktionieren. Die Welt verändert sich, auch meine kleine Welt verändert sich. Wenn ich mein ganzes Leben lang immer dasselbe Programm abspiele, mein Repertoire keine Erneuerung erfährt, dann könnte sein, dass ich irgendwann nicht mehr passe. Und wenn sich der Erfolg mit den alten Methoden nicht mehr so einstellt wie früher, schleicht sich ungewohnte Unsicherheit in den Nacken, und damit lernt es sich schlecht. Unter Stress greifen wir stets zu dem, was wir am besten können. Und das wäre ja genau das, was wir variieren und aufgeben müssten. Eine denkbar heikle Kombination.

Eine wesentliche Klippe wartet auf uns alle: der Zeitpunkt, an dem man uns die vertraute Bühne wegnimmt. Egal, wie die Bühne heißt.

Es mag die berufliche sein, auf der ich als Experte, Führungskraft, Überzeugungstäter unterwegs bin. Und dann kommen irgendwann die, die gestern noch die jungen Hüpfer waren, nach und werden befördert. Vielleicht bekomme ich einen von ihnen sogar als Chef vor die Nase gesetzt. Und leide daran, dass jemand meint, mir sagen zu müssen, was ich schon längst besser weiß. Ich gehe in den Ruhestand und werde verrückt, weil nicht mehr jeden Tag zehn Termine zu koordinieren, Gespräche zu führen und Aufgaben zu lösen sind.

Oder die familiäre Bühne, auf der ich meine Rolle ausfülle und spiele, die liebevolle, facettenreiche, machtvolle Mutter etwa, die Hüterin und Lenkerin der kleinen Familie oder der großen Sippe. Oder der Respekt gebietende Vater, den man um alles fragt. Und dann ziehen die Kinder aus. Und wollen nicht im oberen Stockwerk wohnen, das wir extra für sie ausgebaut haben. Und studieren komisches Zeug. Und dann? Wie finde ich jetzt meine neue Rolle? Es ist kein Zufall, dass so viele Berufstätige kurz nach der Pensionierung sterben und der Friedhof voller gestern noch Unentbehrlicher ist.

Dennoch: Müssen wir wirklich das Scheitern unserer eigenen Erfolgsstory für wahrscheinlich halten?

Einsamkeit im Alter ist auch: selbst gemacht

Werfen wir einmal einen Blick ein paar Jahrzehnte nach vorn.

Wie viele alte Menschen kennen Sie, die Sie gerne treffen? Freiwillig, ohne familiäre Verpflichtung oder karitatives Ehrenamt, einfach, weil Sie sie gerne treffen, weil es Spaß macht, mit ihnen zusammen zu sein, weil es spannend und bereichernd ist, mit ihnen zu reden, ihnen zuzuhören und von ihnen zu lernen? Einen, zwei, drei? Niemanden? Erschreckend oft fallen uns nur ältere Menschen ein, die wir zwar besuchen, aber bei denen wir erleichtert sind, wenn die Zeit um ist, nach der wir mit Anstand wieder gehen können.

Wenn wir das nun gedanklich drehen und als Prognose für das eigene Alter nehmen – gefällt Ihnen das? Mir nicht. Ich möchte kein Punkt auf einem Pflichtprogramm sein, so wie Einkommensteuer abgeben, Vorsorgeuntersuchung absolvieren und Gartenmöbel neu streichen: notwendig, aber lästig. Mir gefällt vielmehr die Idee, auch noch mit achtzig ein offenes Haus und Gäste zu haben, die ein- und ausgehen und länger bleiben, als sie geplant haben. Weil es so nett ist. Dass sich da jung und alt mischen und die Themen nicht von Krankheit und Altersstarrsinn dominiert sind, sondern man weiter am Leben teilnimmt, sich über das arrogante Feuilleton aufregt und die neuesten Automodelle, die Steuerpolitik und das Abendkleid der Oscargewinnerin kommentiert.

Und ich weiß, das wird nur klappen, wenn ich jung bleibe. Und damit meine ich nicht das Modell des faltenfreien Peter Pan. Ich meine *young at heart* und beweglich in den Gedanken. Eine elitäre Fantasie? Streben die meisten Menschen nicht im Alter vor allem an, gesund zu bleiben, die Zeit ohne Arbeit, die Enkel und vielleicht den Garten zu genießen?

Was kann denn schon konkret passieren, wenn wir einfach so weitermachen? Kann es uns nicht egal sein, wenn wir im Alter eine Zumutung für die anderen sind? Uns haben sich schließlich auch allerhand Leute zugemutet … der entsetzlich fleißige, bei Vater so beliebte große Bruder, dem wir immer nacheifern sollten, der Lateinlehrer mit dem Mundgeruch bis an die Nordsee, diverse Chefs mit ihren haarsträubenden Ticks, dieser chronisch übel gelaunte Pförtner, der immer einen ewigen Moment zu lange braucht, um die Schranke gnädig hochzulassen, die Kollegin mit der schrillen Stimme, der man das Telefonieren verbieten müsste, der neurotische Nachbar, der wegen jeder Erdbeere, die durch seinen Zaun lugt, einen Anwalt einschaltet – weiß Gott, wir sind vielen Zumutungen begegnet. Wenn uns Leute später sonderbar finden: na und?! Steht uns das nicht zu, ist das nicht Teil der Freiheit im Alter, schrullig und unbequem und nervig zu sein? Haben wir uns das nicht verdient, sollten die anderen das nicht mal hinnehmen und unsere Lebensleistung ehren?

Außerdem: Was heißt schon einsam? Ob wir nun heute aufwendig in eigene Entwicklung investieren oder weitermachen wie gehabt – ob das einen Unterschied machen wird, weiß doch keiner. So oder so, unsere Freunde werden uns trotzdem wegsterben, und mit keinem können wir mehr gemeinsame Erinnerungen tauschen. Und die Kinder haben zu tun, egal, ob wir nun erleuchtet oder negativ eskaliert sind. Vielleicht erleben wir das alles ja überhaupt nicht, weil wir früher sterben als gedacht?

Stimmt. Das ist möglich.

Es gibt allerdings Statistiken, die uns nachdenklich machen könnten: Die Selbsttötungsrate im Alter steigt enorm. Schon immer haben sich mehr alte als junge Menschen umgebracht, aber mittlerweile hat sich Selbstmord als Todesursache vor die Verkehrstoten geschoben, und: Die Zahl der Suizide von Alten nimmt überproportional zu. Heute ist jeder zweite Mensch, der sich das Leben nimmt, eine Frau über sechzig.

Was bedeutet das? In vielen Fällen scheint Einsamkeit ein relevanter Auslöser zu sein. Einsamkeit ist ein sehr subjektives Phänomen. Es gibt die Partner, die nach dreißig, vierzig, fünfzig Jahren Ehe zurückbleiben und sich – ohne den anderen – einfach immer allein fühlen, egal, wie oft die Kinder die Lücke auszugleichen versuchen. Der Amputationsschmerz hört nie auf. Es gibt die kinderlosen Alten, die mit den Kindern zerstrittenen und die Einzelgänger. Und bei allen ist die Frage: Wie viel der Einsamkeit ist selbst gemacht? Und wie viel mehr Gemeinsamkeit – mit wem und wie auch immer – könnte es geben?

Ich bin sicher, dass ein nicht kleiner Teil der Einsamkeit nichts mit dem Alter und dem Familienstand zu tun hat. Sondern mit der Einladung, die ich als älterer Mensch an andere ausspreche, und meiner Bereitschaft, aktiv und mitten im Leben zu bleiben. Und das kommt nicht von selbst.

Alt werde ich ohne mein Zutun. Jung im Kopf und im Herzen bleibe ich nur, wenn ich etwas dafür tue. Und das beginnt, wenn es beginnt, in der Mitte des Lebens. Indem ich schon jetzt Selbstverständlichkeiten und bewährte Rezepte infrage stelle, bekannte Pfade verlasse und mir zumute, wieder Anfänger zu sein in möglichst vielen Fragen.

Aber tun wir ruhig noch einmal kurz so, als ob uns das nicht einleuchtet und wir daher unbeirrt am Gewohnten festhalten wollen. Wohin uns dieser Weg führen könnte, lässt sich am ehesten vorhersagen, wenn wir schauen, ob es vielleicht schon heute irgendwelche Anhaltspunkte gibt, wohin die Reise gehen könnte, wenn wir den Kurs unverdrossen beibehalten.

Wir sind schon heute viel weniger flexibel, als wir es uns einbilden

Wir halten uns für flexibel (»Es kommt doch immer auf die Situation und das Gegenüber an!«), sind in Wirklichkeit aber erstaunlich berechenbar. Die Menschen, die uns gut kennen, haben keine Mühe, unsere typischen Verhaltensweisen zu beschreiben; sie identifizieren unsere eingefahrenen Tendenzen viel leichter als wir selbst. Unsere Weisheiten kennen sie auswendig, die Erkenntnisse, die wir immer wieder neu gewinnen (»Wenn man nicht alles selber macht …!«), murmeln sie längst halbblaut mit.

Meist teilen unsere Partner unsere blinden Flecken nicht. Während wir bestimmten Ideen nachhängen, wie wir meinen sein zu müssen (und denken, dem schon recht nahe zu kommen), beobachten sie einfach, was wir tun. Wir geben uns cool, und unsere Partner wissen, wie empfindlich und mimosig wir unterwegs sind. Wir meinen, dass wir immer gut drauf sind, aber unsere Partner kennen unsere Stimmungsschwankungen, die wir versuchen, sogar vor uns selbst geheim zu halten. Wir meinen, gerecht zu sein, und unsere Umwelt hat die Ungereimtheiten längst durchschaut. Wir kultivieren unsere Bescheidenheit, und die anderen haben den vermeintlich gut kaschierten Hochmut doch gewittert. In Stresssituationen kann man vorhersagen, wie wir reagieren. Wenn wir gerne schnell sind, werden wir noch schneller, wenn wir gerne ins Detail gehen, gehen wir noch mehr ins Detail. Das bewährte »Mehr desselben« ist am Zug.

Aber wenn auch das nicht funktioniert – das ist echter Stress, und dann machen wir plötzlich Sachen, die scheinbar nicht zu uns passen. Die friedfertigen, netten, auf das Wohl der anderen achtenden Menschen hauen plötzlich so auf den Putz, dass der bröckelt; die kumpelhaften Zeitgenossen: plötzlich rigide und penibel, ihre Großzügigkeit wie weggewischt. Uns selbst sind wir dann fremd, aber den anderen kommt das bekannt vor, das haben sie schon öfter mit uns erlebt.

Wir aber geben uns der Illusion hin, dass wir in kein Schema passen. Ein Enneagramm-Autor hat einmal so schön formuliert: »Das Enneagramm steckt uns in keine Schublade. Es beschreibt nur die, in der wir schon sitzen.«

Wir übersehen den roten Faden in unseren Konflikten

Wir geraten immer wieder zu ähnlichen Themen in Streit. Oft auch mit den gleichen Leuten oder ähnlichen Typen. Und: Die Konflikte enden mit einem ähnlichen Ergebnis.

Unsere Partner können aus dem Stand sagen, was sie besonders an uns nervt. Was sagen sie auf dem Höhepunkt eines Streites zu uns? Was steht auf der Hitliste der Vorwürfe auf Platz ein bis drei? Und bekommen wir diese kritischen Anmerkungen auch noch von anderen?

Auch unsere beruflichen Partner – Kollegen und Vorgesetzte – könnten ohne längeres Nachdenken sagen, wo ihr bisheriges Feedback nicht gefruchtet hat und sie »es«, das heißt die Hoffnung auf unsere Lernfähigkeit, aufgegeben haben.

Ich habe ungezählte Male in Feedback-Gesprächen erlebt, dass Menschen schon lange von ihren weniger berauschenden Seiten wissen. Aber sie kokettieren so damit, als hätte es keine Konsequenzen und nicht wirklich etwas mit ihnen zu tun. »Ja, ja, ich weiß, ich habe zu hohe Ansprüche …!« oder »Stimmt, ich sollte mich besser im Griff haben!« oder »Ja, das sagt meine Frau auch immer!« Eine Erkenntnis bringt aber nur weiter, wenn man etwas aus ihr macht.

Wir lernen in wesentlichen Fragen nichts dazu

Unsere Überzeugungen haben sich so bewährt, dass es unsinnig scheint, sie zu überholen. Schließlich haben wir tagtäglich Gelegenheit, zu erleben, dass wir recht haben und recht behalten. Regelmäßig stellt sich das mal triumphierende, mal beiläufige Gefühl ein, es doch mal wieder gewusst zu haben. Siehste!

Und auf diese Weise tendieren unsere Ansichten dazu, sich immer mehr zu verfestigen und irgendwann: verschroben zu werden.

Sie meinen, das kann Ihnen nicht passieren? *Dream on!* Das droht uns allen, wenn wir nicht in den unbequemen Dialog mit anderen Auffassungen gehen, keine Bücher lesen, die uns aufregen, nicht mehr ausprobieren, wie etwas auch anders erfolgreich sein könnte, nicht mehr mit Leuten diskutieren, die andere politische Auffassungen und einen anderen Geschmack haben. Nichts ist so uninteressant, heißt es, wie die Nachrichten von gestern. Doch: Unsere Ansichten und Erfolgsrezepte von gestern sind noch viel langweiliger. Bekommen wir den Moment mit, wenn es kippt? Vermutlich nicht.

Natürlich lernen wir dazu – diese Software und jene fachliche Neuerung, das integrieren wir mit mehr oder weniger Mühe. Wir halten uns auf dem Laufenden. Aber: Können wir unsere

eigenen Überzeugungen infrage stellen? Dürfen wir sie immer
einmal prüfen und das Lob des Zweifels pflegen? Schaffen wir
es, zu den vermeintlichen Tatsachen, die wir als Fundament
unserer Weltanschauung betrachten, eine humorvolle Distanz
aufzubauen? »Erst die Arbeit, dann das Vergnügen« – könnte
man das auch anders sehen? Könnten Sie das auch anders
sehen? Oder: »Man darf sich keine Blöße geben.« Darf man
wirklich nicht? Müssen Ihre Ideen in Stein gemeißelt bleiben?

Wir sind bedenklich intolerant

Wir tendieren dazu, Leute, die unsere Auffassungen nicht
teilen, für blöd/provinziell/borniert/krass/weltfremd/karriere-
fixiert/neurotisch/naiv zu halten. Das kann natürlich im Einzelfall so sein. Aber immer? Wir stets im Recht und die anderen irgendwie im Problem? Sehr unwahrscheinlich.

Aber: Wir sind uns sicher, dass Fahrer von Kleintranspor-
tern Rowdys sind, Fliegenträger nicht erwachsen werden wollen und man mit Christen/Moslems/Atheisten einfach nicht
ernsthaft diskutieren kann. Wir buchen das unter Menschen-
kenntnis ab. Und suchen bestimmt nicht gezielt nach Belegen,
die unsere Auffassung widerlegen könnten. Wie oft wir es als
Vorzug schildern, dass wir bei unserer Meinung bleiben und
uns nicht von ihr abbringen lassen!

Wenn wir nicht gerade verliebt sind und andere Regeln
gelten (jedenfalls in der Anfangszeit), dann ist der Gegensatz
nicht anziehend, die Abweichung keine spannende Alternative,
sondern eine Provokation. Wie schade.

Also: Wir sind heute schon nicht besonders flexibel, wir
lernen als Persönlichkeit wenig dazu – auch nicht aus den
sich wiederholenden Konflikten –, und unsere de facto vor-
handene Intoleranz entspricht eigentlich nicht dem eigenen
Anspruch.

Und wie geht das jetzt weiter? Wächst sich das aus? Wird das im Alter besser? Eher nicht.

Es steht vielmehr zu befürchten, dass es schlimmer wird. Langsam, aber sicher.

Wie wir mit unseren Erfolgsrezepten in der Sackgasse landen

Unser Ego hat seinen Auftrag, uns ein Leben lang zu dirigieren, an- und ernst genommen und denkt nicht daran, sich in den Vorruhestand zu verabschieden. Es warnt vor Veränderung und schickt Gespenster auf den Plan (»Huhuu, wenn das mal gut geht??!«). Es wedelt mit seinen guten Zeugnissen und Referenzen, kann Erfolg an Erfolg reihen.

Und wohin führt das dann? Was könnte man sich unter der Apokalypse vorstellen, die das Enneagramm als drohende Zukunft beschreibt? Kurz gesagt führt das vermeintliche Erfolgsrezept am Ende in jenen Schmerz zurück, vor dem es uns retten wollte.

Einige Beispiele:

Ein Kind wächst mit dem Gefühl auf, nicht dazuzugehören, mit dem Kummer, sich in seiner Welt fremd zu fühlen. Es entwickelt nach und nach als Lösung des Dilemmas eine Inszenierung des Anders- und Besondersseins. Der Jugendliche und später Erwachsene grenzt sich ab und kultiviert seine Individualität. Vielleicht entwickelt er eine besondere Liebe zur Sprache, zur Finesse der Formulierung, sorgsam wägt und wählt er das Wort. Er macht vielleicht sogar einen Beruf daraus und wird Autor. So kann er dem frühen Schmerz etwas Gutes, eine Leitidee abgewinnen. Allerdings – auch wenn man ihm eine ganz alltägliche Frage stellt, bekommt man eine originelle Antwort. Das kann dazu führen, dass man ihn für leicht sonderbar hält, für jemanden, der einfach nicht »normal« sein kann. Dann führt die Lösung (»Ich rette mich in die Besonderheit«) über die Zeit genau zurück in jene Situation, aus der sie herausführen sollte: Man nimmt ihn als anders und das wiederum als anstrengend wahr. Und wenn man denjenigen nicht gerade liebt, dann geht einem das Immerzu-besonders-sein-Wollen irgendwann auf den Wecker und man schränkt den Kontakt ein. Und so bestätigt sich aus Sicht des Individualisten immer mehr die Kernerfahrung: dass er am Rand steht.

Von selbst wird er nicht darauf kommen, dass die ursprüngliche Rettung ihm zur Schlinge geworden ist. Sondern er wird die Erfahrung der Ablehnung anders deuten. Als grundsätzliches Defizit seiner selbst oder der Welt, die ihn nicht versteht.

Ein zweites Kind wächst mit dem großen Gebot auf: Wir müssen zusammenhalten, wir dürfen nicht streiten, jeder muss seinen Anteil dazutun, Harmonie geht über alles. Und so lernt das Kind: ausgleichen, vermitteln, zuhören, dabei sein und bleiben. Wenn ein Konflikt auftaucht, wird er klein geredet. Alles halb so schlimm, kein Drama! Sein Wunsch, den anderen Aufregung zu ersparen, erzeugt später scheinbar paradoxerweise genau den Streit, den er vermeiden will. Seine Angewohnheit, jedes Problem zu relativieren, gibt den anderen das Gefühl, nicht ernst genommen zu werden und mit ihren Sorgen allein zu bleiben. Um ihn dazu zu bewegen, Position zu beziehen, eine Entscheidung zu treffen, sich zu engagieren, werden sie emotional. Was ihn zu noch mehr Besonnenheit mahnt. Erneut tritt er den Beweis an, dass doch wirklich alles halb so wild sei. Das macht die anderen schließlich wütend. Was verbinden sollte – trennt am Ende.

Ein drittes Kind erlebt, dass es sich zurücknehmen soll. Und das tut es dann auch. Für die wenig belastbare Mutter, das schwierige Geschwisterkind, das alle Aufmerksamkeit absorbiert, für den Streit der Eltern, den es nicht befeuern will, oder was auch immer es im Einzelnen war. Es lernt, in den Hintergrund zu treten. Das Mädchen wird eine sensible, herzliche und im Inneren unsichere Frau. Sie heiratet einen Mann, der von ihr erwartet, dass er die Nummer eins für alles ist. Sie sorgt für ihn und stellt ihre Wünsche für Jahrzehnte zurück. Das kann sie ja gut. Als er stirbt, realisiert sie: Da kam kein Dank von ihm – kein einziges Mal. Und auch die Kinder enttäuschen sie: Sie sind mit ihrem eigenen Leben befasst und zeigen viel zu wenig Anerkennung für das, was sie ihnen ermöglicht hat. Die Frau wird missgünstig und böse. Je bitterer sie wird, desto mehr geht man ihr aus dem Weg, und umso mehr bestätigt sich ihre Erkenntnis: Die Welt ist undankbar und enthält ihr vor, worauf sie Anspruch hätte …

Ein wieder anderes Kind lernt, dass es immer gut funktionieren, etwas leisten und darstellen muss, damit es nicht abgelehnt wird. Der Jugendliche und Erwachsene hat diese frühe Gebrauchsanweisung fürs Dasein so verinnerlicht, dass er sein ganzes Leben als Erfolgsprojekt plant und lebt. Alles muss super sein und gut aussehen, jeder Misserfolg wird nachträglich zum Erfolg erklärt. Allmählich wundert sich die Umgebung: Wieso muss jeder Irrtum wegdiskutiert werden? Was verbirgt sich hinter der wohlpolierten Fassade zur Schau getragener und an Arroganz grenzender Selbstsicherheit? Am Ende entwickeln die anderen ein Gefühl der Vorsicht: Ist den Erfolgsmeldungen wirklich zu trauen? Man sucht förmlich nach Beweisen, um die Glätte der Selbstdarstellung zu beeinträchtigen, einen Kratzer zu finden. Und wenn es gelingt, dann geschieht es mit einer gewissen Genugtuung. Aha, so toll ist er oder sie also doch nicht … Genau das, was nun als ausgesprochene oder indirekte Botschaft vermittelt wird, entspricht dem Lebenskummer, dem der Mensch entgehen wollte. Hat er es doch gewusst, sobald etwas nicht tadellos funktioniert, nicht fabelhaft aussieht, da ist sie wieder: die Ablehnung.

So wird es uns allen gehen. Das, was uns weite Strecken

unseres Lebens geführt und getragen hat, droht, uns nach und nach in eine Falle zu führen.

Und je älter wir werden, desto schwerer wird dann ein Richtungswechsel. Und umso mehr verteidigen wir das Bisherige. Nur: Die Argumente werden dabei nicht besser. Unser Mut, um die Ecke zu denken, nimmt ab statt zu. Die anderen sind es leid, uns den Spiegel vorzuhalten. Ein weiteres Korrektiv fällt aus. Die Abwärtsspirale ist vorbereitet.

Und wie kommen wir nun konkret weiter?

Im letzten Kapitel sind wir zusammen noch einmal einige Ausredenschleifen geflogen, und Sie konnten die Alternative – weitermachen wie bisher – prüfen. Gehen wir einmal davon aus, Ihnen wäre plausibel geworden, dass Persönlichkeitsentwicklung weniger Luxus als Notwendigkeit ist. Und dass Sie sich für ein Mehr an Freiheit gegenüber dem eigenen Muster interessieren. Dann sind Sie jetzt an einem Punkt, an dem Sie denken: Alles gut und schön! Aber: **Wie komme ich nun konkret weiter?**

In dieser Frage kann jedes Wort einzeln betont werden, alle sind wichtig.

Wie, auf welche Weise? Was kann ich machen, was sollte ich lassen und was beginnen? Und zwar: **ich** persönlich, nicht irgendjemand, ich in meiner Lebenssituation. *I me mine.* Ja, ich mag zu einem Muster gehören, aber es gibt mein Leben so eben nur ein einziges Mal, also: Welcher Weg passt **konkret** zu mir? Und was wird dann sein, wenn ich **weiter** bin? Bin ich dann noch echt? Oder verändere ich mich etwa in eine Richtung, die ich gar nicht wollen kann und die meiner Familie vielleicht auch nicht gefällt? Werden die Vorteile der Entwicklung die Nachteile ausgleichen? Lohnt sich die Mühe?

Und noch eine Frage gibt es vielleicht: **Kann** ich mich als erwachsener Mensch überhaupt noch ändern? Oder ist das alles Augenwischerei, und am Ende sitzen die Erziehung, die Reflexe, das Erfolgsrezept oder einfach die Macht der Gewohnheit doch am längeren Hebel?

Noch einmal zur Erinnerung: Wir sind unfrei. Und: Wir sind zu Freiheit fähig.

Unfrei sind wir zunächst, weil wir in einem ganz erheblichen Maß unbewusst gesteuert sind. Zu einem erstaunlich hohen Prozentsatz macht unser Gehirn lauter Sachen, auf die wir keinen Einfluss haben. Es regelt den Blutdruck, die Körpertemperatur, die Hormone, sortiert selbstständig die Flut der Reize in »wichtig« und »unwichtig« und so fort. Soviel zur Idee der bewussten Selbststeuerung. Daneben hängen wir an den Marionettenfäden diverser Mechanismen, von denen viele in der Kindheit wurzeln. Wie wir unserem Liebsten oder der kleinen Tochter begegnen, auf unseren Chef oder den Verkehrspolizisten reagieren – das ist nur zum Teil reflektiert und bewusst gesteuert. Vieles machen wir in ungewollter Wiederholung der eigenen Geschichte, oft sind wir mal gerade fünf Jahre alt, so unreif, wie wir uns verhalten.

Andererseits sind wir zur Freiheit fähig. Unser Bewusstsein und die Möglichkeit des Dialogs, der Reflexion, Begegnung, Freundschaft und Liebe ermöglichen uns, das eine oder andere dessen, was wir weitgehend automatisiert tun, zu erkennen und neu abzuwägen. Wir können variieren, wir können ausprobieren, üben, lernen, verlernen und uns von Gewohnheiten lösen. Nicht unbegrenzt, aber in Maßen. Wir können Erstaunliches leisten – nicht von heute auf morgen, wenn es sich um teilweise jahrzehntealte Gewohnheiten handelt, aber mit Geduld, der Bereitschaft zum Üben und am besten mit der Hilfe von Komplizen in unserem Umfeld.

Ob das wahr ist? Ob diese Annahmen wirklich stimmen? Das kann ich nicht sagen. Sie auch nicht. Aber es sind vernünftige, weil stärkende und erweiternde Annahmen. Sie lassen uns eher handeln als abwarten. Darauf kommt es an.

Als Nächstes müssen wir allerdings einen ganz entscheidenden Schritt tun: Wir müssen die Unterscheidung zwischen Ego und Selbst wieder einführen.

Zurück zum Selbst finden: Die Kraft der Stille

Es gibt nur eine Zeit,
in der es wesentlich ist aufzuwachen.
Diese Zeit ist jetzt.
Buddha Siddharta Gautama

Solange wir uns mit dem Ego identifizieren, verwechseln wir uns mit einer reduzierten Version unserer selbst. Da wir das Bild, das wir von uns haben und das uns so vertraut ist, nicht mehr als Konstruktion (also: selbst gebaut) erkennen, sondern es für naturgegeben halten, wird alles andere passend gemacht. Wir machen nur noch Erfahrungen, die unser Skript bestätigen. Andere Erlebnisse erklären wir zur Ausnahme oder sie fallen unter die Bewusstseinsschwelle – eine Prophezeiung ist im Begriff, sich selbst zu erfüllen. So müssen wir, wenn wir uns den inneren Reichtum erschließen wollen, als Wichtigstes verstehen, dass das Ego nur das Ego ist. Und wir: Wir sind mehr als das Ego.

Was wir vorhaben, nennt sich Ent-Identifizierung. Klingt furchtbar theoretisch, klingt überhaupt grässlich, ist aber präzise das, um was es geht: Wir müssen die Identifikation mit unserem Ego beenden, wir müssen unseren lebensalten Vertrag aufkündigen. Einen Unterschied machen zwischen unseren Denk-, Fühl- und Handlungsgewohnheiten – und uns selbst. Zu wissen, dass wir ein Dynamiker, Beobachter oder Loyaler sind, ist nicht das Ende der Erkenntnis, sondern der Anfang. Wir sollten es uns gar nicht erst gemütlich machen mit dem neuen Wissen. Sonst wird da flugs ein neue Ausredenfiliale eröffnet, Ableger des Hauptgeschäfts »Ich bin eben so«. Dann kokettieren wir weiter, nur mit anderen Vokabeln.

Jeder der neun Typen oder Muster im Enneagramm ist ein Ego-System. Und wenn wir uns mit der (ungeduldigen/fried-fertigen/peniblen ...) Natur dieses Egos identifizieren, sind wir ihm auf den Leim gegangen. Was wir brauchen, ist die Unterscheidung. Zwischen dem Ego auf der einen und uns und unseren Möglichkeiten auf der anderen Seite.

Wie soll das gehen? Was soll das heißen: »Das bin nicht ich?« Wer soll ich denn sonst sein? Werde ich dann nicht schizophren?

Wenn ich in Seminaren an dieser Stelle ankomme, kann ich spüren, wie sich die Raumtemperatur verändert. Bislang sind alle willig mitgegangen. Ich gelte als glaub- und vertrauens-würdige Person, ich erzähle keinen Quatsch, ich stehe nicht im Verdacht, abzuheben oder merkwürdige Ansichten zu ver-treten. Aber: Ent-Identifizierung? Manchmal muss ich lachen, wenn Einzelne jetzt große Mühe aufwenden, um höflich inte-ressiert zu wirken und mir keinen Vogel zu zeigen.

Und dann kommt es noch schlimmer. Ich sage nämlich: »Wenn Sie an Ihrer persönlichen Weiterentwicklung interes-siert sind, dann bitte ich Sie, ab heute jeden Tag Zeit für Stille einzuplanen.« In dieser Zeit – so erkläre ich, ehe der Sturm der Entrüstung losbricht – machen Sie nichts anderes, als sich selbst freundlich dabei zu beobachten, was Sie denken und empfinden. Und lernen so zu erkennen, wie Ihr Muster funkti-oniert. Und dann können Sie es nach und nach loslassen.

Wenn wir etwas Wichtiges lernen wollen, dann geht das nur mit täglicher Übung. Jeden Tag. Üben, üben, üben. Nicht nur, wenn man Lust dazu hat. Nein: jeden Tag.

Eben explodiert im Seminar die Gruppe: Wie bitte?? Jeden Tag? Wie lange?

Ich schlage eine Viertelstunde bis zwanzig Minuten vor.

Nichts tun? Wozu, um Himmels willen, soll das gut sein?

216

Dafür hat man wirklich keine Zeit. Wie soll denn Nichtstun etwas bewirken? (Wo doch von nichts nichts kommt ...) Es gibt keine Ruhe zu Hause. Wie soll ich das meinem Mann/meiner Frau/meinen Kindern erklären? Ich hab's im Kreuz.

Soso.

Dann wird verhandelt: Kann man es auch beim Einschlafen machen? Oder auf dem Heimweg von der Arbeit? Alle drei Tage vielleicht eine halbe Stunde? Oder reichen auch zehn Minuten, wenn man schnell ist? Unter der Dusche?

Wie viel Widerstand dieser Vorschlag augenblicklich auslöst! Man macht sich lustig, reißt Witze, fährt alle Geschütze auf, damit bloß diese Idee vom Tisch kommt. Man will ein gescheites Zehn-Punkte-Programm, einen praktischen Handwerkskasten – und stattdessen diese Zumutung der stillen Selbstbetrachtung?

Was ist eigentlich an Stille und am Nichtstun so bedrohlich? Die meisten Menschen haben keine Angst, drei Stunden einen schwachsinnigen Film anzuschauen, und vergessen auch, die Werbung im Radio abzustellen, die unseren Verstand lautstark und inhaltsleer beleidigt. Aber nichts tun? Das ist irgendwie suspekt. Meditation ist doch was für Blumenkinder oder Bogenschützen. Vielleicht noch für gestresste Topmanager, die sich so etwas – wieder – leisten können. Aber im normalen Leben?

Irgendwann lachen wir dann gemeinsam. Irgendeiner merkt, was gerade passiert, sagt es, und die anderen stimmen zu: Die ganzen vorgeschobenen Argumente kommen aus einem einzigen Grund – die meisten fürchten sich einfach vor dem Nichtstun. Richtigem Nichtstun. Nicht lesen und Musik hören, auf der Bank im Park sitzen und Leute beobachten. Nicht dösen und einschlafen. Nein: wach bleiben und zugleich wirklich innehalten, den Blick und die Aufmerksamkeit nach innen wenden. Sonst nichts. Das ist für viele eine Horrorvorstellung. Und so ineffizient!

Und ich erkannte, dass sie die Stille nötig hatten.
Denn nur in der Stille
kann die Wahrheit eines jeden Früchte ansetzen
und Wurzeln schlagen.

Antoine de Saint-Exupéry

Ein großer Teil unseres Lebens scheint dem Plan gewidmet, Nichtstun und Stille zu vermeiden. Wir machen immer irgend-etwas. Stille ist unangenehm, muss gefüllt werden. Dass jemand länger überlegt, bevor er antwortet – wer traut sich schon, diese Zäsur im Rauschen zu machen? Dabei ist Stille heilsam, eine Grundvoraussetzung, ein Anfang. So einig sind sie sich selten, die Dichter, Philosophen, Kreativen, Seelsorger, Lebenskünstler und Therapeuten. Darin, dass Selbsterkenntnis und persönliches Wachstum die Ruhe und den Abstand zum Jahrmarkt der Eitelkeiten brauchen. Dass die Ruhe unserer Seele den Raum gibt, den ihr die Geschäftigkeit des Alltags vorenthält.

Wir funktionieren, wir laufen, wir sind belastbar, jonglieren mit den verschiedenen Anforderungen zwischen Familie und Beruf. Aber was, wenn uns unser Inneres etwas sagen möchte? Wann nehmen wir uns Zeit, darauf zu achten? Unsere Träume halten wir für Unsinn, wir lauschen nicht, wir deuten nicht, vielleicht wundern wir uns manchmal, aber wir hören weg. Wir benutzen zwar den Begriff des Freud'schen Versprechers – aber forschen wir wirklich hinterher? Was hat es zu bedeuten, dass wir gerade etwas Merkwürdiges gesagt haben? ... Na ja, es war doch nur ein Versprecher. Oder?

Und dann kann es plötzlich doch passieren. Vielleicht, wenn wir in einer Landschaft wandern. Der Schritt hat uns das Denken abgenommen, der Rhythmus hat sich vor die Logik gesetzt. Einatmen und ausatmen. Auf einmal kommt uns ein Gedanke. Peng. Ein Einfall, eine Erkenntnis, ein Aha. Wie konnte das passieren? Weil wir nicht mehr in der Routine waren und unsere Seele die Gelegenheit zu nutzen wusste.

Nichtstun und so dem Selbst eine Chance geben

Meditation, Stille, Besinnung. Das ist alles das Gleiche. Manchmal passiert es auch während der Gesichtsmassage bei der Kosmetikerin oder bei irgendeiner monotonen Beschäftigung wie Bügeln oder Unkraut jäten. Unser Selbst findet die Lücke und ruft uns etwas zu. Wir können es aufnehmen oder für irrelevant erklären.

Jetzt geht es erst einmal darum, diese Gelegenheiten wahrscheinlicher zu machen. Eine Einladung auszusprechen. Hallo?! Ich interessiere mich für mich selbst! Wirklich! Nicht nur theoretisch. Ich bin hier, ich höre zu. Und dafür plane ich konsequent Zeit ein, ich nehme es mir nicht vor, ich **tue** es.

Stille ist ein Luxus, den wir uns selbst gönnen können. Mag es für uns auch zunächst noch so albern wirken, hier schaffen wir eine Oase, in der wir unserer eigenen Wahrheit eine Chance geben. Endlich.

Sich einen ungestörten Platz suchen, zur Ruhe kommen und zwanzig Minuten einfach nichts anderes tun, als dem inneren Treiben zuzuhören. Dem Fluss der Gedanken und Empfindungen, dem inneren Geschimpfe und Rechthaben, den Assoziationen und Sprüngen … einfach nur zuzuhören. Registrieren, was für eine Sorte von Gedanken da so auftaucht, sie benennen, loslassen und weiter wahrnehmen. Ganz wichtig: nicht bewerten! Das ist anfangs besonders schwierig. Wir neigen dazu, permanent Bewertungen vorzunehmen, diesen Gedanken für genial und einen anderen für Blödsinn zu erachten. Manche Gedanken wollen wir gar nicht haben, da strengen wir uns an, sie wegzuscheuchen. Nein, ich möchte nicht an die bevorstehende Prüfung denken! Weg mit dem Gedanken an diesen Schuft, der mir wehgetan hat!

Ersparen Sie sich diese Anstrengung, nehmen Sie solche Gedanken wahr wie die anderen auch. Je mehr Sie sie nicht wollen, desto energischer klopfen sie an.

Sie werden, wie alle, die mit dem Meditieren beginnen, zu Beginn wahrscheinlich irritiert sein, was für eine Unmenge von Gedanken und Stimmen Sie innerlich hören: das Gegenteil von Stille. Da ist ein unglaublicher, leiser, unablässiger Lärm in Ihrem Kopf: Der war vorher auch schon da, jetzt wird er ihnen bewusst. Versuchen Sie nicht, ihn abzustellen, hören Sie interessiert zu. Mehr Pausen im inneren Stakkato kommen später nach und nach von selbst. Akzeptieren Sie es vorderhand einfach so, wie es ist.

Gefühle wahrnehmen – damit sie weiterziehen können

Bei der Achtsamkeitsmeditation wehrt man sich nicht, schiebt nicht weg, trotzt nicht den manchmal wild umherspringenden Gedanken. Beschimpft sich eben genau **nicht** dafür, dass man denkt und immer noch nicht diese erholsame Ruhe im Kopf herstellen kann. Man will nichts herstellen, deshalb nennt man sie auch »absichtslos«. Man muss gar nichts.

Man lauscht wohlwollend den eigenen Gedanken und Gefühlen. Nimmt sie wahr, gibt ihnen einen Namen und nimmt weiter wahr, was als Nächstes kommt. Da huscht eine Sorge vorbei, jetzt ein Rechthaben, gerade ist nichts. Jetzt verhandle ich gedanklich eine Situation von gestern nach. Eine schöne Erinnerung, ein Selbstzweifel, eine Planung. Die Verspannung im Nacken, ein Kribbeln in der Ferse, eine traurige Empfindung, Langeweile, Herzklopfen, Ruhe, Ungeduld, jetzt muss ich niesen, undefinierter Ärger, Vorfreude.

Einfach nur wahrnehmen. Mit einem freundlichen Blick auf all das, was man wahrnimmt. Ohne sich von den Gefühlen vereinnahmen oder zum Handeln verleiten zu lassen.

Was bewirkt das nun aber? Zunächst einmal stellen Sie Abstand her: Sie lassen sich nicht von den Gedanken beherrschen, sondern hören ihnen zu. Sie erleben, wie Gedanken

Gefühle nach sich ziehen, Sie erkennen, wie Sie ein Gefühl regelrecht herbeidenken. Dadurch, dass Sie sich nicht gegen das Gefühl wehren – und es genau dadurch festhalten –, kann es nach einer Weile wieder gehen.

Wenn Sie mit großer Anstrengung versuchen, ganz gelassen zu sein, während Ihr Herz blutet oder Sie Ihren Kollegen am liebsten erwürgen würden – das funktioniert sowieso nicht. Wenn Sie aber mit freundlichem, mitfühlendem Blick wahrnehmen, dass Ihr Herz blutet oder Ihr Zorn brodelt, dann hilft das. Und die Gefühle lassen nach einiger Zeit nach, ebben ab oder verwandeln sich. Oft taucht unter dem Zorn etwas Neues auf, ein Wunsch, ein Wiedererkennen oder eine Traurigkeit. Hören Sie hin und spüren Sie. Aufmerksam und immer im Bewusstsein, dass Sie der wohlwollende Beobachter sind und damit eben nicht identisch mit dem, was Sie beobachten.

Wenn wir unser Muster erkennen können, dann sind wir mehr als unser Muster

Wenn Sie aufmerksam registrieren, dass und wie Sie sich selbst verrückt machen, andere verurteilen, sich selbst beschimpfen, überheblich sind oder unterwürfig, wenn Sie bewusst beobachten, wie Ihre Empfindungen kommen, sich aufbauen und abbauen – dann merken Sie immer deutlicher, dass es hier etwas zu unterscheiden gibt. Ist das die Wirklichkeit, die Ihnen Sorgen macht? Nein, oft natürlich nicht! **Sie** machen sich die Sorgen. Sie sind aktiv, Sie konstruieren die Besorgnis selbst. Das müssen Sie jetzt wiederum nicht stoppen und als Versagen bewerten. Sie nehmen es wahr, ohne sich zu kritisieren, und genau dadurch können Sie es immer besser loslassen. Das passiert.

Und später können Sie sich fragen: Passt dieses besorgte (zweifelnde, wütende, melancholische, genervte) Ich eigentlich zu mir? Oder ist das nicht eher ein Familienerbe, ein Echo aus vergangenen Tagen? Ein Auftrag? Gibt es heute, hier, jetzt einen Grund für diese Besorgtheit? Wer spricht hier eigentlich? Kommt mir das irgendwie bekannt vor? Ist das mein eigener Text, oder hat mir jemand etwas untergemogelt? Habe ich mir etwas untermogeln lassen? Irgendwann merken Sie, dass Sie der Zuschauer eines inneren Stücks sind, das Sie bislang für die Realität gehalten haben. Jetzt gibt es Freiheit zu pflücken.

Durch die Einführung der inneren Beobachtung heben Sie die Identifikation ganz praktisch auf. Und so verliert das Muster nach und nach an Dominanz.

Es ist für viele sehr schwer, das zu akzeptieren: dass sie das nicht **machen** können, sondern dass das scheinbar Passive, das Zusehende, das »Nichts« etwas Gutes in ihnen bewirken soll. Das muss doch auch anders gehen!

Keine Frage, es gibt viele Wege. Mir persönlich ist die Form der wohlwollenden und aufmerksamen Selbstbetrachtung besonders plausibel. Sie ist der passende Gegenzauber zu den inneren Dialogen, mit denen wir uns immer wieder neu versichern, dass alles so sein muss, wie es ist.

Seit etwa zehn Jahren beschäftigt sich die Gehirnforschung mit der Meditation – wie sie funktioniert und ob und welche Wirkung sie auf das Gehirn hat. Es sieht so aus, als ob die Wissenschaft allmählich belegen kann, was Meditationslehrer und Meditierende auf der ganzen Welt seit Jahrhunderten wissen: dass Meditation Menschen guttut, sie konzentrierter und wacher macht und in ihrer persönlichen Entwicklung wirksam unterstützt. Es gibt erste Hinweise, dass regelmäßige Meditation sogar strukturelle Veränderungen im Gehirn bewirkt, dass die Konzentration der grauen Substanz in bestimmten Arealen signifikant zunimmt, und eine dickere Schicht der grauen Zellen verbessert die Leistungsfähigkeit der entsprechenden Gehirnregion.

Meditation scheint nicht nur die Konzentration, die Körperwahrnehmung und das Langzeitgedächtnis nachweislich zu stärken, sondern auch den Umgang mit Gefühlen positiv zu beeinflussen. Menschen, die regelmäßig meditieren, sind zu größerer Einfühlung fähig, in sich und andere. Sie lernen, ihre eigenen Empfindungen zutreffender wahrzunehmen und damit umzugehen. Mit anderen Worten: Meditation unterstützt uns genau in diesem zentralen Punkt – der Emanzipation von alten Mustern.

Besonders faszinierend finde ich ein Forschungsergebnis, dass Meditation zudem eine wirksame Vorsorge für das Nachlassen geistiger und emotionaler Leistungen im Alter darzustellen scheint. Hier finden wir einen Teil unserer psychologischen Altersvorsorge.

Diese Forschungsergebnisse könnten mithelfen, dass wir uns der Stille und der Selbstbetrachtung etwas weniger skeptisch nähern. Wobei es schon seltsam ist, dass wir bei so vielen offensichtlichen Dingen noch einmal den Ritterschlag der Forschung brauchen, ehe wir es »glauben« dürfen. Seit Menschengedenken pusten Mütter und Väter, wenn das Kind sich wehgetan hat. Und davon wird es besser. Hokuspokus oder »objektiv«, ist das eigentlich wichtig? Wenn es doch funktioniert? Tatsächlich weiß man heute, dass das Pusten eine momentane Unterbrechung der Reizleitung zum Gehirn bewirkt und dass das Kind sich also vom Schmerz entspannen kann. Jetzt pusten wir noch lieber, vom Labor legitimiert.

So ähnlich wird es auch mit der Meditation sein. Wir wagen es erst, uns einer uralten Methode anzuvertrauen, wenn deren Kraft auch in Kernspintomografen bewiesen wurde. Da schau: im insulären Cortex und im limbischen System – mehr graue Zellen! Super! Vielleicht werfen Sie jetzt doch Ihre Skepsis über Bord und denken noch einmal wohlwollend über die zwanzig Minuten absichtslose Selbstbeobachtung nach?

Lass es Liebe sein: Wir brauchen einen freundlichen Blick auf uns selbst

Ihr Ego hält übrigens rein gar nichts vom Meditieren. Wenn es nach ihm ginge, wäre es verboten. Es ist ein ausgesprochener Gegner von Stille und dem Nach-innen-Lauschen – denn das bedroht sein ungestörtes Wirken.

Wenn Sie Ihrem Ego langsam näher kommen und seine Mechanismen offen legen, wird es aufrüsten. Es schlägt Haken und versucht, weiteren Fortschritten, die ihm gefährlich werden können, den Riegel vorzuschieben. Wenn es schon nicht verhindern konnte, dass Sie seine Existenz entdecken, so erzeugt es jetzt Zorn und macht Sie ärgerlich auf sich selbst. Darüber, dass Sie gar nicht so frei sind, wie Sie dachten, sondern in den Fängen eines alten Musters festhängen und immer noch nicht erleuchtet sind.

Zorn und Ungeduld sind eine ziemlich normale Reaktion, und sie kann leicht dazu führen, dass Sie sich entmutigen lassen. Am Anfang fühlt es sich oft so an, als ob das Leben vor der Erkenntnis des eigenen Musters doch irgendwie deutlich angenehmer war. Jetzt fahren Sie ständig Geisterbahn: Sie gehen wie besprochen brav und aufmerksam nach innen und statt einer Morgendämmerung von Erleichterung und Gelassenheit begegnen Sie den ewig gleichen Gespenstern immer wieder. Egal, um welche Ecke Sie biegen, da warten sie wieder: das unstillbare Geltungsbedürfnis, die Unnachgiebigkeit, die Konfliktscheu, der Groll auf alles und jeden, der unbändige Wunsch, es richtig zu machen, die stets selben Sorgen, die Langeweile, wenn gerade mal keine Party steigt, das Gefühl, nicht dazuzugehören.

Das war zwar früher auch nicht anders, aber Sie haben nicht so genau hingeschaut. Jetzt ist es überdeutlich, wie angeleuchtet. Ob Sie es je schaffen werden, souveräner, optimistischer, konzentrierter oder entschiedener zu werden? Das listige Ego bietet nagenden Zweifel auf. »Es wird sich nie etwas ändern, vergiss es«, zischt eine Stimme in Ihnen, das Ego souffliert. »Diese Idee von Reife und Erlösung, das ist doch alles esoterischer Unfug. Lass dir das nichts einreden. Vergiss es, mach weiter wie zuvor.«

Wer den Einflüsterungen des Egos nicht erliegen, sondern die neue Wachheit ertragen und gestalten will, dem hilft nur: Liebe.

Eine Szene mit einem meiner Klienten: Er schimpft vor sich hin, schimpft über sich selbst. Das ist ein großer Fortschritt, weil er früher nur über die anderen geschimpft hat. Über die ganzen Verlierer, die alles falsch machen. Die Gar-nichts-Könner, die ihm im Weg stehen. Nun ist er bei sich selbst gelandet, das ist bemerkenswert. Viele, wohl die meisten, tun das nicht. Er projiziert nicht mehr, er konzentriert sich auf sich. Aber er geht jetzt mit sich so um wie vorher mit den Gestalten da draußen. Böse, kategorisch, verächtlich. Das kann nicht gut gehen. So wie es im Umgang mit den anderen auch nicht funktioniert hat.

Er tobt mit sich selbst, dass er nicht gelassener ist. Er wäre gerne entspannter, würde sich gerne weniger anstrengen. Obwohl er Mitte fünfzig ist, lässt er sich noch immer von Kritik seines Vorgesetzten mehr als nur ärgern, ist er vor Präsentationen viel nervöser, als es seiner Stellung und seinem Standing angemessen wäre. Es stört ihn, dass er empfindlicher ist, als er es jemals zugeben würde.

Ich frage ihn, ob er sich auf ein gedankliches Experiment einlassen mag. Er sagt – skeptisch – Ja.

»Wenn Sie sich vorstellen«, sage ich zu ihm, »dass in Ihnen ein kleiner Junge steckt, der sich fürchtet: Wie würden Sie ihn ermutigen? Wenn Sie sich vorstellen, dieser Kleine stünde jetzt vor Ihnen, es wäre Ihr eigener Sohn oder ein anderes Kind, das Sie wirklich gern mögen: Wie helfen Sie ihm, seine Angst zu überwinden?«

Schweigen.

Was für eine seltsame Frage. Er sträubt sich sichtbar, was hat das mit ihm zu tun? Mit ihm und der anstehenden Präsentation im Aufsichtsrat? Nur, weil er mich kennt und mag, geht er widerwillig einen weiteren Schritt mit. Überlegt und sagt: »Ich sage ihm, dass er sich nicht fürchten müsse, ›Du brauchst keine Angst zu haben‹.«

Hab keine Angst ... Das heißt leider für unser Hirn, das nicht »nicht« denken kann: Angst haben. Das ist so wie: Denk nicht an einen blauen Elefanten. Stell ihn dir **nicht** vor! Schon ist er da, in Lebensgröße, blau und riesig. »Hab keine Angst!« heißt daher in Wirklichkeit: Wenn du Angst hast – verbirg es gut.

Also, was kann den Kleinen denn tatsächlich ermutigen?

Genervt ist der Blick, der mich jetzt trifft. Vielleicht erwägt er kurz, ob irgendwo ein Mikrofon diesen seltsamen Dialog aufzeichnet? Ich frage noch einmal: »Nehmen wir einfach an, der Kleine will es gut machen, und er hat Angst, es nicht gut zu machen, was wird ihm am ehesten helfen?«

»Na ja, ist nicht so schlimm?« – »Ist **nicht**«, entgegne ich, »ist das Gleiche wie ›Hab keine Angst‹. Nicht schlimm heißt: doch schlimm.«

Ausatmen, einatmen. »Denken Sie daran«, sage ich, »Sie mögen diesen Jungen, Sie mögen ihn wirklich gern. Sie wollen sein Bestes. Was hilft ihm? Wenn er dasteht und Sie mit wundem Blick anschaut und fragt: Was ist, wenn ich es nicht gut mache?«

»Na ja«, sagt er, »ich sage ihm einfach, dass er es gut machen wird!! Dass er gar keinen Grund hat, sich zu fürchten.«

Na super. Ich habe Angst, und mein Vater sagt mir, dass

ich keinen Grund habe. Spring jetzt endlich vom Fünf-Meter-Turm, das ist nämlich gar nicht schlimm. Ich habe Angst, und dann sagt mir jemand, dass das unnötig ist. Vorher war ich allein, jetzt bin ich einsam. Wenn du Angst hast, bist du feige, heißt das.

»Das kann nicht sein, dass Sie das dem Jungen sagen wollen«, wende ich ein.

»Vielleicht, wenn ich ihm sage, dass er es versuchen soll. Dass ich an ihn glaube. Dass er sein Bestes geben soll. Und wenn es klappt, wunderbar. Und wenn nicht – auch gut. Ich mag ihn in jedem Fall.«

Ja, das würde ganz sicher helfen. Dann könnte der kleine Kerl mit klopfendem Herz springen. Denn er wüsste sich aufgefangen.

Er nickt.

»Wenn das so ist«, sage ich, »was bedeutet das für Ihren Umgang mit sich selbst?«

Jetzt steigt er aus. Jetzt eben findet er, dass ich spinne. Aber das tue ich nicht.

Man lernt nur von dem, den man liebt.
    Eckermann, Gespräche mit Goethe

Wenn Sie sich aufmachen, sich von alten Mustern zu lösen und Neues wagen möchten, dann geht das nur unter einer Bedingung: Sie müssen diesen Weg in Liebe gehen. Ohne einen liebevollen Blick auf Sie selbst wird es nicht funktionieren.

Wir können lernen zu verstehen, dass das, was da in uns rumort, ein weitaus jüngerer Teil unserer selbst ist und dass wir dem nicht mit Vernunft, Durchhalteparolen oder simplen Affirmationen (»Alles wird gut!!«) helfen werden. Im Umgang mit diesem Teil, der oft auch als das innere Kind bezeichnet wird, hilft nur geduldige, freundliche Zuversicht. Liebe eben.

Wir brauchen zwei Dinge: Zum einen die Klarheit, dass das Gefühl, das uns da gerade umtreibt, dem aktuellen Anlass nicht angemessen ist und wir emotional gerade etwa vier oder sieben oder zehn Jahre alt sind. Damals waren wir ganz offensichtlich überfordert, die Gefühle also adäquat. Zum anderen hilft uns das Wissen, dass wir heute als erwachsene Menschen mit der Anforderung (Präsentation im Aufsichtsrat/Konfliktgespräch/einen Herzenswunsch aussprechen) fertig werden können. Und dass das am besten gelingt, indem wir uns dem kindlichen Gefühl nicht überlassen, sondern es freundlich zur Kenntnis nehmen und uns selbst (respektive dem jüngeren Teil in uns) gut zureden.

Uns selbst liebevoll ansprechen? Na ja … Die Einladung, für sich selbst Aufmerksamkeit, Liebe und Mitgefühl zu entwickeln, ist für viele Menschen eine Provokation. Warum nur? Es ist das »für sich selbst«. Sollen wir jetzt unser Taschentuch in den See des Selbstmitleids tunken? *Big boys don't cry.* Ein guter Liebhaber für die Partnerin sein, eine virtuose Mutter für die Kinder, eine loyale Weggefährtin für die Freundin – das ist prima. Aber: Uns selbst Liebe geben? Mütterlich uns selbst gegenüber sein? Uns mit uns selbst anfreuden? Ist ja bizarr. Das klingt irgendwie peinlich!

Peinlich müsste uns das aber doch nur sein, wenn wir uns selbst der eigenen Liebe, Aufmerksamkeit, Loyalität und Zärtlichkeit für nicht wert hielten. Ist das der Grund, wenn wir uns mit diesen Sätzen so unbequem fühlen? Einen kritischen, strengen, hoch anspruchsvollen und oft rücksichtslosen Umgang mit uns selbst erachten wir dann schon eher für akzeptabel. Merkwürdig, dass niemand etwas an der alltäglichen Praxis der Selbstbeschimpfung auszusetzen hat. Uns selbst mit Parolen wie »Jetzt aber!!!« zuzusetzen, »Du darfst nicht versagen!«, »Wenn das rauskommt …!« – das soll zielführend sein? Ganz sicher nicht. Es ist nur vertraut und gewohnt. So redet »man« eben.

Gut, Sie sind noch lange nicht erlöst, bisher gelingt Ihnen kein kosmisches Lachen, das alles verstanden und fast alles überwunden hat. Aber Sie sind auf dem Weg, Sie üben, und das ist großartig. Und Sie dürfen sich erlauben, sich selbst so zuzuschauen, wie Sie ihrem Jüngsten beim Laufenlernen zuschauen (würden), jeden klitzekleinen Fortschritt mit Liebe und Ermutigung begleitend. Sie dürfen das. Sie dürfen von sich selbst schon allein deswegen begeistert sein, weil Sie sich trauen, wieder Anfänger zu sein.

Das ist so weit weg von den sonst unerbittlichen Forderungen unseres Über-Ichs, dass viele unruhig zucken und den Widerspruch bereits auf der Zunge tragen, ehe die Empfehlung einmal komplett ausgesprochen ist. Was ist denn das für eine alberne Nabelschau? Diese abwehrenden und abwertenden Gedanken sind Ego-Munition. »Lass mich zufrieden, finde dich ab, wecke keine schlafenden Hunde. Vergiss die Meditation, im Fernsehen kommt ein guter Krimi!«

Widerstand kann von überall kommen – von innen und von außen

Auch unsere Lieben sind oft nicht sofort angetan, wenn wir uns mehr mit uns selbst beschäftigen. Neulich habe ich zugehört, wie eine Freundin ihre jüngere Schwester fragte, ob sie beide sich einmal über die gemeinsame Kinderzeit unterhalten könnten. Ihr sei in einer Therapie klar geworden, dass sie sich an vieles nicht erinnern könne, was ganz offensichtlich aber Einfluss auf ihr Leben nehme. Und da könnte die Schwester doch vielleicht helfen und ihre Erinnerungen beisteuern. Die wurde erkennbar nervös. Für sie war es neu und irgendwie verstörend, dass ihre große und erfolgreiche Schwester sich die Unterstützung eines Therapeuten gönnte. Sie wolle doch aber jetzt wohl hoffentlich nicht so werden wie die Leute, die nach

Therapien immer nur noch um sich selbst kreisen?, fragte sie besorgt. Ihre Hilfe sagte sie so halbherzig zu, dass man schon taub sein musste, um das »Lieber nicht!« zu überhören. Es klang, als ob sie persönlich jedenfalls auf keinen Fall einen erinnernden Spaziergang in die Vergangenheit machen wollte. Das Gespräch kam nie zustande.

Solche Abwehrreaktionen sind ganz normal bei den Menschen, die uns nahestehen und mit denen wir uns auf unsere Spiele einvernehmlich geeinigt haben. Sie mögen zwar wollen, dass wir uns ändern – aber bitte nach ihren Vorstellungen. Wenn wir beginnen, ohne Absprache Selbstverständlichkeiten unseres gemeinsamen Lebens infrage zu stellen oder aufzukündigen, dann löst das in unserer Umwelt selten nur Begeisterung aus. Das wäre auch merkwürdig.

Das sollten Sie wissen und verstehen. Und dennoch Ihren Weg weitergehen. Sie brauchen sich nicht auf diese beunruhigten, spottenden, irritierten Reaktionen der anderen herauszureden. Ihre Reise ist: **Ihre** Reise. Sie müssen sie vor niemandem rechtfertigen, können sie antreten, auch ohne zu wissen, wohin genau sie Sie führt.

Bleiben wir bei der Baustelle Nummer eins: unserem eigenen Inneren in Konfrontation mit dem erweiterten Blick auf uns selbst. Wenn wir die Identifikation aufgekündigt haben, dann haben wir die wunderbare Entdeckung gemacht, dass wir mehr sind als unser Muster. Das ist Hoffnung und ein Fenster, das ganz weit aufgeht und frische Luft und Vogelgezwitscher hereinlässt. Aber wenn wir erst einmal sehen, dass wir in einem inneren Gefängnis sitzen, können wir es uns nicht mehr als Penthouse verkaufen. Dann sehen wir die Gitter der Selbstbeschränkung. Dann wissen wir zwar, dass die Tür nur deshalb verschlossen ist, weil wir uns den Wächter einbilden, der sie bewacht – aber deshalb sind wir noch nicht in der neuen Freiheit unterwegs. Nein, wir lehnen ängstlich an der Pforte, schnuppern Freiheit und fürchten sie.

»Das wird ja nie was!« Moment: Wer redet hier gerade?

Und wie können Sie sich jetzt helfen? Eines ist ganz sicher: nicht mit Zorn auf sich selbst. Auch nicht mit Zweifel und Ungeduld. Der nächste Schritt muss sein, das innere Geschehen zu sehen und immer wieder neu zu sehen, ohne sich darüber zu ärgern. Ohne sich zu verurteilen.

Hören Sie genau auf den Klang Ihrer inneren Einwände, wenn Ihnen alles zu langsam geht.

»Das wird ja nie was! Das schaffst du sowieso nicht! Andere vielleicht, aber du? Meine Güte, du trittst ja immer noch auf der Stelle. Das muss doch schneller gehen! Was soll das eigentlich bringen? Du nimmst dich viel zu wichtig.« So klingen die Stimmen. Halten Sie einmal inne: Wer redet da gerade mit Ihnen? Sind das Sie selbst oder sind das Variationen früh gehörter Entmutigungen? Gehen Sie da gerade nicht genauso mit sich selbst um, wie früher einmal mit Ihnen umgegangen wurde? Machen Sie sich immer wieder klar, dass man mit Ärger nichts beschleunigen kann, was wachsen muss. Man kann eine Schmetterlingsraupe nicht dadurch schneller durch ihre Stadien der Reifung treiben, indem man den Kokon immer wieder aufreißt und schaut, ob es endlich so weit ist. Das Gras wird nicht schneller wachsen, wenn Sie an den Spitzen zerren.

Selbstbeschimpfung: Eine schlechte Angewohnheit

Eine Seminarteilnehmerin erzählte, wie sie sich einmal in Gegenwart ihrer Schwester ordentlich selbst beschimpft habe. Dass sie irgendetwas nicht gut gemacht habe, dass sie das ja immer so schlecht mache und einfach nichts dazulerne. Und so fort. Die Frau hielt erst inne, als ihre Schwester sie empört unterbrach und meinte: »Sag mal, wie redest denn du von meiner Schwester??!«

Viele sprechen mit sich selbst so, wie sie niemals mit anderen sprechen würden. Diese Unbarmherzigkeit haben sie nur sich selbst gegenüber. Da fallen harte Sätze, und sie bemerken das gar nicht. Während sie anderen gegenüber ihre Worte abwägen, weil sie wissen, wie verletzend sie sein können, reden sie mit sich selbst munter vernichtend drauflos. Und oft wiederholen sie das, was sie einmal sehr getroffen hat: »Wie kann man nur so blöd sein!« oder »Bei dir ist Hopfen und Malz verloren!«

Achten Sie darauf, wie Sie mit sich selbst sprechen, in welchem Klang, mit welchen sich wiederholenden Formulierungen. Insbesondere in Stresssituationen werden Sie vielleicht verwundert feststellen, dass Sie so mit sich reden, wie Sie es sich von jedem anderen verbitten würden.

Ich finde es bezeichnend, wie absurd viele die Idee finden, sich selbst – ohne weitere Auflagen – liebevoll zu betrachten. Da haben wir die Lektion der bedingten Liebe aber wirklich hervorragend gelernt! Eltern können immer nur das geben, was sie geben können, nämlich das, was sie selbst bekommen haben. Es sei denn, sie haben im späteren Leben gelernt, sich selbst das zu schenken, was sie vermisst haben. Dann kann die Wunde sich schließen und ein neuer Anfang gefunden werden. Aber genau das findet eben meist nicht statt, und so geht der Staffelstab der Versagung an die nächste Generation weiter: »Das hat mir auch nicht geschadet!« Was für ein fataler Irrtum!

Der heile Teil in uns wartet geduldig

Wir beabsichtigen, aus diesem Spiel auszubrechen. Und eine gute Beziehung zu uns aufzubauen. Als eine Voraussetzung dafür und gleichzeitig bereits ein Teil der Entwicklung, dass wo Ego ist, wieder Selbst sein darf.

In den USA ist Stephen Gilligan ein prominenter Vertreter einer Psychotherapierichtung, die sich »Self Relation« nennt. Er beschreibt, wie ein Großteil unserer Probleme damit zusammenhängt, dass wir »ineffektiv leiden«, wie er es nennt. Im Versuch, etwas zu verhindern, was nicht zu verhindern ist – nämlich dass uns im Leben Enttäuschung, Schmerz, Traurigkeit, Sorge und Angst (wieder-)begegnen –, haben wir uns von unserer eigenen Lebendigkeit abgeschnitten.

Was bei ihm »tender soft spot« heißt, ist im Zentrum, in der Mitte, im Herzen jedes Menschen lokalisiert: ein feines, klares, sensibles Bewusstsein unserer selbst. Es ist wie ein innerer Platz, an dem wir in gutem Kontakt mit uns selbst, unseren Empfindungen, unseren Ressourcen, unserer Zuversicht, Regenerationsfähigkeit, unserer Ganzheit und unserem inneren Wissen sind. An dem wir aus Gilligans und vieler anderer Sicht auch spüren, dass wir mit etwas Größerem außerhalb unserer Selbst verbunden sind.

Wir haben aufgehört, eine lebendige Zwiesprache mit diesem zarten Teil zu pflegen, wir haben uns verhärtet und stattdessen eine Beziehung zu uns selbst etabliert, die sich jetzt oft blind und taub gebärdet.

Unser Ziel ist nun, das somatische Selbst und unseren Geist – anders ausgedrückt: unseren Körper und unser Bewusstsein – wieder zu verbinden. Erst dann können wir vom Leben wieder lernen, wachsen und uns versöhnen. Eine von Gilligans Prämissen seiner therapeutischen Arbeit lautet: »Your attention can move away from your center, but your center always remains right where it is.« Das klingt erstaunlich ähnlich zu dem Satz von Meister Eckhardt, dem Philosoph und Theologen des 13. Jahrhunderts: »Gott ist in uns daheim, nur wir sind in der Fremde.«

Und wenn Sie auch Ihr halbes Leben lang von Ihrer Mitte wegschauen: Sie ist da, wo sie ist. Sie mögen weghören, Botschaften ausblenden, sich ablenken, sich Geschichten ausdenken, die Dosis erhöhen – Ihre Mitte bleibt, wo sie ist. Wartet darauf, dass Sie sich ihr wieder zuwenden. Symptome, körperliche wie psychische, sind aus dieser Sicht Selbstheilungsversuche; ein Versuch des Selbst, die Aufmerksamkeit wieder neu zu lenken. Wenn Sie den Problemen, die dadurch entstehen, dass Sie Ihre Mitte ignorieren oder Ihre Zartheit in Härte kehren, die richtige Aufmerksamkeit schenken: dann kann Sie das wieder zurück zu dem Teil Ihres Selbst bringen, der heil ist.

Wie auch immer es uns geht: Wir sollten tun, was uns guttut

In den beiden letzten Kapiteln ging es um die freundliche innere Haltung, die Ihr wichtigster Begleiter bei allen weiteren Schritten sein wird. Was immer Sie tun – wenn Sie sich dabei ein Lächeln und Augenzwinkern für sich selbst gönnen, wird es Ihnen leichter fallen und besser gelingen.

Ehe wir weitergehen, möchte ich Sie bitten, mit mir für einige Momente über eine wichtige Frage nachzudenken:

Woran erkennen Sie, dass jemand Sie liebt?

Wenn Sie nicht der Gänseblümchen-Methode vertrauen wollen (»Er liebt mich.« Zupf »Er liebt mich nicht.« Zupf), ist das gar nicht so einfach zu beantworten. Mag sein, dass Sie es spontan sagen können, vielleicht müssen Sie aber auch eine Weile überlegen. Wodurch merken Sie, dass Sie geliebt werden, was macht Sie zweifeln und wann sind Sie sich sicher?

Bei allen individuellen Unterschieden und Akzenten kommen Menschen im Kern zu einem ähnlichen Ergebnis. Es könnte – wenn ich einen männlichen Partner im Sinn habe – etwa so lauten:

Ich erkenne, dass er mich liebt, daran dass

- ich ganz sicher sein kann, dass er mir niemals schaden, sondern immer wohl will
- er sorgsam und aufmerksam mit mir ist

- ich mich auf ihn verlassen kann, weil er hält, was er verspricht, und weil er mir in wichtigen Fragen die Wahrheit sagt
- er mich für das schätzt, was mich ausmacht
- er meine Stärken anerkennt, aber auch um meine Schattenseiten weiß und davor nicht zurückschreckt
- er mir verzeihen kann (auch wenn ich unausstehlich war)
- er an mich glaubt
- er sich Zeit für mich nimmt und immer da ist, wenn ich ihn brauche
- er gern mit mir zusammen ist und sich freut, wenn er mich sieht
- er zu mir steht, mir beisteht und für mich spricht
- er liebevoll und zärtlich zu mir ist
- er für mich seine Ängste überwindet
- er mir, wenn nötig, einen Schubs oder einen Tritt in den Hintern gibt, damit ich tue, was ich tun sollte
- er mir Hühnersuppe kocht (oder kauft), wenn ich krank bin

Sie mögen vielleicht keine Hühnersuppe? Sich geliebt zu fühlen, ist fraglos eine sehr persönliche Angelegenheit. Vielleicht wäre für Sie noch etwas Zusätzliches oder anderes wichtig (dass Ihnen jemand Freiraum gibt, einen Heiratsantrag macht, Ihnen Blumen mitbringt, sich den Bart abrasiert, einen Fehler nicht anspricht …), aber in der Summe können Sie vermutlich zustimmen.

Es gibt nichts Gutes, außer …

Natürlich ist es sehr schön, wenn uns jemand **sagt**, dass er uns liebt. Um uns aber wirklich sicher zu sein, dass das stimmt, orientieren wir uns an dem, was er **tut**.

Genauso können wir an der Art, wie wir unser Leben ganz praktisch gestalten, an dem, was wir **tun**, ablesen, wie liebevoll wir denn tatsächlich mit uns selbst umgehen. Mit einer nur kleinen Drehung der Perspektive können Sie die Liste von oben also noch einmal betrachten und sich fragen: Woran merke ich, dass ich mir selbst am Herzen liege?

- Lebe ich so, wie es für mich gut ist?
- Kann ich mich auf mich selbst verlassen, weil ich halte, was ich mir verspreche?
- Stehe ich zu mir und für mich ein?
- Glaube ich an mich?
- Kann ich meine Stärken und meine Schattenseiten annehmen?
- Kann ich mir selbst verzeihen?
- Überwinde ich mich für mein Wohlergehen?
- Nehme ich mir Zeit für mich?
- Gebe ich mir selbst den nötigen Schubs oder Tritt?

Wenn es Ihnen so geht wie den meisten, dann können Sie nicht jede dieser Fragen locker bejahen. Den Blick so zu wenden, kann unbequem sein. Noch prekärer ist die Überlegung: Warum sollte jemand uns das geben, was wir uns selbst vorenthalten?

Suchen wir uns aber nicht genau deshalb unsere Partner, damit sie den einen oder anderen Mangel an Selbstliebe ausgleichen? Klar. Und klar ist auch: Sie können das nicht leisten. Ein Defizit in diesem Bereich lässt sich nicht dauerhaft von außen auffüllen. Wir überfordern uns gegenseitig mit der Erwartung, eine Partnerschaft solle alte Wunden heilen, mit denen wir selbst noch nicht versöhnt sind. Andere können uns nicht abnehmen, was unsere ureigenste Aufgabe ist. Partner und Freunde unterstützen uns, aber nur wir selbst können im Inneren, im tiefsten Inneren, zu uns Ja sagen.

Entscheiden wir uns: Für das, was uns stärkt, und gegen das, was uns schwächt

Eine der für mich wichtigsten Unterscheidungen ist folgende: Es ist nicht allein entscheidend, wie und ob es uns gut geht, sondern vielmehr ob wir das tun, was uns guttut. Das Erste haben wir nur eingeschränkt, das andere komplett in der Hand. Wir haben in allen Situationen stets die Wahl, etwas zu tun, zu denken, zu fühlen, was uns stärkt oder was uns schadet und schwächt. Tun, was uns guttut, bedeutet, die Wahl zugunsten dessen zu treffen, was uns stärkt.

Nicht jeder Tag ist ein Sonn- oder Glückstag, und die Welt singt uns nicht jeden Tag ein freundliches Lied. Manchmal bringt die Post unerfreuliche Briefe, die Familie stellt absurde Forderungen und Halswirbelsäule/Narbe/Knie tun wieder weh. Vielleicht haben wir sogar ernste gesundheitliche Beeinträchtigungen, die nicht mehr verschwinden, sondern mit denen wir leben müssen. Das können wir nur bedingt beeinflussen. Doch wir können steuern, wie wir den Wechselfällen des Lebens begegnen und was wir ihnen entgegensetzen. Wie wir uns dazu stellen, dass es mal gutes und mal katastrophales Wetter gibt.

Wir haben es in der Hand, wie wir mit uns selbst umgehen. Tun wir denn nicht automatisch, was uns guttut? Müssen wir darauf überhaupt achten? Angesichts unseres alltäglichen Verhaltens kann man daran fundierten Zweifel anmelden. Dass es viele Sachen gibt, die uns Spaß machen, die uns leider aber – mindestens mittelfristig – nicht besonders guttun wie Kartoffelchips, Nutella und zu enge Schuhe, das gehört zu den Gemeinheiten des Lebens.

Lassen wir das mal beiseite. Wir tun zweifelsohne viele Sachen, die unserem Wohlbefinden dienen. Wir gehen ins Kino, spielen mit unseren Kindern, lümmeln auf der Couch, entspannen in der Hängematte oder Badewanne, gehen in den Garten oder fahren Fahrrad, treffen Freunde, essen und schwatzen mit ihnen. Machen schöne Urlaube und leisten uns hin und wieder eine Massage. Das alles tut uns gut.

Es gibt drei Fragen, die wir gleichwohl prüfen können:

- Machen wir diese Dinge oft genug?
- Gibt es noch andere wichtige Dinge, die uns – vielleicht erst auf den zweiten Blick – guttun?
- Und: Tun wir andererseits nicht zu viele Dinge, die uns nicht guttun?

Der liebevolle Umgang mit uns selbst beginnt mit der Art und Weise, wie wir mit unseren grundlegenden Bedürfnissen verfahren.

Wir sind uns selbst anvertraut

Als wir Kinder waren, haben unsere Eltern darauf geachtet, dass unsere Grundbedürfnisse erfüllt wurden: Sie haben dafür gesorgt, dass wir ordentlich essen, haben uns in den Schlaf gesungen und später auch bei Protest ins Bett geschickt, uns witterungsgemäß angezogen und eingecremt, ehe wir in die Sonne gingen. Sie waren zärtlich und haben uns Grenzen gesetzt. So gut sie konnten, haben sie uns geliebt.

Irgendwann geht ihre Fürsorgepflicht an uns selbst über. Oft nehmen wir diese nicht besonders gut wahr. Aus welchen Gründen auch immer wir das so halten, wie wir es halten, welche Ausreden wir dafür auch bemühen – der Effekt trifft dennoch immer uns selbst.

Nehmen wir an, morgen früh würden Sie aufwachen und hätten eine nicht gleich lebensgefährliche, aber doch beeinträchtigende Erkrankung. Und Ihr Arzt würde Ihnen freundlich erläutern, dass dieser Krankheit meist eine längere Phase von Belastung oder unausgewogenem Leben vorausgeht, und fragen, ob Sie dazu eine Idee hätten. Die meisten Menschen wüssten jetzt aus dem Stand, was das bei ihnen gewesen sein könnte. Wir wissen nämlich, wo wir unvernünftig sind und so tun, als ob unser Körper ein unverwundbares System sei, das alles, alles wegstecken kann – Mängel in der Ernährung, leichtfertiger Umgang mit Alkohol und Zigaretten, Zeiten mit viel Stress und zu wenig Ausgleich.

Wie die Kinder, die glauben, unsichtbar zu sein, wenn sie die Augen schließen, erlauben wir uns dennoch oft über Jahre Gewohnheiten, die mindestens nicht besonders gesund, wenn nicht sogar fahrlässig sind. Aber wir gehen davon aus, dass schon nichts passieren wird. Krankheiten, gesundheitliche oder psychische Krisen – das haben immer die anderen. Wir machen so weiter mit den üblichen Ausreden, mit denen wir unser Verhalten gutreden. Wenn man einmal addiert, wie viel Vernachlässigung und schlechte Angewohnheiten wir ignorieren, wie wir kleine und mittlere Ungereimtheiten unserer Lebensführung routiniert bagatellisieren oder schönreden, dann gehen wir mit einem hohen Gut erstaunlich leichtsinnig um.

Wie wichtig ist uns unsere Gesundheit denn wirklich? Viele Menschen stellen sich diese Frage erst, wenn Symptome (Knie knirscht, Blutdruck ist grenzwertig, Puste wird kürzer) oder eine beunruhigende Diagnose sie dazu zwingen. Und dann geht plötzlich viel von dem, was vorher wegargumentiert wurde. Dürfen wir nur dann liebevoll mit uns umgehen, wenn es sein muss?

Ist es aber andererseits denn nicht viel besser, an Krankheiten erst dann zu denken, wenn sie akut werden? Wenn wir in Kategorien von unnötiger Besorgtheit sprechen, ganz bestimmt. Optimismus ist gesund, das Leben zu genießen, erst recht. Und natürlich spielen Naivität, Gottvertrauen oder Chuzpe und ganz normale Bequemlichkeit ganz sicher eine Rolle dabei, wenn wir unvernünftig mit uns selbst verfahren.

Dennoch: Liebe ist anders.

Wenn Sie zu einem ayurvedischen oder einem anderen

ganzheitlich arbeitenden Arzt gehen, dann wird er Sie, völlig unabhängig davon, aus welchem Grund Sie ihn konsultieren, fragen: Wie ist Ihr Schlaf? Wie ist Ihre Verdauung? Wie viel arbeiten Sie? Wie viel bewegen Sie sich? Ganzheitliche Medizin nimmt die physiologischen Grundbedürfnisse sorgsam in den Blick, die wir im Alltag oft meinen, schadlos vernachlässigen zu können. Wir gehen mit Stresssymptomen zum Arzt und hoffen, dass er uns etwas verschreibt, womit es uns dann besser geht – ohne dass wir selbst an Lebensgewohnheiten rühren müssten. Eine Medizin, die uns in die Verantwortung für unser eigenes Leben setzt, kann eine solche Erwartung bestenfalls freundlich enttäuschen.

Damit ist die Basis beschrieben: Sorgen Sie dafür, dass Sie gut, genug und erholsam schlafen? Ernähren Sie sich gesund? Stellen Sie eine Balance zwischen Anspannung und Entspannung her und bewegen Sie sich ausreichend an der frischen Luft?

Ihre Gesundheit interessiert sich nicht für Ihre Argumente, weshalb Sie ungesund leben. Es könnte gut sein, dass wir nur ein Leben haben. Nämlich dieses. Und nur diesen Körper, der sich nur auf Sie verlassen kann.

Sich zu überwinden tut gut

Tun, was uns guttut, heißt leider nicht unbedingt, dass es sofort Spaß macht. Früh aufzustehen, fällt mir zum Beispiel immer schwer, aber kaum etwas macht mich so selig wie ein ganz junger Morgenhimmel. Und wenn ich kleine Spatzen in noch dunstigen Zweigen oder am Fluss im Dämmerlicht einen in diesem überirdischen Blau aufblitzenden Eisvogel fotografieren konnte, dann bin ich froh, mich aufgerafft zu haben.

Zu vielem müssen wir uns überwinden, damit es uns guttun kann. Zum Spazierengehen, wenn es regnet, obwohl es das

Beste gegen die Kopfschmerzen wäre, dazu, ein heikles Thema anzusprechen, den Finger zu heben, wenn wir gerne etwas hätten, eine Dienstleistung zu reklamieren, mit der wir unzufrieden sind, kein Trinkgeld hinzulegen, wenn wir uns über den Kellner geärgert haben. Immer wieder einmal sitzen wir im Theater/Kino/Konzert oder Ballett, und dann sagen wir zu Recht: Wieso machen wir das nur so selten? Oder wir haben endlich einen alten Freund wiedergetroffen, tauchen ein in die wohltuende Vertrautheit und wundern uns, wieso wir dazu so lange gebraucht haben.

Aufschieben tut uns nicht gut

Wir wissen aus alltäglicher Erfahrung, wie gut es tut, Dinge endlich anzugehen, die wir vor uns herschieben. Aufräumen ist ein gutes Beispiel. Wer macht das schon besonders gerne? Aber die Erleichterung eines geordneten Raumes, in dem das Schöne wieder wirken und die Energie wieder fließen kann, ohne dass unser Blick stolpert und unsere Aufmerksamkeit aufgehalten wird, ist körperlich spürbar.

Wie Blei lagern sich die unerledigten Aufgaben auf unser Gemüt. Aufschieben tut uns definitiv **nicht** gut. Aber im jeweiligen Moment, in dem wir uns entscheiden, uns nicht anzustrengen, nicht aufzuraffen, die unsortierten Unterlagen ein weiteres Mal in die Schublade zu geben oder eine Entscheidung noch einmal zu vertagen – das ist immer eine verführerische Erleichterung. Obwohl es uns besser täte, die kleine Kraft doch aufzubringen und nicht dem Dieb der Zeit, wie man Aufschiebeverhalten auch nennt, nachzugeben. *Eat the frog first* ist ein sehr guter Ratschlag. Statt den ganzen Tag unterschwellig daran zu denken, dass man noch die Spülmaschine ausräumen, die Garage kehren oder diesen unerfreulichen Anruf tätigen müsste – sollte man diese Dinge zuerst erledigen.

Sich anzustrengen tut gut – und macht stolz

Dinge zu tun, bei denen wir uns überwinden und anstrengen müssen, stärkt dagegen unser Selbstwertgefühl. Wir können uns auf uns selbst verlassen. Wir sind den Berg hinaufgestiegen, haben uns etwas getraut, haben den Sport nicht ausfallen lassen, haben uns nicht selbst betrogen.

Stolz entsteht nicht aus dem, was uns zufliegt oder was man uns schenkt. Stolz und Selbstvertrauen wachsen aus Dingen, für die wir uns wirklich ins Zeug legen, aus Erfolgen, die wir uns im wahrsten Sinn des Wortes erarbeitet haben. Man kann gar nicht überschätzen, was das Vermeiden von Anstrengung mit uns macht: Je weniger wir uns anstrengen, desto weniger trauen wir uns zu, je weniger wir uns zutrauen, desto weniger strengen wir uns an – und immer so weiter.

Ausreden schwächen uns

Lassen wir die Ausreden außer Acht, mit denen wir höflich sind und Konflikte vermeiden, die niemand braucht. Die Ausreden aber, mit denen wir Probleme leugnen oder nicht angehen, Schwierigkeiten vor uns herschieben, Konflikte nicht lösen: die schaden uns. Je länger wir in Situationen bleiben, unter denen wir leiden, desto nachhaltiger. Während wir entschieden erklären, dass wir in solchen Jobs oder Beziehungen verharren müssen, registrieren wir zugleich, dass wir nicht aufrichtig zu uns selbst sind.

Ganz praktisch· Prüfen Sie einmal, warum Sie meinen, in Bereichen Ihres Lebens, mit denen Sie leicht oder massiv unzufrieden sind, nichts (anders) machen können. Was genau führen Sie ins Feld? Sind etwa Sie selbst der Hauptgrund, dass Sie dem Drama nicht entkommen können? Was für eine Kernbotschaft geben Sie sich damit? Jedenfalls nicht die, dass Sie auf sich setzen können und die beste aller möglichen Entscheidungen für sich selbst treffen. Sie sagen vielmehr: Ich kann nicht dafür sorgen, dass es mir gut oder wenigstens besser geht. Diese Nachricht muss Ihnen Angst machen, macht Sie anfällig für überhöhte Erwartungen an andere. Das kann auf Dauer Ihr Selbstvertrauen unterhöhlen und die nächste Opferstory vorbereiten.

Tun Sie sich das nicht an! Überlegen Sie lieber: Welche Gedanken können Sie denken, die Ihnen Mut machen? Welche ersten Schritte können Sie sich abringen, die die Situation verändern? Was können Sie wagen, welche Angst oder Empörung können Sie überwinden, damit Sie zu sich selbst stehen?

Was uns widerstrebt, kann genau das Richtige sein

Wenn unser Blutdruck zu niedrig ist und wir uns müde und kraftlos fühlen, empfinden wir die Aufforderung, Sport zu treiben, als Zumutung. Dennoch würde genau das helfen.

Ich kann mich sehr gut an einen jungen Klienten erinnern, der völlig überdreht durch monatelange absurde Überlastung in einer beruflichen *Mission impossible* vor mir saß. Wir sprachen darüber, was er tun könnte, um Kraft zu tanken und wieder schlafen zu können. Ich schlug ihm vor, einen Yogalehrer zu kontaktieren, der ihm helfen würde, Tiefenentspannung zu erlernen. Der Blick, mit dem der junge Mann, der so meditative Sportarten wie Rugby und Fechten bevorzugt, mich anschaute, war zum Rahmen schön. Yoga wäre genau das Richtige für ihn gewesen, aber er konnte sich nicht dazu durchringen.

Tun, was uns guttut, bedeutet
- uns für das zu entscheiden, was uns stärkt
- auf das zu verzichten, was uns nicht guttut und damit: schlechte Angewohnheiten zu lassen

- als Erstes das zu erledigen, wozu wir keine Lust haben, was aber getan sein will
- unser Selbstvertrauen dadurch zu stärken, dass wir Dinge tun, die uns schwerfallen, von denen wir aber wissen, dass sie gut für uns sind
- uns nur vorzunehmen, was wir auch wirklich tun werden
- Probleme und Konflikte, die uns beeinträchtigen, anzugehen oder unsere Auffassung dazu so zu ändern, dass wir nicht mehr leiden
- uns selbst statt Ausreden die Wahrheit zuzumuten

21

Genießen können wir nie zu viel

Sich überwinden, anstrengen, mutig sein, Pläne umsetzen ... dass uns das alles guttut, kann man einsehen. Aber gibt es auch noch etwas, das direkt und ohne Umwege, einfach so guttut und glücklich macht?? Gibt es. Und wir sollten es so oft wie möglich tun. Nämlich: genießen.

Wir alle haben eine Kraftquelle in uns, die wir jederzeit und egal, wo wir uns befinden, nutzen können. Sie funktioniert wie eine innere Tankstelle für Wohlbefinden. Wir können sie anzapfen, wann immer uns danach ist. Das geht innerhalb von Sekunden, ganz leicht:

Denken Sie einmal an eine Situation, in der Sie wirklich glücklich waren. Erinnern Sie sich so konkret, lebendig und plastisch wie möglich und spüren Sie mit allen Sinnen hinein. Wenn Sie eine Szene aus dem letzten Urlaub vor Augen haben und gedanklich an eine kleine Bucht gegangen sind und dort wieder aufs Meer schauen, bringen Sie jetzt Farbe und Ton ins Bild, spüren Sie den Sand zwischen Ihren Zehen, Sonne und Wind, vielleicht prickelt Ihre Haut, riechen Sie, was es da gibt zwischen Seeluft, Sonnenlotion, Melone, alles was dazugehört.

Vielleicht stehen Sie auch an einem Fenster in einer Altbauwohnung in Berlin und schauen auf die Brandmauer gegenüber, und da hat jemand in großen blauen Buchstaben daraufgesprüht »Wann heiratest du mich endlich?«. Und Sie wissen, das ist für Sie.

Oder Ihnen ist sofort in den Kopf gekommen, wie Sie nach einer Diät das erste Mal wieder eine Jeans in Größe 38 anprobiert haben. Bisschen Luftanhalten ist noch erforderlich, aber: Der Reißverschluss geht zu! Oder Sie erinnern sich an den Moment, an denen man Ihnen Ihr Kind zum ersten Mal auf den Bauch gelegt hat.

Kleine, größere und sehr große Glücksmomente liegen in Ihrem Gedächtnis und warten darauf, dass Sie sich ihrer erinnern. Man nennt sie auch *Moments of excellence*. Da liegen alltägliche (Vanillepudding!), außerordentliche, lebensentscheidende und weltbewegende solcher Momente, kleine, zarte und solche voller emotionaler Wucht. Über einem Meer von Wolken, die den Vierwaldstätter See verschluckt haben, stehen und die Gipfel im Abendlicht sehen. An der Ziellinie beim Marathon applaudieren. Den verwuschelten Kopf Ihres Mannes, wenn er aufwacht, streicheln. In einem Schwarm zitronengelber Fische schnorcheln und vor Begeisterung richtig viel Wasser schlucken.

Was passiert, wenn Sie daran denken und alle Ihre Sinne hinzunehmen? In Ihr Gesicht schleicht sich ein Lächeln, Ihre Züge werden sanft, Ihre Augen bleiben geschlossen. Und Sie sind – so lange, wie Sie sich der Erinnerung hingeben – erneut glücklich, hier und jetzt.

Dass das so funktioniert, wird Sie vermutlich nicht besonders wundern, das kennen Sie schon den größten Teil Ihres Lebens. Dennoch ist es lohnend, sich klarzumachen, dass Sie jedes Mal, wenn Sie das tun, sich ein positives Gefühl **selbst machen**. Durch einen Gedanken, eine Erinnerung, eine Vorstellung, eine angenehme Empfindung. Ist doch faszinierend, dass das geht, wo doch weder der Strand noch die Jeans oder das Baby gerade hier sind … Es geht natürlich auch umgekehrt – wenn Sie an eine traurige, erschütternde, bedrohliche, enttäuschende Szene denken, dann sind auch die dazugehörigen Gefühle sofort da. Auch wenn Sie sich vorstellen, wie Sie mit dem, was Sie vorhaben, wahrscheinlich grandios scheitern werden, stellen sich passende Empfindungen ein. Das bedeutet: Sie können wählen, an was Sie denken, um sich gut oder schlecht zu fühlen.

Ihr ganzer Körper – Herzschlag, Atmung, Hautwiderstand – reagiert auf positive Erinnerungen. Menschen in Extremsituationen haben psychisch auf diese Weise überlebt. In der Medizin weiß man schon lange, dass man mithilfe von Visualisierungen den Blutdruck senken, das Herz und seinen Rhythmus beruhigen kann. Und Sie können sich mit Ihren Glücksmomenten verbinden, wann immer Ihnen danach ist.

In Seminaren mache ich eine entsprechende Übung, wenn ich spüre, dass der Gruppe eine Handvoll positive Energie guttun würde. Um nach der Mittagspause wieder Konzentration zu sammeln oder einfach, weil es mir persönlich so gut gefällt, wie innerhalb kürzester Zeit sämtliche Teilnehmer einen seligen Gesichtsausdruck entwickeln. Dazu lasse ich die Teilnehmer aufschreiben, was sie alles so glücklich macht, und bitte sie, alle Sinne durchzugehen, ihren Geschmack, den Geruchssinn, das Hören, Sehen und Fühlen. Es ist bei jedem anders, unsere Sinne liefern uns unterschiedlich viel Zugang, auch zur schönen Erinnerung. Dem einen fallen sofort viele Bilder ein, aber er hört nicht so viel, andere haben sofort viele akustische Glücksbringer und dafür wenig Ideen zum Fühlen. Wie auch immer, wenn dann eine Gruppe von zehn Leuten sich gegenseitig von dem erzählt, was sie aufgeschrieben haben, dann kommt Seeluft in den Seminarraum, die Seidigkeit von Kinderhaar, der Duft frisch gestärkter Wäsche oder noch heißer Waffeln, gerade gemähtes Gras, Glockengeläut, junge Hunde, der Geschmack von Omas Kartoffelpuffer, der Sound eines Sportwagens, das Knistern eines Abendkleides … Und oft hört man »Stimmt!«, »Ja …!! Aber klar!«, »**Das** ist schön!«, »Das gehört auch auf meine Liste!«.

Mit der Erinnerung an schöne Momente können wir es uns augenblicklich gutgehen lassen, es entspannt und macht froh. Regelmäßig die Liste der Glücklichmacher zu ergänzen, hilft uns, darauf zu achten, dass wir uns diese Momente live gönnen sollten – so oft und so ausgiebig wie möglich. Denn wir wollen unser Leben immer neu genussvoll und farbig leben, neue Schätze aufbauen, an die wir uns dann übermorgen erinnern können. Viele von uns machen das nicht automatisch, sie rennen durchs Leben, und am Abend fällt ihnen – wenn überhaupt – auf, dass sie nichts wirklich Genussvolles für sich erlebt oder getan haben.

Dann hilft es, sich morgens einen Plan zu machen. Welche schönen Dinge will ich heute konkret tun? Worauf kann ich mich schon freuen, wenn ich gerade die Ablage mache oder staubsauge? Was habe ich schon lange nicht mehr gekostet, was mir aber in so wunderbarer Erinnerung ist, und woher kann ich den Duft bekommen, den ich mit der Zeit verbinde, als ich sechzehn war?

Das ist blöd, einen Plan fürs Genießen aufzustellen? Finde ich nicht. Viele Leute machen sich jeden Morgen Listen für Pflichten und Erledigungen. Da kann man sich auch auf schönem Papier seine Genusspunkte notieren … Aber wenn Sie es anders schaffen, mindestens dreimal am Tag innezuhalten und etwas aufmerksam zu tun, das Ihnen guttut, prima! Hauptsache Sie tun es. Einem Vogel beim Zwitschern zuhören oder beim Baden zusehen, eine Tasse Tee trinken, und zwar nur das – nicht dabei lesen, Musik hören, telefonieren, E-Mails abrufen … Nur diese Tasse Tee jetzt ganz bewusst riechen, schmecken, schlucken, genießen. Geht auch mit Leberwurstbrot, Joghurt oder Karamellbonbon. Ihren aktuellen Lieblingssong hören – eine Pause machen und Ihre ganze Aufmerksamkeit auf das richten, was Sie gerade tun. Ihr eigenes Lächeln wahrnehmen. Sich, wie ein chinesischer Tai-Chi-Meister es formuliert hat, mit dem Herzen zulächeln. Und anschließend: Streicheln Sie sich über Ihre Schulter und loben sich dafür, dass Sie das gut gemacht haben.

Diese Übung ist sehr wirkungsvoll darin, Ihr Leben zu bereichern, und macht zudem auf subtile Weise Ihrem Ego und einschränkenden Überzeugungen zu schaffen.

»Ach du lieber Himmel«, höre ich jetzt oft. »Für was soll ich mich denn loben, wenn ich ein paar Momente etwas genossen habe? Das ist doch schon Belohnung genug. Ich habe ja gar nichts geleistet.«

Anerkennung kann man für Leistung geben, nicht für Genießen? Das kommt vielen so vor, das haben wir so gelernt.

Regelmäßig diese Übung machen zu sollen, erscheint vielen merkwürdig, sodass sie sich dazu nahezu überreden, überlisten müssen, als ob sie etwas Verbotenes, Skurriles täten. Viele »vergessen« es oft, kommen nicht dazu, fangen nächsten Monat wieder damit an … Je netter Sie aber mit sich selbst umgehen und sich täglich neu bestätigen, dass es gut und wichtig ist, etwas aufmerksam und mit Liebe zu tun – desto eher hat diese Trainingseinheit eine Chance, Ihnen in Fleisch und Blut überzugehen und sich als gute(!) Angewohnheit zu etablieren.

Machen Sie es einfach. Es wird Ihnen guttun, das kann ich Ihnen versprechen. Es wird Ihrer Seele guttun, dass Sie das bestärken und ausdrücklich anerkennen, was Kinder noch intuitiv richtig machen und wir später leider oft vernachlässigen oder sogar vergessen: aufmerksames, selbstvergessenes Genießen. Das nämlich ist genauso wertvoll wie Disziplin, Schnelligkeit, Stärke oder Originalität – Eigenschaften, die wir später als wichtig erachten.

Natürlich genießt jeder Mensch dies und das. Aber: Zu viele Menschen verlagern das Genießen auf den Urlaub oder das Hobby. Wichtig ist, dass es Bestandteil eines jeden Tages ist. So wie Zähneputzen, Haare kämmen und Schuhe zubinden. Alltag darf genussvoll sein. Immer.

Natürlich sind viele Tage keine Wellnessoasen. Gerade deshalb ist es wichtig zu schauen, was uns hilft, mit Widrigkeiten, Schicksalsschlägen oder auch der Herausforderung der

Routine zurechtzukommen. Wie stärken und bewahren wir, gerade in anstrengenden Phasen, die psychische Stabilität und Kraft, die uns trägt?

Eine Antwort ist: Indem Sie dafür sorgen, dass Sie zuverlässig jeden Tag Dinge tun, die Sie glücklich machen. Ungestört Zeitung lesen, Fußball spielen oder schauen, tanzen, malen, Weihrauch riechen, baden in Schaumbad mit Orangenblüten, in der Gartenerde wühlen, Motorradfahren. Was auch immer. Dass auf Ihr Genussprogramm Verlass ist, darauf kommt es an. Mag das Leben heute auch Moll ansagen, Sie können Dur sein, wenn Sie Ihre Nase in das Fell Ihres Hundes vergraben, sich einen unvernünftig großen Strauß Fresien kaufen oder Ihre Lieblingssoap am Nachmittag anschauen – und erst danach weiterarbeiten.

Was Ihnen wirklich guttut, wissen Sie: Ob Sie sich ablenken, betäuben oder wirklich in Ihrem Element sind, ob die Währung falsch ist oder echt. Von außen kann man es auch sehen: Leuchten die Augen, ja oder nein? Beim Suchtverhalten mag das vierte Glas die Schüchternheit besiegen oder den Kummer in den Hintergrund drängen, aber die Augen leuchten nicht. Wenn Sie Sachen machen, von denen Sie denken, Sie müssten sie tun, weil es hip oder wichtig oder unabdingbar ist: Die Augen leuchten nicht. Aber Dinge zu tun, die Sie wirklich genießen, das bringt Glanz.

Abschied vom »Ich bin eben so«: Persönlichkeit ist kein Schicksal

Das »Ich bin eben so« haben wir als die große, vielleicht die größte Ausrede kennengelernt, mit der wir unsere persönliche Entwicklung blockieren. Wir heben entschuldigend die Hände hoch und signalisieren »Da kann man nichts machen!«.

Vor Kurzem antwortete mir eine Klientin im Erstgespräch auf die Frage, was sie im Coaching für sich erreichen wolle: Das wisse sie noch nicht so recht. Ihr Chef habe ihr ohne genauere Begründung vorgeschlagen, doch etwas für sich zu tun. Was sie denn vermute, was ihn zu dieser Empfehlung bewogen haben könnte? Ihr sei bewusst, meinte sie daraufhin, dass sie zwei Charaktereigenschaften habe, die schwierig seien. Welche denn, fragte ich. Sie nehme alles sehr persönlich, war die Antwort, und sie habe eine Neigung zur Perfektion. Mir kam es für einen Moment so vor, als habe sie mir zwei etwas problematische Untermieter vorgestellt: »Darf ich bekannt machen, Frau Empfindlich und Frau Superkorrekt.«

Es klang, als ob sie selbst keinen Einfluss darauf habe, sich alles zu Herzen und die Dinge zu genau zu nehmen. Das ist: »So bin ich eben.«

Der Begriff der Charaktereigenschaft wird oft genau auf diese Weise verwendet: Charakter ist Schicksal. Durch ihn ist der Bösewicht seinem Jähzorn ausgeliefert, der Gute seinem weichen Herz, ihre Wege sind vorbestimmt. Natürlich haben wir unsere Eigenheiten, die üben wir ja schließlich schon ein paar Tage. Aber was wir anerkennen sollten: Wir sind dem nicht komplett ausgeliefert. Die Freiheitsgrade gegenüber Gewordenheit und Gewohnheit auszuloten und zu vergrößern, darum geht es. Was wir wirklich ändern wollen, das können wir auch. So sagen wir denn auch: »Der hat Charakter!« und meinen damit, dass sich jemand bewusst entschieden hat, etwas zu tun oder zu lassen, so oder anders zu handeln, mit anderen Worten: dass jemand mutig und verantwortlich im Leben steht.

Persönlichkeit ist eine Entscheidung

Die Idee von persönlicher Entwicklung schließt sich der zweiten Auffassung von Charakter an. Unsere Persönlichkeit ist natürlich ein Produkt – unserer Anlagen, unserer Biografie, der gesellschaftlichen Situation und Zeit, in der wir leben. Entwicklung ist insofern immer nur in einem bestimmten Rahmen zu leisten. Dennoch: Ab einem bestimmten Alter ist Persönlichkeit vor allem: eine Entscheidung. Nicht zuletzt dafür, uns nicht mehr auf das »Ich bin eben so!«, das uns das Ego suggeriert, herauszureden. Das Ego verteidigt die Illusion, dass wir gar nicht anders könnten. Unsere Antwort lautet: Wir halten unsere eigene Entwicklung für möglich. Und wir tun etwas dazu.

Persönlichkeit ist ein Lernprozess

Das Ego macht uns vor, dass unsere Persönlichkeit »fertig« sei und führt uns damit langfristig in die Starrheit und Verfestigung. Unsere Entscheidung für die eigene Entwicklung bedeutet daher, Persönlichkeit nicht als Zustand, sondern als Prozess, nämlich einen Lernprozess, zu betrachten. Authentizität können wir hierin als ein Ziel, als einen Weg zur Selbstwerdung verstehen.

Die große Überschrift für alles Weitere heißt: flexibler werden. Bis Mitte, Ende zwanzig wäre das keine passende Empfehlung. Wir müssen unsere Erfolgsrezepte erst einmal leben, unser Muster ausreizen, ehe wir es loslassen können. Ab dann geht es darum, in unsere innere und Verhaltensbeweglichkeit zu investieren. Also: variieren, Selbstverständlichkeiten infrage stellen, Dinge anders machen, ausprobieren, ganz konkret üben.

Das Lernziel lautet: lernen!

Wir können uns natürlich nicht völlig neu erfinden. Dazu gibt es auch keinen Grund. Wir sind kein Designprodukt, das mal eben einige neue zeitgemäße Details braucht. Sondern wir entscheiden uns für ein Leben, das uns und unseren Möglichkeiten entspricht. Dazu sollten wir uns lebenslanges Lernen zutrauen und zumuten.

Lernen bedeutet, die Komfortzone zu verlassen

Wenn wir als Erwachsene eine neue Fähigkeit erwerben wollen, dann kommen wir mit dem in Berührung, was man bewusste Inkompetenz nennt. Nicht zu wissen, was wir nicht können (sagen wir mal: Anfahren am Berg mit Schaltgetriebe), das ist komfortabel. Wenn wir dann merken, dass es uns nicht gleich gelingt, dann kommt uns der Komfort abhanden, und die Anstrengung beginnt. Anfahren am Berg muss man lernen, da hilft nichts, ohne das kein Führerschein. Und den wollen wir ja.

Aber in vielen anderen Situationen entscheiden wir uns gegen die Mühe. Denn es kann anstrengend sein, die Komfortzone, diese gemütliche Gegend des »Ich weiß Bescheid und komme problemlos klar« zu verlassen. Wir sind alle Experten darin, zu begründen, warum man das vermeiden sollte. Nicht lernen wollen und Ausreden gehen Hand in Hand. Wir finden triftige Gründe, warum man irgendetwas gar nicht lernen muss, weil wir es nämlich gar nicht brauchen. Wir haben auch Routine, die Schuld auf jemand anderen zu schieben:

Wir hätten ja wirklich gerne mehr Gedichte gelernt, aber der Deutschlehrer mit seiner Vorliebe für schwülstige Barockverse hat uns das für immer verdorben. Oder wir befinden, dass wir »eben so sind«, kein Rhythmusgefühl haben, uns keine Namen merken können oder mit Zahlen auf Kriegsfuß stehen. Das Thema abzuwerten, eine andere Person oder uns selbst – das sind alles Strategien, um der Mühsal des Übenmüssens zu entkommen. Aber Üben ist der einzige Weg zum Aufbau neuer Kompetenzen. Und ganz besonders, wenn wir uns im Bereich der persönlichen Entwicklung befinden.

Was sind die Voraussetzungen für erfolgreiches Lernen?

Das Ziel muss Ihnen wichtig sein. Damit Sie die Komfortzone verlassen, müssen Sie es selbst wollen. Ziele, die jemand anders für Sie macht, haben meist wenig Zugkraft. Daher scheitert ja auch meist der Versuch, wenn wir unserem Partner dezent ein Buch über Kommunikation, Liebe oder Kindererziehung auf den Nachttisch legen, von dem wir meinen, dass er (oder eher wir …) sehr davon profitieren würde, wenn er sich den Inhalt zu Herzen nähme. Sie brauchen selbst eine Idee, warum Sie etwas lernen und wozu es Ihnen nutzen wird. Gerade dann, wenn es sich um Lernprozesse handelt, die mittel- und langfristig angelegt sind, muss Ihnen der Aufwand plausibel sein, sonst geht Ihnen auf der Strecke die Puste aus.

Sie müssen sich zutrauen, das Ziel zu erreichen. Nach allem, was wir über Veränderungsprozesse im kleinen wie im größeren Umfang wissen, ist dieses Vertrauen in die eigene Lernfähigkeit elementar. Veränderungen berühren unser Selbstwertgefühl, wir alle fühlen uns als Anfänger unsicher. Ihre persönliche Lernprognose ist daher umso besser, je mehr Sie dieses flaue Gefühl kompensieren können, indem Sie sich Ihrer

Stärken bewusst und stolz auf bisher Erreichtes sind. Und vor allem: Je regelmäßiger Sie sich neuen Aufgaben stellen und dadurch Sicherheit im Umgang mit Ihrer Unsicherheit erwerben. Dabei ist eine entspannte innere Einstellung zum Lernen und Fehler-machen-Dürfen genauso wichtig wie Disziplin und das Einhalten von Verabredungen mit sich selbst.

Sie brauchen einen Plan. Lernen funktioniert am besten, wenn Sie neben einem Ziel und dem Willen, es zu erreichen, auch einen konkreten Plan haben. Das ist wichtig, um sich zu konzentrieren, nicht zu verzetteln und die Aufgaben angemessen zu dimensionieren. Schreiben Sie auf, was Sie ändern wollen, geben Sie dem Ziel einen konkreten, möglichst spezifischen Namen. Und nehmen Sie sich immer ein Thema nach dem anderen vor. Sich an Neujahr zu schwören, ein besserer Mensch zu werden oder gesünder zu leben, ist dermaßen unkonkret und unverbindlich, dass daraus einer jener Vorsätze werden wird, mit denen Sie sich selbst enttäuschen. Es geht nur, wenn Sie das Ungenaue präzisieren und festlegen, woran Sie persönlich den Erfolg messen wollen.

Jedes zweite Mal die Essmanieren Ihrer Kinder nicht zu kommentieren, kann ein realistisches Ziel sein, wenn Sie es für den Familienfrieden mit Ihrer dogmatischen Ader aufnehmen wollen. Oder einmal im Monat, egal, was gerade ansteht, ein Abendessen mit Freunden auszurichten, wenn Sie spüren, dass Sie Ihre Freundschaften vernachlässigen.

Nehmen Sie ernst, wann und wie oft Sie die Dinge tun wollen. Lassen Sie sich von Kalenderfunktionen oder einem Signalton in Ihrem PC oder Handy erinnern, weihen Sie jemanden ein, kleben Sie sich Zettel auf den Badezimmerspiegel. Alles, was hilft, den Plan auch einzuhalten, ist gut.

Veränderung ist nur mit Stabilität möglich

Wir wissen, dass das Lernen nur in einem Umfeld stattfinden kann, das genügend Stabilität bietet. Wenn das nicht gewährleistet ist, werden Stillstand oder sogar Rückschritt die Folge sein. Zu viel oder gleich alles anders machen zu wollen, funktioniert nicht. Wenn ein neuer Vorgesetzter das versucht, ruft er damit in aller Regel so viel Widerstand seiner Mitarbeiter auf den Plan, dass seine Innovationsbemühungen scheitern. Jeder wird die Vergangenheit verteidigen, weil eine zu hohe Dosis an Neuem das Bisherige und damit die Leistung vieler nicht angemessen würdigt.

So ähnlich reagiert auch unser Inneres auf überdimensionierte Veränderungspläne. Wenn Sie sich vornehmen würden, Ihr ganzes Leben umzukrempeln, wäre Fortschritt sehr unwahrscheinlich. Sie können umso leichter von Gewohntem lassen, je mehr Sie sich ganz bewusst an jenen Bereichen Ihres Lebens freuen, in denen alles so bleiben soll, wie es ist. Wenden Sie also einen ausführlichen Blick auf Ihre Ressourcen.

Worauf sind Sie stolz?

Erstellen Sie eine Bilanz Ihrer Talente, Fähigkeiten und Verhaltensweisen, mit denen Sie bislang gute Erfahrungen sammeln konnten. Was können Sie gut, womit haben Sie Erfolg, gewinnen Sie, erreichen Sie Ihre Ziele? Worauf sind Sie stolz, wofür können Sie sich selbst Anerkennung geben?

Da kommt mit Sicherheit allerhand zusammen. Denn Sie sind ein Erfolgsmodell. Sonst säßen Sie nicht hier und könnten über Weiterentwicklung nachdenken.

Machen Sie eine Liste und notieren mindestens dreißig Stärken, die Sie haben. Natürlich auch gerne mehr. Das klingt vielleicht viel, aber Sie können noch weit mehr.

Hängen Sie Ihre Ansprüche nicht zu hoch, ein Talent ist auch dann eines, wenn es keine Ausnahmebegabung darstellt oder Sie damit nicht bei »Wetten, dass ...?« auftreten können. Gönnen Sie sich den Spaß und vergessen Sie auch die kleinen, alltäglichen Begabungen nicht. Wenn Sie unruhige Babys beruhigen, Tische schön dekorieren, einen Kleinlaster fahren, nachts gut sehen oder schlappe Blumensträuße aufmöbeln können. Wenn Sie die Ruhe weghaben, gut über die Witze anderer lachen können, wenn Sie gut früh aus den Federn kommen, schwindelfrei sind, Ihre Zunge rollen, Koffer platzsparend packen oder Buchstaben lesen können, die auf dem Kopf stehen. Das alles zusammengenommen, macht Sie in Ihrer Individualität aus, diese Kombination gibt es so nur ein einziges Mal.

Meine Fähigkeiten, Talente, Stärken:

1. _____

2. _____

3. _____

4. _____

5. _____

6. _____

7. _____

8. _____

9. _____

10. _____

11. _____

12. _____

13. _____

14. _____

15. _____

16. _____

17. _____

18. _____

19. _____

20. _____

21. _____

22. _____

23. _____

24. _____

25. _____

26. _____

27. _____

28. _____

29. _____

30. _____

Es macht Freude, das aufzuschreiben, und es ist schön, es sich dann durchzulesen. Oder etwa nicht?

Viele Menschen müssen sich ein wenig überwinden, diese Liste ihrer Aktivposten anzufertigen. Ich meine jetzt nicht Menschen, die in einer Krise sind, in der plötzlich einfach alles grau und bedrohlich schwarz wirkt, oder deren Leiden genau darin besteht, in ihrem Leben scheinbar gar nichts Gutes finden zu können. Nein, ganz normale Leute, die bei der Bitte, ihre Talente aufzulisten, ins Zögern geraten. Es ist irgendwie unfein, stolz auf sich selbst zu sein und es zu zeigen. Bescheidenheit ist eine Zier … Bestenfalls nennt man es amerikanisch, und die, na ja, die prahlen eben gerne.

Dabei: Was ist schöner, als einem Menschen zu begegnen, der sich an sich selbst freut? Äpfel von einem Bauern zu kaufen, der von seinen Äpfeln begeistert ist, oder einer Sängerin zuzuhören, der man ansieht, wie sehr sie sich über ihre eigene Stimme freut. *Thank you for the music.* Alle Welt meint zu wissen, wie wichtig Anerkennung für das Wohlbefinden ist, wir fordern es von unseren Partnern und Vorgesetzten. Aber wenn wir uns selbst auf die Schulter klopfen sollen, dann werden wir zimperlich. Als ob hinter irgendeiner Ecke immer noch jemand säße, der uns dann ein »Eigenlob stinkt« entgegenschleudert. Also, um mit einer Freundin zu sprechen, die sich das mit ihrer Geschäftspartnerin zum Motto gemacht hat: »Wir stellen jetzt unser Licht **auf** den Scheffel!«

Was soll genauso bleiben, wie es ist?

Ergänzen Sie nun die erste Liste mit einer zweiten Zusammenstellung. Notieren Sie all jene Aspekte Ihres Lebens, die im grünen Bereich sind: alle Beziehungen und Aktivitäten, die Ihnen guttun.

Lassen Sie sich Zeit und schauen Sie mit weitem, großzügigem Blick. Beziehungen sind nie ganz und gar und jederzeit großartig; kein Job, kein Ehrenamt, kein Hobby, keine Nachbarschaft, ganz zu schweigen vom (mal schneckengeplagten, mal im Regen halb ertrunkenen) Garten ist täglich und immerzu nur toll. Dann wäre die Aufzählung sehr kurz. Aber was bei menschlichem Blick und Maß mehrheitlich gut ist, wo die gefühlten Vorteile überwiegen, da steht die Ampel auf Grün. Wenn Sie so vorgehen, werden Sie auch diesmal eine umfangreiche Aufzählung zustande bringen.

Ihre Lieben, alte und neue Freunde, gute Bekannte, der Teil Ihrer Familie, der nicht immer auf dem Sofa sitzt und übel nimmt, Kollegen, mit denen Sie gerne zusammenarbeiten, Sportsfreunde, Laufpartner. Nicht zu vergessen Menschen Ihres Umfeldes, die vielleicht keine prominente Rolle spielen, aber eine leise und doch wichtige. Die Seiten Ihres Berufes, die Ihnen wirklich liegen. Ihre Neigungen, Passionen, Freizeitaktivitäten. Ihre junge Katze, die Sie fast alle Sorgen vergessen lässt. Ihr eigenes Zimmer, Ihr Tagebuch, Ihre Küche. Es gibt unendliche Möglichkeiten, was Ihr Leben zu einem guten Leben macht. Und es ist so wichtig, sich das immer einmal wieder bewusst zu machen.

Was alles so bleiben soll, wie es ist, weil es gut ist in meinem Leben:

1. _____

2. _____

3. _____

4. _____

5. _____

6. _____

7. _____

8. _____

9. _____

10. _____

11. _____

12. _____

13. _____

14. _____

15. _____

16. _____

17. _____

18. _____

19. _____

20. _____

21. _____

22. _____

23. _____

24. _____

25. _____

26. _____

27. _____

28. _____

29. _____

30. _____

Diese Zusammenstellung von Fähigkeiten und funktionie-
renden Lebensbereichen ist ein solides und gutes Fundament.
Damit können Sie gelassen nach dem forschen, was sich aus
Ihrer Sicht zu ändern lohnt.

Wie Sie Ihr Verhaltensrepertoire erweitern können

Sie haben Ihre persönliche Ausgangsposition bestimmt und sich hoffentlich gründlich an Ihren Talenten und all dem, was in Ihrem Leben gut ist, erfreut. Lassen Sie uns nun Möglichkeiten für konkrete Veränderungsschritte beleuchten.

Dazu knüpfen wir noch einmal an die Wurzeln des »Ich bin eben so« an, das Ego-System und seine Komponenten. Als da wären:

- Ihre typische Verhaltensweisen
- Gefühle, die man schnell in Ihnen auslösen kann
- die spezifische Form, wie sich Ihre Aufmerksamkeit immer wieder an die gleichen Themen heftet
- individuelle, recht stabile und nur bruchstückhaft bewusste Überzeugungen, Selbstverständlichkeiten und dazugehörige Ausreden, die ein Infragestellen des Musters verhindern
- Menschen, Verhaltensweisen, Themen, von denen Sie sich – vorhersagbar – provoziert fühlen

An all diesen Facetten können Sie ansetzen, um voranzukommen. Für jede einzelne Komponente gibt es, das werden Sie in den nächsten Kapiteln sehen, Mittel und Wege, um das Muster zu relativieren, das scheinbar wasserdichte Ego-System zu initieren. Dadurch wird der Raum für Neues geschaffen, damit Sie flexibler, situationsoffener, freier werden können. Alle Komponenten hängen zusammen, insofern: Was immer Sie der scheinbar unumstößlichen Routine Ihres Denkens, Handelns und Fühlens entreißen und neu und anders beleben, ist gut und wirkt sich auch in den anderen Bereichen aus.

Was ist typisch für Sie?

Betrachten wir zunächst einmal das für Sie typische Verhalten. Wahrscheinlich sind Sie sich dessen weitgehend bewusst: Wie Sie auf Stress reagieren, ob Sie Vorgesetzten gegenüber eher diplomatisch, konkurrierend, kratzbürstig oder gleichgültig reagieren. Sie können einschätzen, ob Sie eher streng oder nachgiebig in der Erziehung agieren, in Gruppen eher schüchtern oder der Draufgänger sind. Ob Sie in Konflikten eher aufs Gas treten, nach vorn gehen und Pflöcke einschlagen oder erst mal in Ruhe und mit Abstand beobachten, ehe Sie handeln.

Sollte es Ihnen schwerfallen, Ihr Verhalten selbst zu charakterisieren, wenn Sie sich das noch nie ernsthaft überlegt haben – dann beginnen Sie genau hier. Achten Sie eine Weile darauf, was für Sie typisch ist. In lässigen und in angespannten Situationen. An Ihren besten und Ihren weniger guten Tagen. Beobachten Sie sich aufmerksam, machen Sie sich am besten Notizen. Fragen Sie einige Menschen, die Sie gut kennen, was diese spontan als Ihre typischsten Verhaltensweisen benennen würden. Das kann spannend sein …

Schreiben Sie dann auf, welche zehn Verhaltensweisen charakteristisch für Sie sind. Das werden sowohl Verhaltensweisen sein, auf die Sie stolz sind, als auch solche, die Sie als Sorgenkinder oder Lernfelder für sich definieren würden. Sie können mit beiden Sorten vorankommen.

Meine zehn typischen Verhaltensweisen:

1. _____

2. _____

3. _____

4. _____

5. _____

6. _____

7. _____

8. _____

9. _____

10. _____

Ich schlage Ihnen vor, sich jetzt nach und nach jeweils einer Ihrer typischen Tendenzen zuzuwenden und für einige Zeit (sechs Wochen sind gut) ein Experiment zu machen.

Um zu entscheiden, womit Sie beginnen, gehen Sie die Liste Ihrer typischen Handlungsweisen in Ruhe durch und wählen Sie ein Verhalten aus, das Sie gerne ändern würden. Wenn es Ihnen so geht wie den meisten meiner Seminarteilnehmer, dann sitzen Sie nun vor dieser Liste und denken: Das ist schwierig! Verbindliche sechs Wochen lang anders handeln? Worauf kann man denn tatsächlich verzichten? Ihnen wird vielleicht gerade bewusst, wie vertraut und richtig sich anfühlt, wie Sie normalerweise agieren. Auch wenn Sie das eine oder andere für nicht optimal halten, Sie haben dennoch schließlich Ihre Gründe, warum Sie es tun. Und ob es anders wirklich besser wird, das wissen Sie nicht. Nehmen Sie das sehr aufmerksam wahr – das ist gemeint mit: Sie haben sich mit dem Muster identifiziert …

Beim Lesen der ersten Kapitel haben Sie vielleicht manchmal ungeduldig darauf gewartet, wann denn endlich konkrete Vorschläge kommen, was Sie wie ändern könnten. Und nun? Jetzt sind Sie wahrscheinlich gar nicht so wild darauf, mit den Renovierungsarbeiten loszulegen. Sie werden erst einmal sehr bedächtig prüfen, welche Veränderung Sie sich im Ernst vorstellen können, welche Verabredung Sie mit sich selbst eingehen wollen. Mag sein, dass Sie in dieser Situation ahnen, dass Sie sich zwar ein noch besseres, stress- oder sorgenfreieres Leben wünschen – aber am liebsten, ohne selbst etwas Grundlegendes ändern zu müssen. Es ist leicht, nur darüber zu sprechen, dass man gerne energischer, gelassener, optimistischer, weniger ungeduldig oder empfindlich – souveräner eben! – wäre. Wenn man dann aber konkret plant, auf welche Weise, wird es ungemütlich. Das »Ich bin eben so« bekommt sofort neuen Charme …

Tun Sie es trotzdem. Wählen Sie etwas aus, das Sie normalerweise tun und womit Sie aufhören wollen; oder etwas, was Sie bisher **nicht** tun, womit Sie nun einmal beginnen könnten.

Nehmen Sie etwas, das keine dramatische Relevanz hat. Spannen Sie den Bogen nicht zu weit, sonst beweisen Sie sich nur, dass es sowieso nicht klappen kann. Nehmen Sie etwas überschaubar Schwieriges. Sollten Sie sich beispielsweise darüber ärgern, dass Sie sich oft unterbrechen lassen: Legen Sie sich einen Satz zurecht, mit dem Sie in den nächsten Wochen auf Unterbrechung antworten werden, um dann Ihren Faden wieder aufzunehmen. Oder wenn Sie beim Einparken auf einer viel befahrenen Straße lieber anderen den Vortritt lassen, als in Ruhe zu manövrieren und dabei den Verkehr aufzuhalten: Erlauben Sie sich jetzt einmal diesen Raum. Das wird schon kein Thema für den Verkehrsfunk werden.

Was passiert, wenn Sie ein typisches Verhalten verändern?

Und nun kommt die eigentliche Aufgabe: Beobachten Sie sich dabei, was dieses Neue, andere bei Ihnen auslöst. Ist es eine neutrale oder sogar vergnügliche Angelegenheit, oder stresst es Sie erheblich, finden Sie es grässlich? Was passiert in Ihnen? Welche Einwände kommen hoch, welche Gründe werden laut, warum das eigentlich keine gute Idee ist? Es ist ziemlich wahrscheinlich, dass Ihr Ausredengenerator jetzt hektisch Überstunden macht.

Sie haben die Chance, ganz bewusst zu erleben, wie eine eigentlich völlig harmlose Verhaltensänderung für Sie dadurch Stress auslöst, dass sie innere Ge- oder Verbote berührt.

Beobachten Sie genau, was in Ihnen passiert, wenn Sie nun zum Beispiel für einige Wochen aufhören, sich unterbrechen zu lassen. Es kann sein, dass Ihre Umwelt sich über Sie wundert. Vielleicht äußert jemand sogar, dass Sie neuerdings aber streng, humorlos, was auch immer seien. Genauso gut möglich ist, dass niemand Ihr verändertes Verhalten registriert. Darauf kommt es bei dem Experiment nicht an. Sie machen das ausschließlich für sich selbst. Achten Sie darauf, wie es für Sie ist, wenn Sie etwa sagen: »Entschuldigung, ich möchte gerne meinen Punkt zu Ende bringen.«

Es könnten Ihnen, bevor Sie es tun, Gedanken kommen wie »Das lohnt sich doch gar nicht!« oder »So ein Aufstand, ich komme schon noch dazu, zu sagen, was ich sagen will!« oder »Jetzt bin ich aber unhöflich!« oder »Das ist ja eigentlich nicht meine Art, mich so wichtig zu machen«. Mag sein, dass Sie sich unwohl fühlen. Ihre Stimme könnte ein wenig schwanken, wenn Sie es trotzdem sagen.

Was ist hier eigentlich so schwierig? Das ganze Kino spielt sich nur in Ihnen ab, Ihre Gedanken und Empfindungen haben bestenfalls einen losen Bezug zur eigentlichen Situation. Denn Sie trainieren ja »nur« eine neue Verhaltensweise, sonst nichts. Warum erfasst Sie ein unangenehmes Gefühl, wenn Sie sich das Recht nehmen, Ihren Satz zu Ende zu bringen? Das ist ja nicht verboten, beschränkt auch nicht die Freiheit der anderen, es steht Ihnen ohne Zweifel zu. Wofür meinen Sie, sich rechtfertigen zu müssen?

Oder: Was spielt sich in Ihnen ab, wenn Sie das Auto in Ruhe in die Parklücke bugsieren, während ein bis vier Autos sich hinter Ihnen stauen? Erst einmal: Gratuliere, dass Sie es tun! Viele fahren lieber noch einmal um den Block, um dieser Situation auszuweichen. Und jetzt: Was hören Sie? Vielleicht klopft sogar Ihr Herz. Dafür, dass da Menschen eine halbe oder eine Minute (wenn es hochkommt) Ihretwegen warten müssen – dieser innere Aufruhr? Wieso kämpfen Sie mit einem Fluchtimpuls, statt sich einfach auf den Einschlagwinkel zu konzentrieren? Eine berechtigte und wichtige Frage.

Egal, was Sie gerade üben, das ist ein normaler Effekt. Ob Sie eine Weile nicht »Hier« rufen, wenn Arbeit verteilt wird, sich nicht entschuldigen, wenn Sie Nein sagen, eine Entscheidung treffen, die noch nicht völlig durchdacht ist, Ihre Hilfe nicht aktiv anbieten, es nicht akzeptieren, wenn sich jemand vordrängelt, nachgeben, obwohl Sie den Punkt holen könnten – es ist immer das Gleiche: Es passiert eigentlich rein gar nichts, aber Sie machen sich verrückt. Und zwar ausschließlich durch die Geschichte, die Sie sich gerade selbst erzählen.

Verzichten Sie auf eine lieb gewonnene Fähigkeit

Suchen Sie als Nächstes ein Verhalten aus, das Ihnen leichtfällt und das Sie gut beherrschen, das aber wichtigen Menschen Ihres Lebens auf die Nerven geht. Sollten Sie das nicht wissen, fragen Sie sie.

Und jetzt: Verzichten Sie eine Zeit lang darauf. Ich bin sicher – das wird Sie Überwindung kosten …

Wenn Sie im Enneagramm ein Perfektionist sind, könnten Sie sich nun zum Beispiel einige Wochen auf die Zunge beißen, wenn jemand einen Fehler macht oder etwas Falsches sagt, und es **nicht** kommentieren. Als Vermittlertyp könnten Sie anderthalb Monate lang üben, wann immer jemand Ihnen ein Problem erzählt, dieses nicht zu relativieren. Als Loyaler könnten Sie Zug fahren, ohne vorher eine Platzreservierung zu kaufen oder auf andere planerische Aktivitäten verzichten.

Als Boss könnten Sie für diese Zeit auf dem Beifahrersitz Platz nehmen und dem Fahrer keine Anweisungen oder Kommentare zu seinem Fahrstil geben. Als Beobachter könnten Sie jeden Tag etwas wegwerfen oder verschenken, um so Ihrer Tendenz, alles festzuhalten, entgegenzuwirken. Wenn Sie ein Dynamiker sind, könnten Sie es bewusst unterlassen, immer das letzte Wort zu haben oder den anderen die Pointe wegzuschnappen, oder Sie könnten mehrere Wochen darauf verzichten, zu erzählen, was Sie alles Tolles gemacht haben.

Und wieder: Beobachten Sie aufmerksam (und, man kann es nicht oft genug sagen, freundlich mit sich selbst!), was daraufhin in Ihnen passiert. Wieso ist das so schwer? Wozu brauchen Sie dieses Verhalten? Was wird dadurch wie gefüttert und ruhiggestellt?

Die Antwort hat drei Buchstaben: EGO.

Ich bin klasse, wenn ich elegant die Kurve des Gespräches nehme und noch einen draufsetze – das werde ich, um beim letzten Beispiel zu bleiben, als Dynamiker empfinden und könnte befürchten: Sieht man mich noch, wenn ich das lasse? Das Ego schlägt warnend den Gong der bedingten Liebe. Dabei müssten Sie doch als erwachsene Person ganz fröhlich sagen können: Ob ich nun immer das letzte Wort habe – davon hängt meine Attraktivität wahrlich nicht ab. Daran, dass es Ihnen dennoch so schwerfällt, können Sie merken, wie viel mehr Sie an alten Programmen hängen, als Ihnen gemeinhin präsent ist. Natürlich haben Sie dazu jetzt aus dem Stand einige Erklärungen, die Ihnen besser gefallen. Es ist ja schließlich unterhaltsam, was Sie zu sagen haben. Und die anderen sind das ja auch von Ihnen gewohnt. Die kennen Sie ja gar nicht wieder, wenn Sie plötzlich stumm wie ein Fisch dabeisitzen.

Letzteres ist übrigens ein beliebter Taschenspielertrick aus dem Ego-Repertoire: Wir übertreiben das neue Verhalten so sehr, dass man es gar nicht gut finden **kann**. Niemand hatte vorgeschlagen, dass Sie gar nichts mehr sagen sollen, es ging nur um das letzte Wort. Aber vielleicht kommt es Ihnen so vor, als ob Sie damit komplett ausgeschaltet sind. Sie finden kein neues Maß zwischen immer viel reden und gar nicht? Unser Ego ist wirklich gut gerüstet.

In dem Perfektionisten und Gewohnheitsverbesserer könnte während seines Experiments (Fehler nicht kommentieren) der Verdacht aufkeimen: Beziehe ich mein Selbstvertrauen wirklich aus meiner Genauigkeit? Ich deute auf das Manko, also bin ich? Ganz offensichtlich ist das so. Klammer auf: Dann kann derweil keiner auf mich deuten. Klammer zu. Sonst würde ich mich erheblich leichter tun, fünf gerade sein zu lassen. Und jetzt setzen Sie also bei einer Gelegenheit, etwas richtigzustellen, aus, Sie halten sich zurück. Und fühlen sich – merkwürdig. Unangenehm eingeschränkt. Dabei steht der tatsächliche Nutzen der Verbesserung oft in keiner Relation zum Ärger, den sie bei anderen auslöst.

Erleben Sie bewusst, wie schwer es Ihnen fällt, die Verhaltensroutine zu durchbrechen. Mental und körperlich zu spüren, wie viel Macht das Ego über unser Verhalten hat, ist Sinn und Wert des Experiments. Natürlich **können** wir später weiter den Besserwisser geben, davon geht die Welt nicht unter. Aber wir sollten es entscheiden können. Je öfter wir dem Drang widerstehen, ins Gewohnte zurückzuflüchten, um den unangenehmen Empfindungen zu entkommen, desto mehr setzen wir dem Diktat unserer Vergangenheit neue Gegenwart entgegen.

Alte Gespenster schlagen Alarm? Ein gutes Zeichen

Unser ganzes Ego ist darauf angelegt, es nicht infrage zu stellen. *Never change a winning team.* Uns von diesem Ego zu emanzipieren, ist also eine Entscheidung, die kontraintuitiv ist, sie widerspricht der bisherigen Erfahrung und dem unmittelbaren Empfinden. Das, was Sie tun können, um aus dem Mangel in die Fülle Ihrer Persönlichkeit zu kommen, ist in der Regel genau das, was Sie bislang konsequent vermieden haben und ablehnen. Der Ausstieg aus dem Muster fordert Sie zu Aktivitäten auf, die Ihnen »daneben« vorkommen. Wenn Sie es dennoch tun, um wachsender Stur- und Starrheit zu entgehen, ruft das die Abwehrkräfte des Egos auf den Plan. Alle Dämonen spielen auf: Selbstzweifel, schlechtes Gewissen, diffuses Unbehagen, quälende Ungeduld, Aufgeregtheit, Schuldgefühle. Lassen Sie sich nicht einschüchtern, Sie können darauf vertrauen, dass das alles Erfindungen des Egos sind. Schattenwesen, Blendwerk, nichts dahinter.

Ein Beispiel: Nehmen wir an, Sie seien eine für Ihre Hilfsbereitschaft und Freundlichkeit bekannte und beliebte Person, die sich gerne kümmert. Sie wissen aber auch, dass Sie oft viel zu lange schlucken, ehe Sie jemandem sagen, was Sie stört oder was Sie gerne hätten. Sie würden gerne in Zukunft früher und klarer sagen, was Ihnen auf dem Herzen liegt. Es gäbe eine konkrete Möglichkeit, diesen Vorsatz zu realisieren: Ihre Freundin nervt Sie seit einiger Zeit damit, dass sie ständig über das Gleiche jammert, nämlich über eine ältere Kollegin, die sich in alles einmischt und mit ihren hundert Jahren Erfahrung jeden Ansatz einer Innovation in Grund und Boden redet. Sie sind die Klagemauer mit ihr schon zu oft abgelaufen und überlegen sich, wie es der Freundin beizubringen wäre, dass Sie darüber nicht mehr reden möchten.

Und prompt fühlen Sie sich schlecht. Sie finden sich egoistisch, schließlich leidet die Freundin doch unter diesem Drachen. Und es ist ja keine Mühe, ihr zuzuhören ... Nein, das stimmt nicht, das ist es sehr wohl. Also von vorn: Wie könnten Sie es ihr sagen? Jede Formulierung kommt Ihnen aggressiv vor. Sie fürchten, dass man Ihnen die Freundschaft kündigt, wenn Sie sich abgrenzen.

Hören Sie weg! Ihr Vorsatz ist vernünftig, und es wird

Ihnen guttun, nicht mehr rund um die Uhr als Kummerkasten zur Verfügung zu stehen. Bemerken Sie, wie Ihr Ego Ihnen Ausflüchte, Vorwände und Alibis bereitstellt, bedanken Sie sich und lehnen Sie ab. Nehmen Sie wahr, wie die gelernten Gefühle rumoren und: Halten Sie durch!

Wenn Sie bei einer Verhaltensänderung diesem heftigen Widerstand begegnen, dann hat das Verhalten, das Sie gerade variieren, eine Verbindung zu Ihrer Vorstellung von dem, wer Sie sein sollten. Manchmal ist der Zusammenhang leicht zu sehen, in anderen Fällen ist das nicht so offenkundig. Welche Idee von Ihnen ist berührt, wenn es Ihnen schwerfällt, andere warten oder sich nicht unterbrechen zu lassen? Gegen welches Verbot verstoßen Sie da gerade? Was dürfen Sie eigentlich nicht und tun es jetzt offenbar mit Ihrer kleinen Übungseinheit? Das Experiment gibt Ihnen die Gelegenheit, herauszufinden, aus welchen Gründen Sie sich so verhalten, wie Sie es üblicherweise tun, und welche Bedeutung das innerhalb Ihres Musters hat.

Das Ego suggeriert Ihnen derweil, dass Sie im Begriff sind, etwas gefährlich Unvernünftiges zu tun – bei unklarer Verkehrslage auf Höchstgeschwindigkeit zu beschleunigen oder sich ohne Fallschirm aus dem Flugzeug fallen zu lassen. Nur: Da ist keine Gefahr! Alles Platzpatronen, fingiertes Sperrfeuer. Der Spuk ist beeindruckend bedrohlich, doch der Zugewinn an Handlungsmöglichkeiten wird Sie dafür entschädigen. Wenn Sie sich nicht beirren lassen. Und Ihren hochsprudelnden Ausreden, mit denen Sie sich sonst das Kneifen erlauben würden, bis auf Weiteres kein Gehör schenken. Bleiben Sie dran und überlegen Sie sich ruhig etwas Schönes aus der Abteilung Genießen, womit Sie sich anschließend belohnen.

Um Fortschritte zu erzielen, ist es erforderlich, dass Sie die unangenehmen Gefühle, die sich einstellen, mit tapferer Heiterkeit ertragen. Lassen Sie sich nicht von ihnen überschwemmen, geben Sie Ihnen nicht nach; nehmen Sie sie wahr und tun Sie trotzdem das, was Sie sich vorgenommen haben.

Sie können das Unbehagen beim Ausprobieren und Üben getrost als Zeichen werten, dass Sie auf dem richtigen Weg sind.

Eine Übung, um Ihr Verhaltensrepertoire zu erweitern, möchte ich Ihnen noch ans Herz legen.

- Suchen Sie von den Ausreden, die Sie gerne/oft verwenden (in Kapitel 2 haben Sie sie notiert), jeweils eine aus – und lassen Sie sie für sechs Wochen weg und sagen stattdessen die Wahrheit.
- Hören Sie für die gleiche Zeit auf, eine Ausrede, die Sie bei anderen stört, zu »kaufen«, also das Ausredenspiel mitzuspielen.
- Beobachten Sie, was passiert …
- Über Risiken und Nebenwirkungen sollten Sie – vorher! – nachdenken … Auch das wird erkenntnisreich sein.

Wir haben das ganze Leben Zeit

Die Fragen »Wie komme ich jetzt da heraus? Und wie lange wird das in Anspruch nehmen?« werden mit einer gewissen Dringlichkeit gestellt, sobald man erst einmal anerkennen muss, dass am Steuerrad des eigenen Lebens ziemlich viele alte Gespenster ihre Finger mit im Spiel haben. Die Antwort ist sowohl einfacher als auch unbequemer, als wir es gerne hätten: Wir haben das ganze Leben, das noch vor uns liegt, Zeit, uns am Ruder mehr Platz zu verschaffen. Die Schatten der Vergangenheit dürfen sich nach und nach auflösen. Und das werden sie auch, wenn wir uns immer wieder neu mit unseren Verhaltensgewohnheiten anlegen.

Wann immer Sie also meinen, dass etwas einzig und allein auf Ihre erprobt gute Weise ginge, dann sollten Sie auch einmal eine andere in Betracht ziehen. Und sie ausprobieren. Üben, üben, üben. Nur die beharrliche Wiederholung kann etwas ausrichten und Ihr Verhaltensrepertoire erweitern.

Das klingt ziemlich anstrengend. Natürlich wäre es schön: so ein Blitz, der durch unser Leben fährt, und **alles** ist neu. Ich fürchte nur, das wird nicht passieren. Ich halte es auch nicht für praktisch, darauf zu warten. Also: Freunden wir uns damit an, dass die Entwicklung unserer Persönlichkeit und die Rückkehr zum Selbst keine Sache von Wochen oder Monaten ist, sondern dass es **das** Projekt unseres weiteren Lebens sein wird. Und lassen Sie es uns in Liebe und Entschlossenheit angehen.

Lieblingsgefühle: Wie Sie verhindern können, dass aus Erwartungen Enttäuschungen werden

Wenn Sie, wie im vorherigen Kapitel beschrieben, ein typisches Verhalten verändern, spüren Sie Widerstand, der sich in Gestalt manchmal heftiger alter Gefühle äußert. Nur wenn Sie sich davon nicht ins Bockshorn oder in die Bequemlichkeit jagen lassen, können Sie gewinnen.

Grundsätzlich spielen die gelernten Gefühle eine wichtige Rolle für Ihre Entwicklung in die Reife oder in die Eskalation. Einen veränderten Umgang mit diesen Gefühlen zu finden, ist deshalb ein zweiter Ansatzpunkt, Ihr Muster zu flexibilisieren.

Jeder von uns reagiert, wenn ihm etwas querkommt, bevorzugt mit sogenannten Lieblingsgefühlen. Diese heißen nicht etwa so, weil wir sie besonders gerne haben, sondern, weil wir sie besonders leicht und oft bekommen. Leonhard Schlegel, ein Schweizer Psychotherapeut und Dozent, spricht auch von der »vertrauten Verstimmung«, die wir seit Kindertagen kennen und in die wir in kritischen Situationen reflexhaft verfallen. Statt zu handeln, um die Situation zu verbessern, geben wir uns ihnen hin, beinahe schwelgen wir darin. Bei aufmerksamer Selbstbeobachtung, schreibt Schlegel, kann man eine Art masochistischen Lustgewinn wahrnehmen: Ich tue mir zwar leid, bin voller Vorwürfe, spüre Unwohlsein oder Trotz – aber es sind vertraute Empfindungen, und sie sind mit der Erwartung verknüpft, dass andere handeln müssen.

Unsere Lieblingsgefühle beweisen scheinbar, dass wir im Recht sind

Diese Gefühle sind Teil unseres Rechthabenprogramms: Indem wir sie offen ausdrücken oder ostentativ(!) unterdrücken, meinen wir den Beweis anzutreten, dass wir im Recht und die anderen im Unrecht sind. »Er hat mich so verletzt!!!« Das muss man nicht weiter ausführen; das Mitgefühl bitte auf mein Konto überweisen!

Es ist hilfreich, sich klarzumachen, dass diese Empfindungen aus der großen Schublade der gelernten Gefühle eine eben solche Routine darstellen wie unsere typischen Verhaltensweisen, wie impulsives Handeln für den einen und verzögertes Reagieren für den anderen. Und es ist heilsam, eine heitere Distanz zu dem aufzubauen, was sich uns da innerlich scheinbar unvermeidlich aufdrängt.

Manche sind schnell empört, wenn sie meinen, dass man ihnen etwas vorenthält, was ihnen zusteht; andere leicht gekränkt, weil sich mal wieder erweist, dass man sie nicht ausreichend schätzt oder ihre Anstrengungen würdigt. Viele sind mehr als einmal pro Tag enttäuscht, dass nur sie selbst sich so verhalten, wie »man« es tun sollte ... Wieder andere nehmen übel, dass man nicht erraten hat, welche Wünsche sie im Herzen tragen, andere haben so eine Art Dauerweltschmerz, und wieder andere sind so schnell beleidigt, dass man kaum mitkommt. Viele bekommen sofort ein schlechtes Gewissen, wenn sie meinen, nicht genug für das Wohlbefinden anderer getan zu haben. Und manche schalten innerlich ab und bemerken gar nicht, was sie empfinden. Sie versuchen, etwas angeblich auf der Sachebene durchzukämpfen, was aber – für die anderen – erkennbar hoch emotional unterfüttert ist.

Was auch immer es für ein Gefühl sein mag, das wir automatisch produzieren: Wir sollten uns in Ruhe anschauen, wie wir das machen und wozu. Und was es für Alternativen gäbe.

Der Haken mit den Lieblingsgefühlen ist nämlich, dass sie uns nicht aus dem Muster heraus- und der Erfüllung unserer Wünsche näher bringen, sondern mit dazu beitragen, dass wir genau **nicht** bekommen, was wir möchten.

Mit dem Lieblingsgefühl treten wir auf der Stelle

Wer blitzartig ärgerlich ist, wird es immer wieder bestätigt sehen, dass er dazu guten Grund hat.

Ein Mann kommt im Hotel am Urlaubsort an, will sein Zimmer beziehen und stellt fest, dass es seinen Vorstellungen nicht genügt. Es ist kleiner und weniger komfortabel, als es seiner Erinnerung nach der gebuchten Kategorie entspricht. Er ärgert sich aus dem Stand, schließlich hat er teures Geld bezahlt. Und die meinen wohl, mit ihm könnte man das machen? Kommt nicht infrage, die werden ihn kennenlernen. Entsprechend aufgeladen geht er an die Rezeption. Er fragt nicht nach, versucht keine Klärung, sondern bricht einen Streit vom Zaun. Niemand hatte versucht, ihn zu übervorteilen, er selbst hatte sich im Reisekatalog in der Saison vertan. Das hätte deutlicher im Prospekt stehen müssen, wütet er. Am Ende bekommt er durch Eingreifen des Hoteldirektors, der keinen Streit im Foyer möchte, ein Upgrade und damit ein größeres Zimmer. Und seine Karteikarte eine Notiz »Vorsicht, schwieriger Gast«.

Aus Sicht des Mannes hat es sich einmal mehr bewährt, sehr energisch für seine Interessen zu streiten. Seine Empörung gibt ihm den Schwung dazu. Eine weitere Kerbe auf dem Revolver, mit dem er sich durchs Leben schießt. Leider hat sich auch ein weiteres Mal gezeigt, dass er niemals unbewaffnet gehen sollte und dass »man nichts geschenkt bekommt«. Das Hamsterrad ist weiter in Schwung.

Menschen, die schnell mit Empörung reagieren, sind oft sehr empfindlich, eigentlich sind sie zunächst gekränkt. Das zu zeigen oder zuzugeben, passt aber nicht zu ihrem Programm. Also keilen sie verhalten oder offen aggressiv um sich. Das wirkt nicht unbedingt als eine Einladung, nett und freundlich auf sie zuzugehen und vielleicht ein Missverständnis aus dem Weg zu räumen, das zu der Kränkung geführt haben mag. So kann es leicht passieren, dass sie auf ihrer Verletztheit sitzen bleiben und dies ihr Weltbild weiter festigt. Indem sie auf den Putz hauen, bekommen sie zwar oft, was sie als ihr Recht betrachten, aber keine freundliche Zuwendung.

Lieblingsgefühle reproduzieren, was wir kennen. Auf diese Weise bauen wir an unserer Apokalypse. Das Muster verhärtet sich, oder wie neulich ein Seminarteilnehmer sagte: Es verholzt. Um dann hinzuzufügen, dass aus Holz irgendwann Stein werde. Und sein Bestreben sei, nicht zu versteinern. Wenn unser reflexhaft Wütender verstanden hätte, dass Empörung sein persönlicher Favorit auf der Gefühlskarte ist und in der Regel ein Platzhalter für weggeschobene Kränkung, dann könnte er in der Situation erst einmal Luft holen und prüfen, ob es dazu wirklich Grund gibt. Er könnte anders auftreten und es den anderen viel leichter machen, ihm entgegenzukommen.

Lieblingsgefühle verstellen den klaren Blick

Eine junge Frau hat mit zwei Freundinnen verabredet, dass diese sie am Ende ihres Urlaubes vom Bahnhof abholen. Der Zug hat mehr als zwei Stunden Verspätung. Als sie müde und genervt spätabends ankommt, wartet niemand auf sie. Dafür empfängt sie zu Hause auf dem Anrufbeantworter die vorwurfsvolle Nachricht einer der Freundinnen, dass man geschlagene zwei Stunden auf sie gewartet habe. Sie hat ein schlechtes Gewissen und entschuldigt sich am nächsten Tag. Tief in ihrem Inneren regt sich Widerspruch: Was kann sie eigentlich für die Verspätung? Sie ist traurig, verwirrt und vor allem hilflos. Sie weiß nicht, was jetzt richtig wäre. Ihr Fazit der Situation: Es würde nichts bringen, zu ihren eigenen Gunsten gegen den Vorwurf zu protestieren; ihretwegen haben zwei Menschen Zeit vergeudet, und das ist natürlich sehr schade; sie überlegt, wie sie die beiden wieder versöhnlich stimmen kann. Zugleich fühlt sie einen unerklärlichen leisen Zorn.

Zehn Jahre später erklärt sie einer Therapeutin, sie habe ein Problem mit wiederkehrenden depressiven Phasen. Worauf diese entgegnet: »Sie haben kein Problem mit Trauer, Sie haben eines mit Wut.«

In ihrer Geschichte hatte die Frau jahrelang gelernt, Zorn zu unterdrücken und sich selbst zurückzunehmen. Aus dem einmal jähzornigen, temperamentvollen Kind, das der durch vielfältigen Kummer belasteten Mutter zu anstrengend war, hatte sich ein sensibles, sorgfältig nach außen horchendes Kind entwickelt. Hauptsache, die Mutter musste nicht wieder klagen, dass der einstige Wildfang qua Geburt schuld sei, dass sie sich nicht aus der komplizierten, verfahrenen Ehe lösen könne, und es ihr überdies Kopfschmerzen mache, wie laut die Tochter sei. Im Lauf ihres Lebens wurde das Mädchen nahezu unfähig, zornig zu werden, es stand ihr nicht zu. Immer waren die Gefühle anderer wichtiger und deren Argumente besser.

Unsere Lieblingsgefühle bringen uns erneut an den Platz, wo wir schon stehen, sie machen Fortschritt zur Illusion. Alle Erfahrungen bestätigen nur das bestehende Konzept.

Wenn wir beginnen, die vertrauten, gewohnten und ewig bekannten Gefühlsreaktionen auf den Prüfstand zu stellen und nicht länger mit der Realität zu verwechseln (»mir wurde unrecht getan«/»ich habe etwas falsch gemacht«) – dann können wir behutsam die emotionalen Marionettenfäden, an denen wir hängen, entwirren und lösen.

Wir backen uns ein Gefühl

Kleine Szene in der Bar eines Hotels. Einige Freunde sitzen zusammen. Petra ist als Letzte gekommen und bestellt sich einen Weißwein. Iris, eine Freundin am Tisch, beschwert sich, nachdem die Bedienung wieder weg ist, dass sie schon zehn Minuten auf ihren Pinot Grigio warte. Was das denn jetzt solle. Die Kellnerin kehrt zurück und – stellt einen Weißwein vor Petra hin. Iris sagt etwas spitz: »Ich warte seit zehn Minuten auf meinen Wein!« Die Bedienung darauf: »Tja, der wurde dann wohl woanders hingebracht!« und geht wieder. Kein »Sorry!« oder »Ach herrje, ich kümmere mich sofort!«. Iris frieren die Gesichtszüge ein. Petra muss lachen. »Das finde ich eine wirklich originelle Begründung«, sagt sie, »die kenne ich noch gar nicht!« Dieses Lachen, das Iris im ersten Moment noch weiter aufbringt, reißt sie schließlich aus der Ärgerspirale, und sie unterhalten sich über das, was in ihr vorgegangen ist.

Iris hatte sich geärgert, dass sie auf ihre Bestellung warten musste. Und zwar, weil sie es der Kellnerin offenbar nicht wert war, sich zügig um sie zu kümmern. Und dann kommt der Weißwein, der ihrer gewesen wäre, und den bekommt dann die andere. Das ist der Gipfel an Missachtung.

Iris hatte ihren Selbstwert mit der rechtzeitigen Lieferung eines italienischen Weißweins verknüpft. Das Ausbleiben hatte sie als Absicht zu ihren Lasten interpretiert und sich damit ein veritables Lieblingsgefühl gebastelt.

Was, bitte schön, war denn genau passiert? Das wissen wir nicht und werden es auch nicht herausfinden. Aber vermutlich hat jemand einfach etwas vergessen, sich vertan, sich nicht zuständig gefühlt. Ein Fehler ist passiert. Ein Grund zum Ärgern? Eigentlich nicht. Eher ein Grund zum Nachfragen oder Signalgeben: »Denken Sie bitte an meine Bestellung?« In dem Moment aber, in dem ich dem Versehen oder der Nachlässigkeit eine Absicht unterstelle, **muss** ich mich ungerecht behandelt wähnen und mich aufregen. Und dieser inakzeptablen Behandlung auf eine mir geeignet erscheinende Weise Paroli bieten.

In dem Persönlichkeitsmuster der Beschwerdeführerin spielen Selbstwert – und damit gespürte Anerkennung oder Ablehnung – eine große Rolle. Man würde niemals auf die Idee kommen, dass Iris eine besonders empfindliche Person ist, so scharfzüngig, sprachverliebt und hemmungslos sie selbst austeilt. Sie ist bekannt für ihre blitzschnelle Analyse und wenig zartfühlenden Feedbacks. Wäre sie in der Tiefe so selbstbewusst, wie man es aufgrund ihres offensiven Auftretens meinen könnte, hätte sie keinen Grund zur Aufregung.

Wir alle haben Tendenzen zu bestimmten Interpretationen. Eine andere Person würde in der gleichen Situation vielleicht traurig werden (»Ist ja klar, dass mich keiner sieht, so unscheinbar wie ich bin …«). Oder könnte kraft einer ganz anderen Deutung der Lage verständnisvoll ausharren (»Der Service ist bestimmt überlastet!«). Oder hätte gar nicht bemerkt, dass ihr Wein noch nicht da ist, weil sie sich so angeregt unterhalten hatte.

Wir konstruieren unsere eigene Wirklichkeit durch die Interpretation der Ereignisse. Je nachdem, wo unsere persönliche Empfindlichkeit liegt, produzieren wir das passende Gefühl. Und das wiederum versorgt uns dann mit der untrüglichen Gewissheit, im Recht zu sein.

Das Fussel-Problem: »Alles muss man selber machen«

»Immer muss **ich** aufräumen! Die Kollegen im Büro können tagelang an einem dicken schwarzen Fussel vorbeigehen, der prominent auf dem hellen Teppich liegt und unschön ins Auge springt«, beklagt sich eine Frau bei ihrer Freundin. »Ich frage mich dann, wie lange halten die das noch durch, ohne etwas zu machen? Ich gebe ihnen jede Chance, aktiv zu werden. Und nichts passiert. Wenn ich den Fussel nicht aufhebe, liegt er da, bis er mit dem Untergrund verfilzt! Also hebe ich ihn dann irgendwann auf und bin wirklich genervt!«

»Warum hebst du ihn dann nicht gleich auf, wenn er dich so stört?«, fragt die Freundin. Antwort: »Weil man doch erwarten kann, dass die anderen sich auch mal zuständig fühlen. Das versteht sich doch von selbst, dass man etwas wegräumt, was da nicht hingehört. Es kann doch nicht sein, dass nur ich das immer mache!«

Die Erwartung produziert die Enttäuschung und die Empörung. Statt des Fussels könnte es auch der Leergutkasten, eine kaputte Birne im Flur oder die Geburtstagskarte für die Kollegin sein, die ja schließlich besorgt werden muss. »An mir bleibt es immer hängen!« Die anderen sehen es nicht, oder wenn sie es sehen, fühlen sie sich nicht zu Handlung genötigt, oder sie wissen ja, dass sie, die Pflichtbewusste, es richten wird.

Ein hausgemachtes emotionales Problem. Das Lieblingsgefühl bestätigt das Skript: Ein weiteres Mal zeigt sich, dass zwar sie ihre Pflicht tut, aber die anderen nicht. Womit wieder einmal bewiesen wäre ... Und weder schafft sie es, den Fussel zu ignorieren, noch es den Kollegen zu verzeihen, dass sie so Fussel-ignorante, pflichtvergessene Taugenichtse sind. Aus dieser Situation gibt es scheinbar kein Entrinnen.

Es gäbe aber verschiedene Auswege. Sie könnte ihre Erwartung aufgeben und fortan einfach tun, was sie für richtig hält, ohne davon auszugehen, dass das die anderen auch tun müssten. Sie könnte vom Sockel der stillschweigenden, das Schmollen bereits vorwegnehmenden Erwartung herabsteigen und sich in die Niederungen der Verhandlung begeben: Einen selbstverständlichen Anspruch brauche ich nicht zu verargumentieren; wenn ich aber akzeptiere, dass es mein persönlicher und kein absoluter Anspruch ist, muss ich schauen, wen ich dafür wie gewinnen kann. Sie könnte ihre Erwartung in einen Wunsch kleiden und um Unterstützung bitten. Sie könnte gezielt nach einem Umfeld suchen, in dem man ihre Auffassung von Ordnung teilt.

In all diesen Fällen gäbe es für sie natürlich nicht die Entschädigung der moralischen Überlegenheit (die schon allerhand wert ist), aber vielleicht einen erfreulicheren Alltag. Sie müsste bereit sein, einen neuen Preis zu bezahlen. Wie wir alle, wenn wir von einem Lieblingsgefühl lassen und stattdessen in die Verantwortung gehen wollen.

Mit unseren Lieblingsgefühlen versuchen wir, unsere Erwartungen einzuklagen

Wir meinen, es stünde uns zu, gerettet zu werden. Wir hätten Anspruch darauf, dass unsere Partner besser für uns sorgen als wir selbst. Das steht uns aber nicht zu. Dennoch: Mit sehr viel Bugwelle tun wir so als ob.

In dem wunderbar munteren Lied »Ausgesprochen unausgesprochen« von Annett Louisan wird der innere Dialog beim Warten und Erwarten entwaffnend unverblümt offen gelegt:

Würdest du mich wirklich lieben,
dann wüsstest du genau,
wie ich gerade fühle und was ich gerade brauch'!
Hab' diesen Punkt, der mich berührt,
mit viel Missachtung demonstriert,
habe überdeutlich »Nichts!« gesagt
und dir damit mein Leid geklagt.

Hab' dich gewarnt mit keinem Laut.
Hab' auf dein Feingefühl gebaut.

Du musst doch wissen, wenn ich schweig',
dann ist das auch ein Fingerzeig.
Das hast du alles nicht gehört?
Bist du denn wahrnehmungsgestört?

In diesem kleinen Text steckt nahezu alles drin, was es zur unseligen Verbindung von Opfergeschichten und Lieblingsgefühlen zu sagen gibt. Vor allem: wie die Verantwortung verteilt wird.

»Wenn du mich wirklich lieben würdest, dann …!« Wenn es mir also schlecht geht, dann – hast du versagt. Nicht etwa ich habe meinen Fürsorgeauftrag mir selbst gegenüber vernachlässigt. Dein Feingefühl ist gefragt, wenn ich mich unklar ausdrücke. Du bist wahrnehmungsgestört, wenn du mein Mienenspiel nicht zutreffend deutest. Du bist zuständig, wenn ich meinen Wünschen keine Worte verleihe. Du bist schuld – du liebst mich nicht richtig.

Ist das so? Bei Licht betrachtet, wird da wohl kein Schuh draus, auch wenn es sich in den Situationen genau so anfühlt. Auf dem Altar des Wartens und Rechthabens wird tagtäglich so viel Lebenszeit geopfert, dass es kaum auszumalen ist, was wir damit alles Schönes machen könnten!

Das Dilemma geht tiefer: Selbst wenn er mich liebt – werde ich es wirklich merken können? Kann ich liebende Zuwendung spüren und annehmen, wenn ich jahrelange Übung darin habe, mich mir selbst eben nicht liebevoll zuzuwenden? Darf der Prinz mich küssen, wenn er sich durch die Dornenhecke gekämpft hat? Kann ich ihm gar entgegengehen und ihm sagen »Küss mich!«? Wahrscheinlich nicht. Erst, wenn ich gelernt habe, mich selbst aus dem Sog der Lieblingsgefühle zu befreien.

Was wir nicht besprechen wollen, können wir nicht klären

»Sie hat mich damals so verletzt mit dem, was sie gesagt hat!« –
»Hast du mit ihr gesprochen?« – »Nein!« (Gefühlte zehn Aus-
rufezeichen.) »Wieso denn nicht?« – »Das ging nicht!« – »Weshalb denn nicht?« – »Sie hätte das wissen müssen, wie sehr sie
mich damit trifft!«

In diesem Ego-System geht es sehr stark um Sicherheit
und Orientierung. Vertrauen wird nur vorsichtig und zögernd
geschenkt. Wenn man sich schließlich für das Vertrauen entschieden hat, ist das etwas außerordentlich Wichtiges und
Kostbares.

Daran ist allerdings die Erwartung geknüpft, dass ein
Mensch, dem ich vertraue, mich nicht verletzen würde (so wie
ich es auch nicht täte). Wenn es dann doch passiert, muss(!)
man sich fragen: »Habe ich mich getäuscht?«, »Ist der andere
meines Vertrauens doch nicht wert?«

Und – wenn die Beziehung wertvoll ist – riskiere ich, sie zu
verlieren, wenn ich jetzt in Konflikt gehe? Laufe ich Gefahr,
vielleicht zurückgewiesen oder verlassen zu werden und eine
Bestätigung für eine uralte Befürchtung zu bekommen, die es
schon lange vor dieser Freundschaft gab?

Und nun sitzt man in einer unauflösbaren Situation: Ich
bräuchte Vertrauen, um das Gefühl beschädigten Vertrauens
zu besprechen. Da es aber beschädigt ist, kann ich es nicht
besprechen. Und somit kann ich auch nicht herausfinden, ob
ich »zu Recht« verletzt bin, kann nicht erfragen, wie der andere das eigentlich gemeint hat. Zugespitzt bedeutet das, dass
die Wahl zwischen Freundschaft und innerer Sicherheit (»Ich
muss genau wissen, wem ich trauen kann!«) zugunsten der
Sicherheit gefallen ist. Ich gehe kein weiteres Risiko mehr ein.
Und schlage damit auch gleich die Chance aus.

Der Zweifel, den Menschen dieses Musters oft hegen – ob
ein klärendes Gespräch etwas verbessern könnte –, scheint aus

dieser Abwägung zu stammen. Lieber das Schlechte für möglich halten, erscheint plötzlich wieder als die sichere Variante. Denkbar, dass sie sich lange und schmerzlich über etwas ärgern, was niemand gewollt, beabsichtigt oder überhaupt »gemacht« hat. Solange sie sich aber der »vertrauten Verstimmung« überlassen, können sie keine neue Erfahrung machen.

Wir sind für unsere Gefühle selbst verantwortlich

In einer Paartherapie hören die Klienten vom Therapeuten einleitend oft folgenden Satz: »Jeder von Ihnen beiden ist für seine eigenen Gefühle verantwortlich.« Die Partner wissen meist nicht so recht, wie sie diese Botschaft finden sollen. Mitunter ist ein leises Jaulen oder forciertes Ausatmen zu hören. »Als erwachsener Mensch«, könnte er weiter ausführen, »kann ich niemand anderen für das verantwortlich machen, was ich empfinde.« Das leugnet nicht, dass ich auf meinen Partner/den anderen reagiere, mich von ihm verletzt fühle oder abgewiesen oder nicht verstanden. Aber er ist dafür nicht zuständig. Ich kann freilich versuchen, ihn zum Schuldigen zu machen, zum Verursacher meines Kummers, aber letztlich ist es meine Sache, ob ich mich durch sein Verhalten bekümmere oder unbekümmert darüber hinweggehe.

Mein Partner wiederum kann sich für meine Gefühle interessieren, herausfinden, wie er mir entgegenkommen kann, entscheiden, mir zuliebe auf etwas zu verzichten oder mich in meiner besonderen Empfindlichkeit zu schonen. Er könnte das tun, was der Psychotherapeut und Autor Jürgen Gündel »den Hamster streicheln« nennt: sehen, wie ich im Hamsterrad der eigenen Geschichte gefangen bin, gerade mal wieder komisch reagiere, und es mir ersparen, mich darauf hinzuweisen. Das kann er, muss aber nicht. Zu oft sollte er es auch nicht tun, um nicht genau das Muster zu stabilisieren, das ihn am Ende so nervt.

Wie auch immer. Ich kann das nicht einklagen, und es steht mir auch nicht zu. Ich kann es mir bestenfalls immer einmal wünschen.

Viele empfinden diese Spielregel als Affront, jedenfalls was die eigenen Gefühle betrifft. Schließlich ist man ja mit der heimlichen Hoffnung hier, dass der Therapeut dem Partner beibringen soll, dass der grobianmäßig oder hysterisch unterwegs sei. Oft erkennt man erst viel später, welche befreiende Kraft in dieser Zuschreibung von Verantwortung liegt. Und zwar für beide. Es heißt ja nicht nur – was hoch unbequem, fast empörend ist! –, dass ich den anderen nicht beschuldigen kann für das, was ich fühle. Es bedeutet ja auf der anderen Seite auch, dass ich mich entlastet fühlen darf, dass ich nicht schuldig bin, wenn der andere sich über mich ärgert.

Wenn beide das akzeptieren, entsteht ein neuer Raum, in dem sie leichter, freier – weil freiwillig – aufeinander zugehen können. Wenn man sich nicht rechtfertigen muss, kann man dem anderen **eher** entgegenkommen. Und man findet allmählich heraus, wie man zu dem Konflikt beiträgt: Indem man das Verhalten des anderen interpretiert und dann diese – in der Regel negative – Interpretation als Grund nimmt, sich von ihm verletzt zu fühlen.

Ein Mann tritt, während er den Garten wässert, auf eine Lilie. Sie ruft, es vorherahnend: »Vorsicht, die Lilie!« Er schaut sie vernichtend an, der ganze Blick voller »Ich habe das im Griff, reg' dich ab!«. Ein Schritt weiter, eine Drehung, und die Lilie geht zu Boden. Sie ächzt kurz: »Die Lilie …«, und er schnauzt: »Das war der Schlauch!«

Nun haben wir: eine zertretene Lilie, eine verletzte Frau und einen zornigen Mann, der ihr übel nimmt, dass ihm die Lilie in den Weg gewachsen und sie unglücklich ist. Beide im vollen Ornat ihrer Lieblingsgefühle, beide im Rechthabenmodus.

Sie denkt: »Warum entschuldigt er sich nicht? Dann könnte ich sagen: Macht nichts, du hast es ja nicht absichtlich gemacht. Ich könnte meinen Großmut zeigen, und alles wäre gut. Aber wenn er angesichts der abgebrochenen Blüte den Coolen markiert, dann könnte ich ihn umbringen.«

Er ist also schuld, dass sie nicht großzügig sein kann?

Er denkt: »Sie müsste wirklich wissen, dass ich alles tue, um ihren Pflänzchen nichts zuleide zu tun. Wer gießt denn hier?? Wenn sie es machen müsste, würde die Hälfte verdursten. Und jetzt regt sie sich über diesen kleinen Flurschaden so auf. Das ist total ungerecht! Sie könnte ruhig mal ein Auge zudrücken und darüber hinweggehen. Dieses Getue!«

Sie ist also schuld, dass er sich ärgern muss?

Sie unterstellt ihm zwar keine böse Absicht, aber in ihrem Muster gehört es sich, wenn man einen Fehler gemacht hat, dass man sich entschuldigt. Das ist doch wohl klar. Wenn er diese Erwartung nicht erfüllt, ist sie verletzt. Das ist in diesem Augenblick wichtiger, als ihm und dem verschmerzbaren Blumenopfer gegenüber großzügig zu sein. Sie leidet lieber an seiner Unfähigkeit, sorry zu sagen, als sich die Frage zu stellen, warum sie so kategorisch an ihrem Anspruch festhalten muss.

In seinem Muster wiederum gibt es ein großes Bedürfnis zu beweisen, dass er nichts falsch gemacht hat, und es daher keinen Grund gibt, ihn abzulehnen. Das ist in diesem Augenblick wichtiger als sein Bedauern über die Lilie und sein Mitgefühl mit ihr. Und der Zorn hilft ihm, sich im Recht zu fühlen.

Die Einsicht, dass jeder seine eigenen Empfindungen selbst verantwortet, ist anstrengend und befreiend. Und sie ist das ganze Gegenteil von Gleichgültigkeit. Es ist genau **nicht** »Ist mir doch egal, was du empfindest, das ist dein Problem!«. Diese Haltung resultiert vielmehr meist aus dem trotzigen Abwehren einer Schuld, die der eine versucht, beim anderen abzuladen.

Wenn sie sich also ihrem Lieblingsgefühl widersetzen würde und er sich dem seinen, dann gäbe es im Lilienbeet kein Material mehr für einen Konflikt.

Erwartungen sind Erwartungen und keine einklagbaren Ansprüche

Wenn wir das wirklich verstehen und anerkennen würden, gäbe es viel weniger Probleme in Beziehungen. Wir meinen, bei Nichterfüllung unserer – oft nicht einmal geäußerten – Erwartungen berechtigt ärgerlich sein zu dürfen. Aber ich habe kein Anrecht darauf, dass meine Umwelt meine Vorstellungen einer idealen Partnerschaft, meinen Tick fürs Stromsparen oder meine Liebe zum Detail teilt oder auch nur gutheißt. In meinem Skript ergibt das alles Sinn, in den Köpfen und Herzen der anderen muss das noch lange nicht so sein. Ich betrachte zwar sie als den Grund meines Ärgers, aber der bin ich in Wirklichkeit selbst.

Wenn ich die Ordentliche in der Partnerschaft bin und meinen Koffer immer sofort ausräume, die Schuhe ausziehe und gleich mit Spanner in den Schuhschrank stelle, und immer wenn ich irgendwo etwas sehe, das aufzuräumen wäre, es mitnehme und an den richtigen Platz zurückbringe – dann kann ich mich natürlich über meinen Partner aufregen, der all das nicht tut. Warum aber? Haben wir das im Ehevertrag geregelt oder eine andere explizite Vereinbarung über das Aufräumtempo geschlossen? Das wäre etwas anderes. Aber meistens haben wir darüber zwar schon oft geschimpft und gestritten, aber eine Verabredung haben wir nicht getroffen. Und den Ärger befeuern wir damit, dass wir die andere Haltung zu Ordnung negativ interpretieren und bewerten: »Der will mich nur ärgern!«, »Der sieht das absichtlich nicht!«, »Der ist faul.«

Erzählen Sie sich eine neue Geschichte

Natürlich wäre es fabelhaft, wenn Sie vor lauter Souveränität und Weitblick gar keine Lieblingsgefühle mehr produzieren müssten. Sehr unwahrscheinlich, dass Ihnen das gelingen kann. Es wäre aber schon sehr gut, wenn Sie zunächst einmal herausfinden, was Ihre persönlichen Lieblingsgefühle sind.

Schauen Sie sich diese Empfindungen, mit denen Sie gewohnheitsmäßig zur Verkomplizierung Ihres Alltags beitragen, genau an. Achten Sie darauf, wie sie sich in Ihnen breitmachen und wie Sie dann den Impuls spüren, sich zu rechtfertigen oder anzugreifen, sich zurückzuziehen oder sich bei einem Dritten bitter zu beklagen.

Fragen Sie sich, aufgrund welcher Interpretation und/oder welcher Erwartung Sie in Ihr Lieblingsgefühl driften, und schauen Sie, was übrig bleibt, wenn Sie die Interpretation zur Seite und Ihren Anspruch fallen lassen. Wenig vermutlich. Das war mal wieder eine Neuauflage eines uralten Stücks. Wie wäre es mit einem neuen Programm? Wenn Sie Ihre Lieblingsgefühle als das verstehen, was sie sind – nämlich Zeitzeugen früher Erlebnisse mit bedingter Liebe –, dann können Sie ihr Auftauchen als Hinweis verstehen, zunächst mal zu schauen, was wirklich los ist, und dann erst zu reagieren. Dann würden Fragen möglich wie »Wie hast du das gemeint?«, und Sie könnten sich auf das besinnen, was Sie möchten, statt mit enttäuschten Erwartungen um sich zu werfen. Plötzlich wäre das Spiel um viele mögliche Varianten reicher.

Den Tunnelblick öffnen: Wie Sie Ihre Aufmerksamkeit erweitern

Wenn Ihnen ein Fingernagel einreißt, und Sie haben keine Feile dabei, oder wenn Sie ein kleines Loch im Zahn spüren – dann scheint die ganze Welt auf den Fingernagel oder diese winzige Stelle zu schrumpfen. Etwas anderes hat kaum noch Platz in Ihrer Wahrnehmung, Sie suchen zum vierten Mal die Handtasche durch, die Zunge geht immer wieder zum Zahn. Das Gleiche gilt für eine Laufmasche, einen Tomatensoßenfleck auf der weißen Bluse, einen Pickel, eine schlagfertige Antwort, die Ihnen nicht eingefallen ist, oder die Frage, wie Ihnen dieses Missgeschick passieren konnte.

Dieses Phänomen nennt man Aufmerksamkeitsverengung.

Unser Ego hat eine spezifische Art, unsere Aufmerksamkeit zu fokussieren; man spricht auch von einem mustertypischen Aufmerksamkeitsstil. *Energy flows where attention goes* – die Energie wird durch unser Interesse, unsere Aufmerksamkeit gelenkt.

Uns interessieren in der scheinbar gleichen Situation nun mal ganz unterschiedliche Aspekte. Hast du gesehen, was Peter für eine neue Uhr hat, fragt er seine Frau. Nein, sagt sie, aber hast du bemerkt, dass Evelyn besorgt schien? Nein, wieso? Das kennen Sie sicher.

Wenn wir etwas tun, bei dem wir uns nicht konzentrieren müssen, vielleicht beim Kartoffelschälen, Einschlafen oder in einem langweiligen Meeting, dann hat unsere Aufmerksamkeit jenseits aktueller Ereignisse eine Route, die sie gewohnheitsmäßig einschlägt, so wie ein Pferd in den heimatlichen Stall trottet. Es kennt den Weg.

Manchen Menschen fällt, wenn sie ihren Gedanken freien Lauf lassen, automatisch ein, was sie neulich nicht optimal gelöst haben. Samt dem schlechten Gewissen oder der Beschämung, die sie bei der Erinnerung überfällt. Bei anderen zieht es die Gedanken dahin, wen sie anrufen und trösten und aufbauen sollten. Wieder andere konzentrieren sich unwillkürlich darauf, was sie tun müssen, um eine Situation klarzustellen und die Machtverhältnisse geradezurücken.

Jeder von uns unterliegt einem solchen unwillkürlichen Sog und nimmt die Wirklichkeit durch das jeweilige Muster gefiltert und spezifisch eingeengt wahr.

Die dritte Übung, um das Ego aufzumischen, besteht darin, diese ritualisierte Aufmerksamkeit wahrzunehmen und sie dann in eine andere Richtung umzulenken. Um dann festzustellen, was sich auf diese Weise lockern darf.

Für jedes Persönlichkeitsmuster gibt es eine Empfehlung, wohin es die Aufmerksamkeit sinnvoller hinlenken könnte, um dem ewig gleichen, letztlich enervierenden Beschäftigungsprogramm eine erfreuliche Abwechslung entgegenzusetzen.

Wenn Sie zu den Perfektionisten (Typ 1) gehören, können Sie, statt sich auf die Unvollkommenheit der Welt zu konzentrieren, ganz gezielt auf das schauen, was schon gut ist. An Ihnen selbst, an anderen, an der Welt. Das hilft ausgezeichnet dabei, wenn Sie sich innerlich gerade wieder über irgendjemanden aufregen. Wenn Sie auf das blicken, was gut gelaufen ist und was an dem anderen zu bejahen ist, kann Ihr Groll schwinden. Wenn Sie – eine Ihrer leichtesten Übungen – in die innere Selbstbeschimpfung gehen, weil Sie sich über eine beiläufige Kritik so geärgert haben, dass Sie sich diese selbst noch zehntausend Mal wiederholen müssen, dann können Sie dies gezielt stoppen und an etwas Schönes denken, sich etwas Freundliches sagen.

Für Sie als Helfer (Typ 2) ist es eine hervorragende Übung –

sobald Sie beginnen, sich den Kopf über die Befindlichkeiten der anderen zu zerbrechen und darüber, ob auch niemand etwas gegen Sie hat – innezuhalten und sich stattdessen zu fragen: »Wie geht es mir selbst und was möchte **ich** jetzt eigentlich? Was sind meine Wünsche? Was würde **mir** guttun? Worüber würde ich mich freuen?« Sie müssen noch gar nicht so weit gehen, Ihre Wünsche dann auch gleich anzumelden. Es ist völlig ausreichend, die Routine zu unterbrechen und zuversichtlich zu sein, dass daraus früher oder später etwas Neues entsteht.

Als Dynamiker (Typ 3) können Sie, statt vor allem darauf zu blicken, was zu tun ist und ob Sie erfolgreich und anerkannt sein werden, auf Ihre eigenen tieferen Gefühle achten. Was geht denn gerade in Ihnen vor? Während Sie normalerweise auf den nächsten Handlungsschritt sinnen und nicht auf Ihre Befindlichkeit eingehen, können sich dann vielleicht Empfindungen melden. Erschöpfung, Traurigkeit, Eifersucht oder etwas ganz anderes. Wenn Sie das Spüren zulassen, könnten Sie herausfinden, was Ihnen fehlt. Sollten Sie sich trauen, Ihre Gefühle zu äußern, sind die anderen oft erleichtert, einmal für Sie da sein zu können. Das riskierte Gefühl wirft ihnen über die unüberwindbar scheinende Mauer Ihrer freundlichen Unverbindlichkeit eine Strickleiter zu.

Als Künstler (Typ 4) können Sie, statt in die innere Welt der Gefühle abzutauchen und sich von Melancholie oder von dem, was Sie gerade persönlich genommen haben, runterziehen zu lassen, auf das achten, was Sie mit anderen verbindet, wie Sie sich anderen öffnen und mitteilen können. Sich immer wieder bewusst zu machen, dass Sie selbst Ihre Gefühle produzieren und Sie ihnen nicht schutzlos ausgeliefert sind, kann Sie einen entscheidenden Schritt weiterbringen. Sie können schauen, was jetzt und hier schön ist, und sich die Freude daran erlauben. Wenn Empfindungen von Minderwertigkeit oder Mutlosigkeit aufzusteigen drohen, können Sie die Aufmerksamkeit gezielt auf das lenken, worauf Sie stolz sind, und auf die Frage, wie Sie das, wonach Sie sich sehnen – oder einen Teil davon! –, ganz konkret erreichen wollen.

Wenn Sie zu den Beobachtern (Typ 5) gehören, können Sie sich alternativ einmal auf die Frage fokussieren, was Sie – jetzt schon – selbst tun können, ehe Sie weitere mögliche und unmögliche Analyseschleifen gefahren sind. Statt vor den befürchteten Erwartungen der anderen bereits vorausschauend zurückzuschrecken, können Sie überlegen, was **Sie** denn eigentlich von den anderen und der Situation erwarten. Sie können Ihren eigenen Standpunkt suchen und sogar erwägen, ihn zu äußern. Sie können üben, mit Ihrer Aufmerksamkeit näher in die Situation und zu den anderen zu kommen. Sie können vom Denken zum Zuhören übergehen und versuchen, vom Kopf ins Empfinden zu gelangen.

Als Loyaler (Typ 6) können Sie – statt sich immer darauf zu konzentrieren, das Gras wachsen zu hören und sich in Spekulationen zu verirren, was wer wie genau gemeint haben könnte – zuversichtliche Gedanken üben und gezielt auf Chancen achten. Statt innerlich bereits auf dem Sprung zu dem zu sein, was Sie meinen, selbst tun zu müssen, könnten Sie bewusst schauen, von wem Sie sich einmal helfen lassen könnten. Sie müssten sich nicht sofort durchringen, sich wirklich konkret entlasten zu lassen (das wäre die Kür auf der Handlungsebene), aber Sie können sich immerhin erlauben, über diese Möglichkeit anders als im »Geht nicht!«-Modus nachzudenken.

Wenn Sie zu den Genießern (Typ 7) gehören, üben Sie – statt von der erfreulichen Alternative zu träumen –, sich auf das aktuelle Gegenüber einzulassen, zu konzentrieren und es bewusst zu unterlassen, sich innerlich davonzustehlen oder auf ein anderes Thema abzulenken. Etwas in Ruhe fertigstellen, statt sich schon auf den nächsten Schritt, das nächste Projekt einzustimmen. Sie können dem Impuls, von Problemen wegzuschauen, widerstehen und sich fragen, wo Ihre Aufmerksamkeit und freundliche Akzeptanz der Sorgen anderer gefragt sein könnte. Sie können, wenn es Sie zum Reden und Mitmischen drängt, sich selbst entschleunigen und die Zeit zum Hinspüren und Nachdenken nutzen.

Als Boss (Typ 8) können Sie, statt darauf konzentriert zu sein, die Kontrolle über die Situation zu bewahren, darauf achten, wie es Ihnen selbst und den anderen jenseits des Machtthemas geht. Wahrnehmen, wo es – im eigenen Inneren – feine, leise Zwischentöne gibt, Zartheit. Den Moment zu fassen bekommen, wo sich Ihre eigene Verletzlichkeit meldet, und dann innehalten, statt sich ins vertraute Kämpfen und Gewinnen zu werfen. Sie können gezielt nach positiven Seiten bei Menschen fahnden, die Ihnen unentschlossen und zu weich erscheinen. Wenn Ihnen die – einzig richtige – Entgegnung bereits auf der Zunge liegt, können Sie sich noch einmal fragen, wie diese auf den anderen wirken wird. Ist genügend Vorsicht und Freundlichkeit in die Formulierung geflossen?

Wenn Sie ein Vermittler (Typ 9) sind, können Sie sich fragen, was **Ihre** Meinung, **Ihre** Ziele und **Ihre** Absichten sind, statt sich immer auf die anderen und den Weltfrieden einzustellen. Welches Projekt wollen Sie selbst als nächstes angehen und vor allem: abschließen? Sie können sich zu Priorisierung durchringen. Aufmerksam können Sie prüfen, wo Sie sich einmischen und Position beziehen sollten, statt nur freundlich und wertfrei zuzuschauen. Und Sie können so weit gehen, sich gerade auch dann zu beteiligen, wenn es nicht um Ausgleich, sondern um Abgrenzung geht. Sie können üben, Ihrem Gefühl von Zufriedenheit immer einmal zu misstrauen, und sich fragen, ob Sie nicht Ärger und Unzufriedenheit verdrängen, um passiv und friedfertig bleiben zu können.

Allen Umlenkungen der Aufmerksamkeit ist eines gemeinsam: Sie führen uns weg aus der Fixierung und – in die Gegenwart. In die aktuelle Situation. Keine Sorgen über das, was kommen könnte, kein innerer Versuch, eine vergangene Situation mental zu korrigieren, keine Flucht, kein Festhalten über die Zeit. Die Umlenkung der Aufmerksamkeit macht uns offen für Begegnung mit anderen oder uns selbst. Im Jetzt.

Jede echte Begegnung, die wir zulassen, kann uns verändern. Jeder authentische Ausdruck eines Gefühls kann die Situation oder das Spiel, in dem wir gerade stecken, verwandeln. Solange wir uns auf das verengen, was unser Muster uns vorschlägt, sehen wir die anderen oft gar nicht wirklich. Wir stellen uns dar, statt uns zu zeigen. Formulieren superkluge Fragen, um zu zeigen, wie kompetent wir sind, statt uns wahrhaftig für den anderen zu interessieren. Gehen über unsere Empfindungen hinweg, weil wir niemandem die Chance geben wollen, uns in einem vermeintlich schwachen Moment zu erwischen. Sind so mit der Vorsicht befasst, dass wir gar nicht sehen, wer uns die Hand hinhält.

Man stelle sich ein Zimmer vor, in dem eine Band live und in voller Lautstärke spielt. Und irgendwo in einer Ecke steht ein kleines, schlecht eingestelltes Radio, das klassische Musik spielt. Keine Chance, davon einen Ton mitzubekommen. Aber es ist da. Die Band, das sehen Sie vermutlich, ist unsere typische Aufmerksamkeit und unser inneres, dazu passendes Gedankengetöse. Aber wenn wir der Band mal eine Pause verordnen, indem wir auf etwas anderes achten – dann kann es sein, dass wir die andere Musik (Sehnsucht fernes Land) leise vernehmen. Und wir könnten sogar den Sender genauer einstellen …

Es ist alles schon da. Nur wir schauen weg, indem wir mit unserer Musterbrille die Welt klein machen.

Je stärker wir in unserer Fixierung befangen sind, desto deutlicher empfinden wir die Unterschiedlichkeit der anderen als Getrenntheit und Fremdheit. Je gegenwärtiger wir werden, desto mehr Gemeinsamkeiten und Möglichkeiten der Annäherung entdecken wir. Und die weiter bestehenden Unterschiede dürfen uns bereichern statt befremden.

Hören Sie nicht hin, wenn Ausreden in Ihnen laut werden

Sie werden bei der Umlenkung Ihrer Aufmerksamkeit immer wieder Skepsis und Widerwillen spüren. Das kennen Sie ja schon, die Ego-Aliens sind unterwegs. Winken Sie ihnen freundlich zu. Es werden Ihnen unwillkürlich gute Argumente zufließen, warum Sie lieber beim gewohnten Blick auf die Welt bleiben sollten. Ihr Kopfkino hat noch lange nicht das Programm gewechselt. Was unsere Überzeugungen betrifft, sind wir sehr anhänglich.

Helfer beispielsweise sind Experten darin, augenblicklich die Schere im Kopf anzusetzen und sich mit »Das bekomme ich sowieso nicht!« anzufeuern. Ich habe schon oft erlebt, wie die Frage nach den eigenen Wünschen sie völlig blockiert. Sie sind so im Zweifel befangen, ob sie wollen dürfen, was sie wollen könnten, dass sie nur ganz vorsichtig und in ihrem eigenen Tempo zu ihren Herzenswünschen vordringen können. Bis dahin reden sie sich auf die anderen heraus, die keine Rücksicht auf sie nehmen werden oder denen sie nicht unbequem sein wollen. Es ist nicht leicht, ihnen bei diesen Schleifen beizustehen, zwischendrin kann einen der Zorn packen, wie sie sich selbst klein machen und in die Aussichtlosigkeit hineindenken und -argumentieren.

Aber auch alle anderen Muster haben ein ganzes Füllhorn passender Ausreden parat, um sich der Freiheit energisch zu verweigern. Sei's drum, egal, wie oft Sie gerade einmal wieder auf Ausredenabwege geraten sind: Sammeln Sie sich, stoppen Sie die Kaskade Ihrer brillanten Argumente und wenden Sie sich wieder Ihrem eigentlichen Ziel zu.

Lassen Sie uns das Üben ehren! Verwirrung auf höherem Niveau? Prima! Muskelkater im Kopf von neuen Denkwegen? Super! Sie sind noch nicht perfekt? Perfekt!

Unglaublich, was wir so alles glauben

Mit einem weiteren Ansatz, unser Muster zu flexibilisieren, kommen wir nun zu der Abteilung »Überzeugungen« oder auch »Glaubenssätze«. Diese Sätze, an die wir glauben, machen Aussagen darüber,

- wie die Welt ist
- wer und wie wir sind (Identität/»So bin ich eben«)
- was wir können (Fähigkeiten)
- wie wir erfolgreich sein können (Strategien)
- was wir tun und lassen sollten (Ge- und Verbote/Selbstverständlichkeiten)

Überzeugungen steuern maßgeblich unser Verhalten und unser Empfinden. Sie entscheiden, was gelernt und verlernt werden kann. Sie sind die Schaltzentrale für inneres Wachstum oder Stagnation. Wenn es uns also gelingt, alte Überzeugungen zu entdecken und zu ändern, ist die Hebelwirkung enorm.

Wir haben schon mehrfach den Begriff des Skripts verwendet. Er stammt ursprünglich vom amerikanischen Psychologen Eric Berne. Berne unterscheidet auf einer übergeordneten Ebene Gewinner- von Verliererskripten und beschreibt, wie wir aufgrund dieser entweder an unseren Erfolg im Leben glauben (und uns daher dafür anstrengen) oder davon ausgehen, dass wir es sowieso nicht schaffen (und es daher auch gar nicht erst oder nur halbherzig versuchen). So entstehen das »Du kannst es schaffen!« oder das pessimistische Herausreden.

Unser Skript beheimatet die Überzeugungen, die wir als Kinder entwickelt haben und die später wie ein Drehbuch für unser Leben fungieren. Baumaterial waren unsere Erfahrungen mit bedingter Liebe, die Sätze, die wir besonders oft gehört haben, das elterliche Erziehungsrepertoire und vor allem: Wie wir unsere Erlebnisse interpretiert haben. Da wir uns mit dem Ego und daher auch unseren Interpretationen identifiziert haben, sind Überzeugungen weitgehend resistent gegen neue Erfahrungen. Was nicht ins Konzept passt, wird ausgeblendet.

Wovon wir uns antreiben lassen

Wichtiger Teil des Skripts sind die sogenannten Antreiber. Sie heißen so, weil sie uns treiben, bei der Stange halten und bei Verdacht die Peitsche schwingen. Fünf dieser Antreiber sind besonders verbreitet, sie lauten: Sei perfekt! Mach es anderen recht! Streng dich an! Beeil dich! Sei stark!

Wir haben diese Antreiber entwickelt, wenn wir aus den Erfahrungen mit elterlichen Reaktionen den Schluss gezogen haben, dass wir nur liebenswert sind, wenn wir schnell, stark, pflichtbewusst, fehlerfrei oder gefällig sind. Die Unterströmung lautete: »… sonst liebe ich dich nicht« oder »… sonst lasse ich dich im Stich«. Also begannen wir, uns nach diesen Maximen auszurichten.

Wir haben wohl alle mehr oder weniger gelernt, Fehler zu vermeiden, nett zu sein, uns Mühe zu geben, nicht zu trödeln und die Zähne zusammenzubeißen. Aber ein bis zwei Antreiber sind normalerweise dominant in unserem Muster. Es ist unschwer zu erkennen, dass beispielsweise der Beeil-dich!-Antreiber ein Herzstück des Dynamikermusters ist, so wie Streng dich an! ein Grundgefühl der Loyalen und Mach es anderen recht! eine Selbstverständlichkeit für die Helfer und Vermittler darstellt. Zu diesen Antreibern haben wir dann jeweils passende Überzeugungen aufgebaut – etwa: Gefühle zu zeigen, ist Schwäche, erst die Arbeit, dann das Spiel, ich muss immer alles selbst schaffen, ich darf mir keine Blöße geben, ich muss immer gut aussehen, egoistisch zu sein, ist schlecht ... und so fort.

Welche Überzeugungen hilfreich sind – und welche schaden

Unser Skript enthält sowohl stärkende/erlaubende als auch schwächende/einschränkende Glaubenssätze. Wir glauben vielleicht, dass gut Ding Weile braucht – jedenfalls, wenn unser Beeil-dich!-Antreiber moderat ist. Dann können wir uns – und anderen – Zeit lassen. Oder wir sind davon überzeugt, dass man aus Fehlern lernen kann und klug wird, und müssen uns daher, wenn etwas schiefgegangen ist, nicht so grämen wie andere, deren »Sei immerzu und überall perfekt!« gnadenlos das Zepter schwingt. Diese Überzeugungen stärken uns, sind menschlich und ermutigend.

Schwächende Glaubenssätze können bequem sein, aber auch leicht entmutigend bis niederschmetternd. Das geht von »Ich habe zwei linke Hände« über »Ich werde die Doppelkopf-Regeln vermutlich nie begreifen« bis zu »Ich bin hässlich«, »Ich werde immer allein bleiben« oder »Ich darf nicht glücklich(-er als meine Mutter) sein«.

Einschränkende Überzeugungen laden uns zu Passivität, erlaubende dagegen zu Aktivität und Verantwortung ein: »Ich darf mich auf keinen Fall blamieren« versus »Ich kann es so lange probieren, bis es klappt!«

Überzeugungen sind einfach und absolut

Überzeugungen sind Sätze, die einfach konstruiert und formuliert sind und ohne Fremdworte auskommen. Dafür beanspruchen sie Absolutheit. Oft beinhalten sie die Worte »immer« oder »nie«. Wenn man genau hinschaut, steht da nicht nur:

»Sei stark!«, sondern: »Du musst immer stark sein!«, »Du musst dich immer anstrengen!«, sonst ... Diese herrische Form der Aufforderung verhindert unerwünschte Flexibilität. In Kernfragen handeln wir nämlich nicht mal so, mal so, wir denken keinesfalls, man könnte heute die Interessen anderer in den Vordergrund schieben und nächste Woche schön die eigenen wichtiger nehmen.

Auf die grundlegenden Überzeugungen haben sich dann später allerlei Rationalisierungen gelagert. Diese den Überzeugungen folgenden Begründungen sind allesamt Ausreden – sie behaupten, dass »es« so sein **muss**, weil ... Sie präsentieren sich moralisch, ideologisch, angeblich rational, immer unpersönlich, durch Allgemeinheit erhöht. Das bedarf dann keiner Erklärung und kann auch per definitionem nicht hinterfragt werden. Wie bei einer Ampel: rot ist rot und grün ist grün. Nicht: Montags fährt man bei Grün und mittwochs bei Rot. Wenn man davon überzeugt ist, dass sparsames Handeln Sicherheit bewirkt, dann gilt das alle Tage – ebenso wie die Auffassung, dass das Geld, das man ausgibt, wieder zurückkommt. Und entsprechend ist dann unser Umgang mit unseren Finanzen.

Entkleiden wir nun aber unsere inneren Ampeln genau jenes Allgemeinheitsgrades, dann dürfen wir beginnen, Fragen zu stellen, zu zweifeln und zu variieren.

Überzeugungen sind selten wahr

Wenn wir einmal betrachten, wie wir neue Überzeugungen aufbauen, wird das Prinzip und das in ihm liegende Problem deutlich. Wir machen Erfahrungen und beginnen diese dann zu verallgemeinern. Und zwar auf der Basis sehr unzureichenden Wissens. Nehmen wir ein Beispiel aus dem Garten. Meine Rosen haben jedes Jahr Mehltau, Rosenrost oder andere

Malaisen. Ich könnte daraus schließen (verallgemeinern), dass Rosen kapriziöse Geschöpfe sind und viel Arbeit machen. Dabei kenne ich vielleicht 0,5 Prozent aller Rosensorten. In beherzter Auslassung von 99,5 Prozent relevanter Daten habe ich eine Überzeugung entwickelt. Gewagt. Ich könnte noch weiter gehen und daraus einen Leitsatz machen: »Man sollte die Finger von Rosen lassen.« Und mich daran orientieren. Dann hätte ich mich für **eine** Möglichkeit entschieden und alle anderen ausgeschlossen – etwa resistentere Sorten zu kaufen, den Boden auszutauschen, einen anderen Standort zu suchen oder rechtzeitig und regelmäßig Pilzmittel zu sprühen. Oder: die Blattkrankheiten einfach zu übersehen und als Teil der Rose zu akzeptieren.

Solche Pauschalierungen sind natürlich sinnvoll. Wie im berühmten Beispiel von der heißen Herdplatte haben wir kein Interesse, bestimmte Erfahrungen zu wiederholen. Wir können auch nicht jeden Tag unsere Erkenntnisse, die sich als praktisch erwiesen haben, aufs Neue prüfen. Schlüsse, die wir aus Erfahrungen ziehen, wollen uns schützen, helfen, weiterbringen. Dennoch: Wir haben keine vernünftige Datenbasis, wenn wir aus einer oder mehreren Erfahrungen Schlüsse mit Absolutheitsanspruch ziehen. Das ist aber genau das, was wir tun. Daher stammt unser berechenbares Verhalten – immer mehr Handlungsoptionen erklären wir für nichtig.

Im Rosenbeispiel wäre der Nachteil, der mir aus meiner unzulässigen Verallgemeinerung erwächst, vielleicht verschmerzbar. Auch Verallgemeinerungen (egal, ob positiv oder negativ) über schwarzhaarige Männer, japanische Autos, italienisches Design und Biomüsli kann man, Datenknappheit hin oder her, wohl ruhig unter Geschmacksfragen abheften.

Für unser Thema – persönliche Entwicklung – ist es allerdings schon von großer Bedeutung, uns Folgendes klarzumachen: Wir glauben an Dinge, deren Wahrheitsgehalt wir nicht überprüft haben und die ziemlich sicher gar nicht stimmen. Das gilt insbesondere für jene Überzeugungen, die uns schwächen oder einschränken. Und: Wir handeln danach. Im Fall sehr grundlegender, negativer Überzeugungen (»Ich bin es nicht wert, geliebt zu werden!«) fügen wir uns sogar einen chronischen Schmerz zu. Und meinen, diesen verdient zu haben. Das Leben ist eine Achterbahn, darauf darf man sich wohl einstellen. Chronisches Unglück hingegen ist fast immer Resultat verfehlter Ideen über uns selbst, die uns von dem Glück abhalten, dem wir sonst immer wieder neu begegnen würden. Wir können, wenn wir uns der Achterbahn anvertrauen, Kummer und schwere Tage verkraften, und dann geht es wieder nach oben. Aber eine Dauerlüge, die wir uns zumuten – und nichts anderes ist ein falscher, einschränkender Glaubenssatz! – hat Potenzial, uns wirklich zu schaden.

Die Wände unseres inneren Gefängnisses bestehen aus Angst und Logik – so hat es Virginia Satir, eine amerikanische Psychologin und eine der Mütter der Familientherapie, sinngemäß formuliert. Aus Angst haben wir begonnen, Dinge zu glauben, die wir später fabelhaft begründen können. Dennoch ist ein Teil dieser Überzeugungen eben nicht wahr, sondern es sind Selbstbeschränkungen, Irrtümer und Missverständnisse. Sie verhindern, dass wir von frühem Kummer loslassen, stattdessen konservieren sie ihn. Sie sorgen dafür, dass wir nicht verzeihen können und daher keinen Platz in unserem Herzen freiräumen. Sie halten uns davon ab, zu werden, wer wir sein könnten, wenn wir etwas anderes glaubten. Es ist die Logik der Apokalypse.

Es ist Zeit, unsere einschränkenden, schwächenden Überzeugungen zu entmachten. Es geht um Aufwachen, Überwinden der Illusion. Und da wir nicht nur die Insassen, sondern auch die Architekten unseres Gefängnisses sind, können wir etwas Neues bauen, wo es sich besser wohnt.

Wie können wir unseren Überzeugungen auf die Schliche kommen? Unser Ego macht es uns da nicht leicht. Leider melden unsere Glaubenssätze sich nicht periodisch von selbst und sagen: »Hey, überprüf uns doch mal! Stimmen wir noch?«

Man kann auch leider nicht einfach ein Dateiverzeichnis aufrufen, dort den Ordner »Überzeugungen« anklicken und mit Interesse lesen, was da geschrieben steht. Das wäre sehr praktisch; wir könnten Stück für Stück systematisch auf Plausibilität prüfen und uns dann für »behalten« oder »verwerfen« entscheiden. Wenn man Überzeugungen gefunden hätte, die man heute so nicht mehr für sinnvoll hält, könnte man mit »Suche und ersetze« vorgehen. Aber es würde dem Sinn des Ego-Systems völlig widersprechen. Der heißt: störungsfrei über Jahrzehnte funktionieren. Es ist folgerichtig, dass unsere Überzeugungen mehrfach gesichert sind. Verschiedene Passwörter müssen geknackt und eingeschränkte Zugriffsberechtigungen überwunden werden.

Der erste Schritt: Finden Sie Ihre negativen Überzeugungen

Ehe Sie Ihre einschränkenden Glaubenssätze prüfen können, müssen Sie sie erst einmal finden. Also brauchen Sie eine möglichst große Sammlung von Sätzen, die Sie für wahr halten, Verallgemeinerungen, die Sie akzeptieren, Selbstverständlichkeiten, die Sie bejahen.

Machen Sie eine Zusammenstellung von Sätzen, die beginnen mit

- Ich bin ... _____

_____

_____

_____

_____

- Ich darf ... _____

_____

_____

_____

_____

- Ich muss ... _____

_____

_____

_____

- Das Leben ist ... _____

_____

_____

_____

- Die Menschen sind ... _____

_____

_____

_____

- Man sollte grundsätzlich ... _____

_____

_____

- Man muss ... _____

_____

_____

_____

_____

- Man darf nicht ... _____

_____

_____

_____

Finden Sie möglichst viele Varianten, den Satz so zu vervollständigen, dass Sie ihm zustimmen. Gehen Sie es spielerisch an, wann immer Ihnen etwas einfällt, fügen Sie es dazu. Nach und nach entsteht Ihre Liste.

Wenn Sie jemanden einen solchen Satz, dem Sie beipflichten, sagen hören, wenn Sie ihn irgendwo geschrieben finden – notieren Sie ihn. Wann immer Sie spontan »Ganz genau!« denken oder sagen – halten Sie den Satz fest. So trainieren Sie nebenbei Ihre Aufmerksamkeit. Denn alle diese Sätze sind Pauschalierungen, Vereinfachungen. Und niemals immer richtig.

Im Brustton der Überzeugung

Ihre Sprache, die Formulierungen, die Sie verwenden, und der Klang, mit dem Sie etwas sagen, können Ihnen wichtige Hinweise geben. Nicht umsonst sprechen wir vom »Brustton der Überzeugung«. Wann immer Sie kategorisch werden, brummen im Hintergrund alte Überzeugungen. Vermutlich benutzen auch Sie solche Formulierungen, vielleicht sogar oft.

- Das kann man nicht machen!
- Das geht nicht!
- Das ist zwingend!
- Das geht ja gar nicht anders!
- Das muss so sein!
- Das ist unvermeidlich!
- Da kann man nicht anders!
- Logisch!
- Das ist doch klar!
- Was soll man denn sonst machen?
- Was bleibt einem übrig?
- Natürlich!
- Selbstverständlich!
- Keine Frage!

Manches ist – auch modeabhängige – Sprachgewohnheit. Achten Sie daher vor allem auf den Klang: Je bestimmter oder empörter, desto stabiler Ihre Überzeugung.

Sollten Sie solche Formulierungen in dieser Tonlage verwenden und Sie merken es, notieren Sie sie für Ihre Sammlung.

Auch jene Kindheitssätze, die Sie heute noch bejahen, können Sie hinzufügen.

Bei der Meditation (siehe Kapitel 17), wenn Sie Ihren inneren Dialogen zuhören, werden Sie viele solcher Sätze entdecken können. Ihr »Quatschi« – so nennt Jens Corssen, Psychotherapeut, Trainer und Autor aus München, den Produzenten des unablässigen Gedankenstroms – plappert bevorzugt solche Verallgemeinerungen. Schreiben Sie sie hinterher auf.

Die Botschaft Ihrer typischen Verhaltensweisen

Ein weiterer Quelle für Überzeugungen finden Sie, wenn Sie sich Ihre typischen Verhaltensweisen noch einmal vornehmen und sich fragen: Aus welchen Gründen mache ich das eigentlich? Wieso fühle ich mich, wenn ich es tue, gut und auf der richtigen Seite? Wozu dient dieses Verhalten? Es ist oft nicht ganz einfach, diese Fragen zu beantworten – sonst wären es keine typischen Verhaltensweisen. Es ist wahrscheinlich, dass Sie spontan so etwas sagen möchten wie: »Das ist doch klar!« Es ist doch klar, dass ich immer den kürzesten Weg von A nach B nehme. Das ist natürlich nicht klar. Sie könnten auch den schönsten oder aufregendsten Weg nehmen oder einen, den Sie noch nicht kennen. Wenn Sie so argumentieren, folgen Sie einem Glaubenssatz (Tempo und Effizienz sind wichtig/Ich muss immer den schnellsten Weg finden/Wer zu spät kommt, den bestraft das Leben ...).

Werten Sie Ihre Erfahrungen aus den Verhaltensexperimenten aus: Wieso fühlen Sie sich ungut, gestresst oder besorgt, wenn Sie ein neues Verhalten ausprobieren? Gegen welchen Glaubenssatz verstoßen Sie?

Sie werden, wenn Sie das ein paar Wochen machen, eine Fülle von Überzeugungen gefunden haben. Manche werden aus der Peripherie Ihres Skripts stammen, keine besondere Ladung aufweisen, und manche sind Ihnen heilig. Betrachten Sie im Folgenden insbesondere jene Überzeugungen, von denen Sie wissen oder den Verdacht haben, dass sie Ihnen nicht guttun. Das können Sie zum Beispiel überprüfen, indem Sie – wenn Sie den Satz laut sagen – auf Ihre körperlichen

Empfindungen achten. Verspannt sich etwas? Beschleunigt er Ihren Puls, fühlen Sie sich beschwert, eingeengt, halten Sie die Luft an, seufzen Sie unwillkürlich? Geben Sie der Klugheit Ihres Körpers eine Chance.

Der zweite Schritt: Prüfen Sie Ihre Überzeugungen

Wenn Sie die Liste anschauen oder gerade einen der Klassiker aussprechen: Halten Sie inne und fragen Sie sich: Wieso glaube ich das eigentlich? Wie komme ich zu dieser Annahme? Woher weiß ich das? Aus welchen Erfahrungen habe ich diesen Schluss gezogen? Von wem habe ich das übernommen? Sie werden vermutlich feststellen: Für viele Ihrer Überzeugungen gibt es wenige Belege, die Sie anführen können, die Menge der eingeflossenen Erfahrungen ist gering, insofern stehen sie auf wackligen Füßen. Aber von der subjektiven Gewissheit her, der gefühlten Wahrheit, haben Sie es mit einer betonierten Bodenplatte zu tun.

Durch freundliche, beharrliche und die auftauchenden Widerstände (»Ist doch logisch!«) sanft überwindende Selbstbefragung können Sie nach und nach herausfinden, wie hoch die tatsächliche Plausibilität ist. Und ob der Satz heute noch stimmt.

Die amerikanische Autorin und Lebensberaterin Byron Katie hat eine oft zitierte Methode entwickelt, unsere Überzeugungen herauszufordern. Sie schlägt folgendes Vorgehen vor:

Suchen Sie eine Situation Ihres Lebens, mit der Sie unzufrieden sind. Beschreiben Sie die Situation – und zwar nur: beschreiben! Bitte verzichten Sie darauf, zu interpretieren oder zu bewerten. Was genau ist los, was ist passiert?

Beispiel: Ein Handwerker hat heute eine schlechte Leistung hinterlassen, und es ist Ihnen erst aufgefallen, als Sie den Leistungszettel bereits unterschrieben hatten und er weg war.

Das sind die Fakten. Das »echte« Problem ist ein zu tief angebrachter Wasserhahn auf der Terrasse, unter den man keine Gießkanne stellen kann.

Entscheidend ist nun die Frage, welche Geschichte Sie sich (und anderen) dazu erzählen. Und ob diese Geschichte irgendetwas zur Problemlösung (andere Position des Wasserhahns) beiträgt.

Sie könnten denken, dass Handwerker eben ihr Hirn nicht einschalten. Ein unfreundlicher Glaubenssatz über andere führt nicht weiter, macht Sie aber rechtschaffen ärgerlich. Oder Sie könnten weitergehend schlussfolgern, dass man von anderen Menschen generell nichts erwarten kann, wenn man nicht direkt daneben steht und alles kontrolliert. Ein Glaubenssatz über die anderen (»sind nicht zuverlässig«) und sich selbst (»Ich muss immer alles im Griff haben«). Da Sie das versäumt haben, können Sie ärgerlich auf die Menschheit im Allgemeinen, den Handwerker und sich selbst im Besonderen sein. Sie könnten schließlich auch denken, dass so etwas immer Ihnen passieren muss, weil Sie eben ein Pechvogel sind, Sie sich nicht durchsetzen können, nie aufpassen, wenn es drauf ankommt – also die ganze (Schadensab-)Rechnung auf Ihr Konto, mit abwertenden Glaubenssätzen über Ihr Verhalten und Ihre Identität.

Byron Katie nennt das »schmerzliche Geschichten«, die wir uns erzählen. Im Unterschied zu echtem Schmerz (in den Finger geschnitten, das Auto schrottreif gefahren, eine Fähigkeit unwiederbringlich aufgeben müssen, einen Freund verlieren) erzeugen diese schmerzlichen Geschichten unnötigen und falschen Schmerz.

Bei einer solchen schmerzlichen Geschichte sind zwei Fragen immer sinnvoll:

Erstens: Können Sie sich sicher sein, dass Ihre Version der Geschichte stimmt?

Sie wissen, dass das natürlich äußerst selten der Fall ist. Es ist so gut wie immer eine Interpretation, eine Vermutung, ein Verdacht.

Zweitens: Hilft Ihnen diese Geschichte oder schwächt sie Sie?

Die schmerzliche Geschichte bringt uns in eine schlechte Position, es ist immer eine Opferstory. Die uns niemals wirklich guttut. Und stets sind einschränkende, abwertende Glaubenssätze im Spiel.

Entmachten Sie alte Überzeugungen: Nehmen Sie sie beim Wort

Eine gute Methode ist es, eine gefundene Überzeugung einmal genau so aufzuschreiben, wie Sie sie spüren: im kategorischen, absoluten Stil. Zum Beispiel »Ich darf nie egoistisch sein. Niemandem gegenüber.«

Kaum haben Sie das aufgeschrieben, oft schon währenddessen, regt sich vermutlich – hoffentlich! – Widerstand in Ihnen. Und das ist sehr berechtigt und heilsam. Wieso sollten Sie sich immer zurückhalten? Was hat das für einen Vorteil? Für wen? Es ist klar, dass diese absolute Aussage falsch ist, unpraktisch und schwächend. Gut, dass Sie sie gefunden haben!

Der Effekt dieses Aufschreibens ist so ähnlich, wie wenn Sie jemandem, der sich in einer fremden Stadt verfahren hat und leise mit sich herumschimpft, recht geben und sagen: »Stimmt, du bist ein totaler Versager!« Nach einem kurzen Moment der Halbtrance wird der andere sich empört gegen diese ungehörige Übertreibung wehren. Und dann vermutlich lachen müssen, was schon immer die beste Methode zum Geistervertreiben war.

Wenn Sie also eine unbarmherzige Vorschrift aufgeschrieben haben, ist ihre Macht augenblicklich nicht mehr ungebrochen. Durch die Aufzeichnung wird sie anfechtbar.

Damit Sie diese heilsame Relativierung der alten Glaubens-sätze vornehmen können, ist eines allerdings unbedingt erfor-derlich: Sie müssen Ihren Verstand einschalten. Wenn Sie die Glaubenssätze im Fühlmodus betrachten und nicht mit dem Kopf prüfen, dann könnte sich Vertrautheit und Stimmigkeit einstellen. »Ich muss mich immer anstrengen!«, das fühlt sich für viele Menschen völlig richtig an. »Genau!«, sagen sie, »so ist es!«

Die Frage »Wieso ist das richtig?« können sie dann aller-dings selten beantworten. Das können sie erst, wenn sie sich vom Gefühl des lebenslang Gewohnten abwenden und wirk-lich ihre Intelligenz befragen. Die wird kein gescheites Argu-ment finden. Und aus dem Kontrast zwischen »gefühlt richtig« und »mit Verstand geprüft und für unsinnig befunden« kann etwas Neues entstehen.

Ausreden schützen Überzeugungen: Wir haben doch nur die besten Absichten …

Für jeden Typus im Enneagramm gibt es ein Set charakteristi-scher Überzeugungen. Einige haben Sie in den Musterskizzen (siehe Kapitel 14) bereits kennengelernt. Der Leitsatz in jedem der Ego-Systeme ist die jeweils gelernte Formel der bedingten Liebe. Abhängig vom Typ lautet er: »Ich bin nur liebenswert, wenn ich stark, friedfertig etc. bin.« Hinzu kommt ein ganzer Strauß abgeleiteter Glaubenssätze (was klug und was gefähr-lich, was erlaubt und verboten ist).

So neigen Perfektionisten dazu, zu glauben, dass sie nie gut genug sind, sich immer im Griff haben und um jeden Preis Ta-del entgehen müssen. Anné Linden und Murray Spalding, zwei amerikanische Therapeutinnen, bieten in ihrem Buch einen sehr schönen und tiefgründigen Satz als Alternative: »Ich bin vollkommen menschlich, und das ist gut genug.«

Oder: Künstler neigen zu der Überzeugung, nur dann glücklich werden zu können, wenn sie die perfekte Liebe oder Seelenverwandtschaft gefunden haben; und dass immer die anderen bekommen, was ihnen fehlt.

Oder: Loyale halten es für riskant, sich zu exponieren. Peinlichkeit ist tödlich. Man muss immer prüfen, welche Risiken in einer Situation verborgen sein könnten. Völlig klar ist: »Schlimmer geht immer!«

Passend zu den Grundüberzeugungen verwendet jedes Muster auch typische Ausreden. Diese Ausreden sind vor allem Selbstidealisierungen und aus Grundüberzeugungen stammende Begründungsmuster.

Mit den Selbstidealisierungen reden wir uns auf unsere guten Absichten heraus und erklären uns nicht zuständig für Effekte, mit denen unsere Partner aber mitunter erheblich zu kämpfen haben.

So will der Perfektionist doch nur die beste Lösung, und dass das Gegenüber sich kritisiert fühlt – warum eigentlich?

Der Helfer ist hilfreich in der Welt und will nur das Beste für den anderen. Dass der sich manipuliert fühlt? Eine ungerechte Betrachtung!

Der Dynamiker hat nur die schnellste und beste Lösung im Auge, und dass andere sich davon gedrängt und überrannt fühlen – die sollen sich mal nicht so anstellen!

Die Künstler pflegen ihre Idee vom Besonderen und fühlen sich von dem Empfinden der anderen (dass sie entschieden zu gefühlsbetont sind) gründlich missverstanden.

Die Beobachter wollen doch nur die Welt verstehen – das braucht eben seine Zeit! – und bedauern, dass die anderen das für Gleichgültigkeit in Fragen des normalen Lebens halten.

Die Loyalen kommen doch nur ihren Verpflichtungen nach und wundern sich, dass andere sich von ihnen immer wieder getestet fühlen.

Die Genießer bedauern die anderen, die ihnen offenbar

neiden, dass sie einfach glücklich sind. Dass sie sich schweren Träumen und Sorgen anderer mutwillig und desinteressiert entziehen, wie das immer einmal empfunden wird, sehen sie nicht.

Die Bosse glauben, dass die Reklamation, sie seien invasiv und dominant, nur aus der Unfähigkeit jener stammt, die sich nicht klar zu positionieren wissen.

Und die Vermittler sind mit ihrer Zufriedenheit und Friedfertigkeit zufrieden (was sonst?) und finden es befremdlich, wenn andere das als Passivität und Standpunktlosigkeit beklagen.

Die Wahrnehmung unserer Partner empfinden wir als ungerecht und willkürlich. Und sie wiederum erleben unsere Begründungen als vorgeschoben.

Unsere Selbstidealisierungen sind Teil unserer Rechthabenspiele. So anstrengend es für unsere Partner auch sein mag, wir fühlen uns im Recht, weil wir doch das Beste wollen – aus unserer Sicht. Wir überdehnen unsere Perspektive ins Allgemeine und fordern Zustimmung oder Entschädigung für Opfer und Anstrengungen, zu denen uns niemand aufgefordert hat.

So fühlen sich die Loyalen zum Beispiel im Recht, weil sie nicht auf ihren Vorteil geachtet haben, sondern auf das, was getan werden musste. Es regt sie sehr auf, wenn andere sich an diese Regeln nicht gebunden fühlen. In diesem Punkt den Perfektionisten und Helfern verwandt, meinen sie sich verdient zu haben, worum sie streiten. Jetzt steht es ihnen endlich einmal zu. Vermittler fühlen sich im Recht, weil sie sich selbst einen so ausgewogenen Blick zuschreiben, die anderen sind immer ein bisschen zu aufgeregt und verlieren den Überblick. Ich habe mehrfach erlebt, wie Vermittler emotionale Reaktionen anderer, die ihnen unbegreiflich, weil fremd sind, auf einen Mangel an Intelligenz oder psychischer Stabilität zurückführen. Genauso wie Bosse oft nur mühsam den Gleichmut der

Vermittler ertragen, ohne sie für Schwächlinge zu halten und sich von ihnen zu noch größerer Entschlossenheit und zu kompromissloser Positionierung förmlich gezwungen zu fühlen.

So reden wir uns kunterbunt und im Kreis aufeinander heraus.

Beleuchten wir unsere eigenen Begründungen einmal mit der Hellsichtigkeit, die freundlich interessierte Distanz verschaffen kann – dann wird früher oder später klar, dass wir damit einfach unsere Antreiber und Überzeugungen verteidigen und für gültig erklären. So wie wir selbst im Inneren ticken: Das ist richtig. Ich bin okay und du so lala. Will etwa jemand behaupten, wir handelten mit unlauteren Absichten?

Unwillige Reaktionen der anderen sind darauf zurückzuführen, dass wir falsch interpretiert werden, eine Art Späne, die beim Hobeln anfallen – bedauerlich. »So bin ich eben!« Kraftvoll und energisch, einfühlsam und zurückhaltend, klug und bedachtsam. Hilfreich, edel und gut.

Es ist in der Tat so, dass jedem Verhalten eine (subjektiv) gute Absicht zugrunde liegt. Das steht nicht in Zweifel. Aber wir sollten uns fragen, ob es für diese gute Absicht auch noch alternative Wege der Umsetzung gibt. Wenn ich zum Beispiel mit einem Verhalten, das meinen Partner zur Weißglut bringt, eigentlich seine Anerkennung möchte oder mich fürsorglich zeigen will – wie könnte ich meine Absicht dann anders umsetzen? Dann hätten wir beide mehr davon. Auch das ist: Flexibilisierung.

Sie werden bei Ihren Recherchen feststellen, dass viele Überzeugungen – heute – mehr Nach- als Vorteile für Sie haben. Damals waren es kluge Deutungen einer übermächtigen Welt, in der wir unseren kleinen Pfad finden wollten und konnten. Wir streckten uns der Anerkennung entgegen, wir entgingen der Strafe, wir sammelten Erfolge, und als wir erst mal die Spielregeln verstanden haben, waren wir erleichtert und fein raus.

Heute aber macht uns eine Immer- und Müssen-Haltung

unflexibel und zu dauerhaft Getriebenen. Eine kategorische, keine Ausnahme duldende Regel kann in der Gegenwart nicht vernünftig und zielführend sein, egal, welche guten Dienste sie uns einmal geleistet haben mag. Früher war es klug, immer lieb, immer tapfer, pflegeleicht oder trotzig zu sein. Heute dürfen wir uns vom Immer und Nie freundlich verabschieden und schauen, was jetzt gerade in diesem Augenblick am besten passt, ohne zu fürchten, dass wir uns mit dieser Variationserlaubnis selbst untreu werden. Wir können das Risiko, nicht in jedem Moment das Erwartete zu tun, längst selbst schultern.

Wenn wir den Mut haben, unsere Glaubenssätze auf den Prüfstand zu stellen, und erkennen, von welchen falschen, ungemütlichen und sich dem Fluss des Lebens widersetzenden Ideen und Vorschriften wir uns innerlich schon so lange haben leiten lassen: Dann können wir uns zwischen Lachen und Weinen fürs Lachen entscheiden. Und für ein Dankeschön an die Vergangenheit. Und ein mutiges Aussortieren verstaubter Regeln. Wir können das Regal frei machen für Neues.

Der dritte Schritt: Geben Sie sich neue Erlaubnisse – und erlauben Sie sich mehr Glück

Wenn Sie an diesem Punkt sind, können Sie anfangen zu variieren.

Nehmen Sie die einschränkenden Glaubenssätze, die Sie identifiziert haben, und spielen Sie mit ihnen. Drehen und wenden Sie sie und suchen Sie nach Variationen.

Sie können sich dabei von folgenden Fragen unterstützen lassen.
- Was wäre das genaue Gegenteil meiner Überzeugung?
- Welche Überzeugung würde jemand, der mich liebt und an mich glaubt, mir eher empfehlen?
- Was wäre eine etwas mildere und weniger strenge Variante?

- Was würde ein Mensch, den ich mag und der anders ist als ich, über diese Sache denken? Wie wäre vermutlich sein Glaubenssatz?
- Was würde sich in meinem Leben ändern, wenn ich diesen Glaubenssatz aufgebe? Was wäre dann besser?
- Welche Überzeugung würde mir bei der Erreichung meiner Ziele am besten helfen?
- Wie könnte die Überzeugung lauten, damit sie mich lebenstüchtiger, stärker, beweglicher, leichter macht? Heute und morgen?
- Und der »As if«-Gedanke: Wenn ich bereits der Mensch wäre, der ich gerne wäre (stark, ruhig, liebevoll, kreativ …) – was würde ich dann stattdessen glauben?

Achten Sie auch hier auf Signale Ihres Körpers: Wird Ihnen, wenn Sie den neuen Satz sagen, leichter, warm, gibt es eine kleine Welle von Erleichterung? Sie werden spüren, wenn Sie darauf achten, welcher Satz Ihnen gut tut, auch wenn er sich noch ein wenig gewagt oder fremd anfühlt.

Es gibt, wenn Sie zu sich selbst Ja sagen, keinen Grund, an Glaubenssätzen festzuhalten, die Ihnen ein Abonnement auf Bescheidenheit, Daueranstrengung oder Resignation geben. Festigen und erweitern Sie also Ihre stärkenden Überzeugungen um Erlaubnisse, die Sie sich heute geben können.

Hier ein paar schöne Erlaubnisse, die sich meine Klienten in den vergangenen Jahren gegeben haben:

Ich darf glücklich sein, Erfolg haben, schön sein.
Ich darf mir Ruhe gonnen, mich abgrenzen, mir etwas Gutes tun, ohne etwas zu leisten.
Ich darf albern sein, Risiken eingehen, das Leben genießen.
Ich darf die Regel dehnen, mich anlegen, pflichtvergessen, zaghaft und trödelig sein.
Ich darf mir diesen besonderen Keks von unten aus der Dose

nehmen, Nein sagen (wenn ich beim Umzug helfen soll),
einen Umweg machen.
Ich darf etwas Unüberlegtes tun, daheim bleiben, obwohl
man diese Vernissage nicht versäumen sollte, un-verschämt
glücklich sein.

**Was ich mir zugestehe / was ich beginne, für möglich zu
halten:**

• Ich darf/Ich kann _____

_____

_____

_____

_____

_____

_____

_____

Wenn Sie sich sehr über einen anderen Menschen ärgern – nutzen Sie diese Gelegenheit für inneres Wachstum

Eine der wichtigsten Übungen, die ich je gelernt habe und die ich seit vielen Jahren nun mit anderen Menschen durchspiele, ist die Noody-Übung. Diese Übung dauert fünf Minuten und geht so:

Schreiben Sie einmal auf, wie der Mensch aussieht, der – wenn er in einen Raum kommt, in dem Sie schon sind – bei Ihnen alle Schalter gleichzeitig drückt. Der Typus, vor dem Sie sofort das Weite suchen wollen, bei dessen Auftritt sich Ihnen die Nackenhaare aufstellen und der Ihnen Übelkeit oder mindestens klaren Widerwillen verursacht. Der negative Holger-Effekt (siehe Kapitel 7) zum Quadrat.

Stellt sich ein Bild ein? Sie können einen konkreten Menschen nehmen, den Sie kennen, Sie können auch aus mehreren Leuten eine neue Figur bauen.

Also: Wie sieht der aus, was tut der, wie ist er gekleidet, welches Auto fährt er, und wohin geht es bevorzugt in den Urlaub? Beschreiben Sie so konkret wie möglich, was Sie so an ihm aufregt. Nennen Sie ihn Noody. Beginnen Sie die Beschreibung mit »Mein Noody tut das und das …«

Ausdrückliche Zusatzinstruktion: Seien Sie nach Herzenslust politisch unkorrekt. Sie müssen nicht »einfach strukturiert« sagen, wenn Sie »total blöd« meinen, Sie dürfen ruhig genau das aufschreiben, was Sie empfinden, was Sie aber normalerweise mehrfach abgepuffert diplomatisiert hätten. Und was Sie auch gar nicht unbedingt sagen sollten im wirklichen Leben (wobei es manchmal zu überlegen wäre …) In dieser Übung geht es darum, pur und klar zu sein. Wenn es Sie nervt, dass jemand Fremdwörter falsch ausspricht oder immer von seinem Haus in St. Moritz erzählt oder seinen Fastenkuren im aromaduftenden Biohotel – notieren Sie es ruhig. Für den Augenblick ist Toleranz weder erforderlich noch hilfreich.

Im Seminar mache ich diese Übung meist selbst mit und nehme immer aktuelle Fälle. Der dicke, schwitzende Mann, der mich neulich im Zugabteil so aufgeregt hat, dieser eine Reporter, bei dem ich sofort umschalte, wenn er im Fernsehen auftaucht, die arrogante Verkäuferin in der Parfümerie, die Freundin eines wirklich netten Freundes, bei der ich mich frage: Wie kann der nur mit **der** zusammenleben?? Und schreibe drauflos.

Wichtig ist, dass man nicht denkt und filtert und sich etwas verbietet, sondern protokolliert, was alles aufsteigt.

Und jedes Mal lerne ich bei der Auswertung einen neuen Aspekt kennen oder erkenne bereits bekannte wieder. Die Übung kann schockierend sein. Beim ersten Mal auf alle Fälle, später fehlt zwar der Überraschungseffekt, aber die Irritation bleibt. Und das ist gut so. Denn ohne Irritation kein Lernen. Anfangs habe ich immer noch versucht, die Übung auszutricksen, längst habe ich das aufgegeben. Sie gibt mir immer wieder eine neue Lektion. Ich verdanke ihr viel.

Nehmen wir meine Liste von neulich, als ich mir meinen Ärger über eine Kollegin von der Seele geschrieben habe.

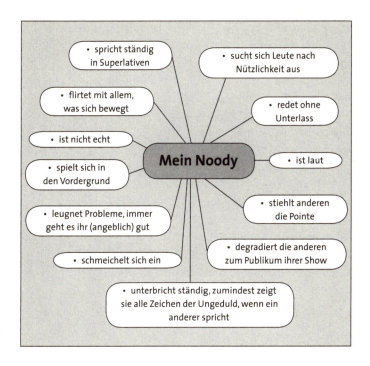

So weit, so unerträglich.

Nicht absolut natürlich. An diesen Eigenschaften ist zunächst mal nichts Schlechtes. Warum sollte man sich nicht in den Vordergrund spielen, laut sein und gerne viel reden?

Entscheidend ist allein die Frage: Wieso nervt mich das?

Denn es stört ja **mich**. Es ist keine absolute Störung des Weltgeschehens, andere finden es sympathisch, wieder andere bewundern es, noch anderen fällt es gar nicht auf. Aber **mich** nervt es, also hat es doch – ob ich will oder nicht – mit **mir** zu tun.

Noody ist ein Kunstname, Noody ist nobody.

Noody bin ich. Noody sind Sie.

Mein Noody ist natürlich keine objektive Beschreibung oder

Charakterisierung dieser Frau. Es ist in erster Linie **mein** Bild der Kollegin. Das Bild, das ich mir mache und das etwas in mir auslöst – was ich allerdings ihr anlaste.

Diese Unterscheidung treffen wir im Alltag nicht. Du nervst mich, weil du das und das tust oder nicht tust. Ist das so?

Wir sind dadurch genervt, **wie** wir etwas hören und empfinden. Wenn Sie gelassen und glücklich sind, überhören Sie dann nicht locker den milden Tadel Ihrer Mutter, die mit diesem unnachahmlichen Ton fragt, wann Sie denn endlich einmal wieder mit mehr Zeit zu einem Besuch kämen? Sie sind bei sich und Ihrem guten Gefühl, und der Unterton dringt nicht durch. Er mag da sein, aber er trifft Sie heute nicht – weil Sie ihm keine Bedeutung geben. Und prompt hat er keine Kraft.

Ohne meine Mithilfe, meinen Beitrag kann meine Kollegin mich nicht nerven. Also: Was ist mein Anteil?

Die Noody-Übung besteht aus zwei Teilen.

Teil 1 der Übung: Streichen Sie alle Eigenschaften an, die auch auf Sie selbst zutreffen

Was habe ich mit meinem Noody gemeinsam?

An dieser Stelle stöhnt fast jeder im Seminar. Ich auch. Regelmäßig muss ich entdecken, dass ein nicht kleiner Prozentsatz der aufgelisteten Scheußlichkeiten auch auf mich zutrifft. Und Ihnen wird es genauso gehen. Wir befinden uns mehr oder weniger gut gerüstet im Land des blinden Flecks … Dabei sollten wir gar nicht erst versuchen uns einzureden: »Ja, aber sooo schlimm ist es bei mir nicht. Bei mir ist es eleganter, subtiler, seltener.« Geschenkt.

Bei meinem Noody und mir ist es so: Ich bin zwar nicht laut, aber natürlich spiele ich mich auf meine Art in den Vordergrund. An vielen Tagen mache ich beruflich nichts anderes;

ich unterrichte, moderiere, referiere vor Publikum. Ich flirte auch chronisch, mit Männern, Frauen und Kindern. Sogar Hunden. Mein Mann behauptet – was mich schmerzt – dass ich ihm in Gesprächen auch oft ins Wort falle. Ich finde natürlich: fast nie. Hilft nichts. Ich muss also auf meiner Noody-Liste wirklich viel anstreichen.

Eine enorme Provokation: Ich soll so sein wie die Person, die mich so auf die Palme treibt? Nein, das ist ja absurd. Aber genauso ist es. Im Schnitt treffen zwischen 50 bis 80 Prozent der Noody-Punkte auch auf uns selbst zu. Da schreibt bei der Übung ein sehr gut aussehender Mann das Wort »Schönling« auf, eine tempobetonte Frau »hektisch/ungeduldig«, eine Frau mit schwerem süddeutschem Akzent notiert »furchtbarer Dialekt«, eine Frau, die keine Konfrontation auslässt, bemängelt »aggressiv«. Und man hört es und denkt: Sonderbar, so sind die doch selbst, was stört die denn jetzt?

Die Störung stammt aus der Leugnung, dem Wegschauen oder der anderen Wahrnehmung der eigenen Persönlichkeit. Manchmal können wir das nicht selbst erkennen. Wir bestehen darauf, dass es da keine Ähnlichkeiten gibt. Da brauchen wir dann mutige Partner, die uns den Zahn ziehen. Denn die anderen können die Parallelen natürlich leichter, unbefangener wahrnehmen als wir selbst. So wie auch wir es bei ihnen leichter sehen.

»Mein Bruder«, sagt eine Frau, »redet immerzu im Superlativ. Furchtbar. Bei dem ist nichts normal, da muss alles immer außerordentlich sein.« Drei Minuten später erzählt sie von dem Restaurant, in dem sie gestern war. Das war nicht »gut«, es wurde nicht »solide« gekocht, und der Service war nicht »aufmerksam«. Nein, die Location war »sagenhaft«, das Essen »das beste in Hamburg und Umgebung«, und dieser Kellner, der war »einfach zum Niederknien« …

Bei anderen, wie gesagt, kann man da sehr hellsichtig sein. Wenn man selbst gerade in Rage ist, merkt man nicht, wie man unabsichtlich, aber sichtbar, auf sich selbst zurückdeutet. Wenn ich so richtig empört bin über jemanden, dann verrate ich viel mehr über mich als über den anderen.

Teil 2 der Übung: Finden Sie den positiven Kern dessen, was Sie ablehnen

Nun kommt ein Aspekt, der noch schwieriger zu erkennen und anzuerkennen ist. Wenn Sie Ihre Noody-Liste reduziert haben um alle Punkte, die auch auf Sie selbst zutreffen, bleibt eine weitaus kleinere Liste übrig: Was Sie wirklich **nicht** sind, was Sie **nicht** machen.

Und jetzt sollten Sie prüfen, was Sie von dieser verbleibenden Liste vielleicht sein oder sich erlauben **sollten**.

Wie bitte??? Wie kann ich etwas sein wollen, was mich an anderen nervt? Das ist schwere Kost. Hier bäumt man sich oft richtig auf. Aber, wie mein Mann oft so treffend sagt: Leichte Sachen kann jeder. Also.

Ein Beispiel aus meiner eigenen Noody-Liste: Ich bin keinesfalls jeden Tag gut drauf, und Probleme leugne ich nicht.

Wenn es mich aber aufregt, dass diese enervierende Kollegin immer gut gelaunt ist und Schwierigkeiten ignoriert, worüber genau rege ich mich da eigentlich auf?

Wichtig für das weitere Vorgehen ist ein Zwischenschritt: Ich muss aus dem, was mich stört, den positiven Kern herausarbeiten.

Wie aus einer mächtigen, wilden Frau eine alte, bucklige Hexe gemacht wurde

Nehmen wir ein Beispiel, das wir alle aus Märchen kennen: die Hexe. Eine überwiegend negativ besetzte, gefährliche und hässliche Figur. Sie frisst kleine Kinder und leitet Wanderer ins Moor.

Was ist der positive Kern der Hexe? Sie ist eine machtvolle Frau. Sie ist im guten Kontakt mit der Natur und ihren Kräften, dem Wind, dem Feuer, der Erde und dem Wasser, sie kann zaubern, sie nimmt sich, was sie will, sie kommt allein zurecht, sie fliegt mit wehenden Haaren durch die Nacht und hat Sex mit anderen interessanten, mächtigen Figuren. Eine beeindruckende Frau. Eine, die der Kirche oder anderen Männerclubs nicht recht sein kann. Also machen sie aus ihr eine hässliche Alte mit Buckel und Warzen und schwarzen Haaren am Kinn. Dann kann keine gefährliche Faszination mehr von ihr ausgehen.

So funktioniert Dämonisierung. Und so müssen wir den zweiten Aspekt der Noody-Übung auflösen.

So weit, so gut, aber Sie haben keine Hexe auf Ihrer Liste? Haben Sie wohl. Da müssen Sie jetzt durch. Ich lade Sie ein, mich noch einmal kurz zu begleiten.

Nehmen wir das »Ist immer gut drauf, leugnet Probleme«, das mich an dieser anderen Frau so aufregt. Was ist der positive Kern davon?

Optimistisch zu sein auch an grauen Tagen, vom Problem wegzusehen und sich abzulenken, auch über nicht Pulitzerpreisverdächtige Witze zu lachen, heiter sein zu dürfen, dem Ernst des Lebens zum Trotz.

Das ist genau das, was ich in der zweiten Hälfte meines Lebens schon reichlich übe. Und was ich gar nicht genug tun kann. Aber es gibt offenbar in mir Reste alter Verbote, einschränkender Überzeugungen, die mich daran hindern wollen: Gut zu wissen!

Was auch immer auf Ihrer Liste steht: Es hat eine wichtige Botschaft für Sie. Hören Sie zu, sperren Sie sich nicht, lassen Sie es an sich heran!

Das, was wir ablehnen, bringt uns weiter

Faszinierend ist für mich, diese Übung und das Enneagramm im Zusammenhang zu sehen.

Wenn Sie mit der reduzierten Noody-Liste arbeiten und aufschreiben, was Sie aus dem positiven Kern dessen, was Sie so ablehnen, lernen könnten – dann entwickeln Sie intuitiv und erstaunlich exakt das Programm, das das Enneagramm Ihrem Persönlichkeitsmuster empfiehlt, um den Weg zu einem reifen, selbstbestimmten Leben zu gehen.

Nehmen wir den Noody von Michael, einem Beobachter (Typ 5 im Enneagramm), und welche Erkenntnisse er für ihn bereithält.

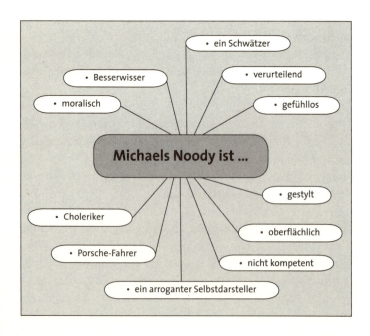

Der erste, obere Teil des Noodys spiegelt ziemlich exakt, wie Michael selbst auch oft wahrgenommen wird.

Er ist ein präziser Denker, analysiert genau und in die Tiefe. Wenn er seine Gedanken erläutert, strapaziert er seine Gesprächspartner nicht selten mit der Fülle an Details und seinem sehr bedächtigen Erzählstil (Schwätzer). Als aufmerksamer Dauergast sitzt er auf der Tribüne des Lebens und beobachtet und bewertet (verurteilend); in die Arena zu gehen, vermeidet er, so oft es geht. Er muss noch viel mehr Informationen sammeln. Es überfordert ihn, wenn ein Mensch vor ihm steht, der eine spontane emotionale Reaktion oder Antwort erwartet.

Andere halten seine Nachdenklichkeit und seinen Mangel an sichtbarer Reaktion oft für Gleichgültigkeit, seine nüchterne Analyse wird als sezierend und kalt empfunden. Er geizt mit sich und seiner Nähe (gefühllos).

Kommen wir zum zweiten, unteren Teil: Michael ist definitiv nicht arrogant. Er ist eher unauffällig gekleidet, weit weg von (modisch) gestylt, er fährt keinen Sportwagen. In drei Aspekten stellt er sogar das echte Gegenteil dar: Er geht immer in die Tiefe (statt oberflächlich zu sein), er ist hoch kompetent (statt inkompetent) und er ist niemals unbeherrscht und aggressiv (statt cholerisch).

Wendet man diese zweite Hälfte seines Noodys ins Positive, dann steht hier genau das, was Michael in seiner weiteren Entwicklung guttun würde: die Erlaubnis, sich Raum zu nehmen, gut auszusehen und auf sich achten zu dürfen. Sich selbst und nicht nur seiner (Fach-)Kompetenz zu vertrauen. Mehr Tempo aufzunehmen und mehr aus sich herauszukommen, das Risiko einer Gefühlsäußerung einzugehen, statt sich beständig zu kontrollieren.

Nehmen wir eine Episode aus seinem Leben.

Seine älteste Freundin Petra war quer durch Frankreich gefahren, um ihn zu überraschen. Er betrieb seit Kurzem mit seiner Frau ein kleines Hotel im Süden Frankreichs, sie hatten sich seit anderthalb Jahren nicht gesehen. Petra hatte unter fremdem Namen ein Zimmer gebucht. Alles war genau geplant. Petra klingelt und freut sich schon auf sein überraschtes Gesicht. Er macht auf, sieht sie und sagt: »Wir haben gar kein Zimmer frei.«

Nicht etwa: »Hey, was machst du denn hier?« und großes Hallo, dicke Umarmung und Freude. Aber eine aus seiner Sicht zutreffende Analyse der Situation. Petra ist in dem Augenblick nicht seine Freundin aus der Jugendzeit, die völlig unerwartet und erfreulich vor seiner Tür steht, sondern ein Problem. Sie hätte wissen können, dass er Überraschungen überhaupt nicht mag. Aber sie hatte es unterschätzt.

Wenn ein Mensch wie Michael die Noody-Übung als freundlichen Lehrer akzeptieren kann, dann würde es ihm in dieser Situation vielleicht gelingen, die Mixtur aus besorgter Analyse und unwirscher Überforderung (Kein Zimmer da!/Problem!/Was jetzt?/Du lieber Himmel!/Warum hat sie mich nicht angerufen?/Wie soll ich das jetzt hinkriegen?) zwar wahrzunehmen, sich aber dann in Erinnerung zu rufen, dass es jetzt nicht auf einen Masterplan, sondern auf eine zwischenmenschliche Reaktion ankommt. Er würde vielleicht glauben können, dass es schon gut gehen und sich eine Lösung finden wird. Er könnte sich vielleicht schon dann zur Freude durchringen, wenn seine Freundin noch da ist. Und nicht erst (wie es sonst seine Gepflogenheit ist), wenn sie wieder weg ist, traurig sein, dass er sich nicht genug gefreut hat …

Die Noody-Übung ist für mich einer der besten Begleiter für persönliches Wachstum. Ich mache sie mindestens einmal im Monat, und ich kann Ihnen nur raten, das auch zu tun. Es gibt jedes Mal etwas Interessantes zu lernen.

Der Grund, warum sich diese Übung nicht verbraucht: Sie zapft unseren Ärger an, unsere Bereitschaft, uns provoziert zu fühlen, abzuwerten und zu verurteilen. Das machen wir meist ohne Hemmung und Selbstreflexion (es geht ja nicht um uns!!), und so tricksen wir mit dem Schwung des abfälligen Schimpfens unser Ego aus und entlocken ihm das eine oder andere Geheimnis. Oder schauen uns eine bereits vertraute Lektion ein weiteres Mal an. Und noch und noch einmal, bis wir sie wirklich gelernt haben.

Wozu Sie die Noody-Übung verwenden können

Sie ist immer dann hilfreich, wenn Sie sich Ihrem Ärger, Ihrer Genervtheit oder Empörung – also den Lieblingsgefühlen – nicht hingeben, sondern nach einer abgewogenen Lösung suchen möchten. Wie wir wissen, wollen wir das ja nicht immer. Aber wenn Sie dazu bereit sind, haben Sie mit dieser Übung immer einen klugen Partner. Anhand von vier Beispielen will ich erläutern, wie Sie den Noody für sich nutzen können.

1. Eine unerklärliche Ablehnung verstehen: Der Skandal der himmelblauen Socken

Vor einiger Zeit saß ich mit einem Klienten, Herrn M., Geschäftsführer einer Wertpapierfirma, zusammen; wir sprachen über einen Konflikt, den er mit einem seiner Mitarbeiter hatte. Dieser Mitarbeiter ist sehr erfolgreich, er erwirtschaftet die besten Erträge, ist akquisitionsstark, respektiert von seinen Kollegen und anerkannt und beliebt bei seinen Kunden. Man könnte meinen, Herr M. müsste sich glücklich schätzen, diesen Mann im Team zu haben. Das versuchte er auch, aber es gelang ihm nicht. Im Gegenteil, er war kurz davor, Herrn T. ein Ausscheiden nahezulegen. Herr T. stellte für ihn eine personifizierte Provokation dar. Vom ersten Tag an hatte er

ihn nicht ausstehen können. Aus wirtschaftlichen und prag-
matischen Erwägungen würde er ihn halten wollen, aber er
war nach zwei Jahren Zusammenarbeit an dem Punkt, dies
hintanzustellen.

Mir blieb im Verlauf des Gespräches unklar, was Herrn M.
eigentlich so massiv aufbrachte; ich bat ihn daher, den Mitarbeiter einmal als Noody zu beschreiben.

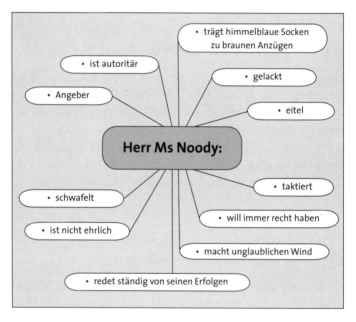

Ich hielt die Luft an. Ich ahnte, was da jetzt vor uns lag.

Herr M. ist ein sehr kluger, reflektierter und humorvoller
Mann. Wäre er das alles nicht, hätte er nach dieser Übung nie
wieder mit mir gesprochen. Auf die Bitte, die Liste im ersten
Schritt zu reduzieren um all das, was er auch ist, stockte er
kurz, fragte noch mal nach und setzte dann den Stift an. Er be-
gleitete das mit Äußerungen wie: »Okay, eitel bin ich auch. Ich

sehe aber besser aus …!«, »Na ja, gelackt finde ich mich nicht, aber das kann man wahrscheinlich auch anders wahrnehmen«, »Phhh, würden Sie mich einen Schwafler nennen? Nein, oder? Aber viel reden tue ich schon!«, »Ein Angeber bin ich aber wirklich nicht, oder? Obwohl – tue Gutes und rede darüber, ist ja auch mein Motto, klappern gehört zum Handwerk.«

Punkt für Punkt strich er. Sobald er den abwertenden durch einen freundlicheren Begriff ersetzte, konnte er sehen, dass er auch so ist wie der Mann, der ihn so aufregt. Vielleicht ein bisschen eleganter, weniger laut, aber da zeigte sich schon sehr viel Ähnlichkeit … Ein Punkt blieb übrig. Die himmelblauen Socken. Herr M. rollte mit den Augen: »Sie wollen mir doch jetzt bitte nicht sagen, dass ich Herrn T. nur wegen seiner Socken hasse?«

Himmelblaue Socken sind nun tatsächlich so ungefähr das Letzte, was Herr M. tragen würde. Klassisch-elegantes Berateroutfit, Krawatte, Einstecktuch, randlose Brille, alles dezent, perfekt abgestimmt. Mit seiner geschmacklichen Entscheidung hat er sicher die Mehrheit in Sachen Businessmode hinter sich. Trotzdem: Warum regten ihn die Socken so unglaublich auf? Zumal sie – obwohl ganz unverständlich aus seiner Sicht – die Kunden offenbar gar nicht störten.

Es zeigte sich, dass die Provokation genau daher rührte, dass Herr T. etwas tat, was für Herrn M. undenkbar wäre. Nämlich sich entgegen einer Konvention zu kleiden. Die darunter liegende Überzeugung könnte heißen: »Ich muss jederzeit dem Anlass angemessen gekleidet sein«, »Ich muss immer gut aussehen!«, »Ich muss (wenn auch stilvoll) angepasst sein!«

Herr T. hält sich nicht an diese Regel – und: hat dabei Erfolg. Er ist der lebende Beweis, dass es auch anders gehen kann. Nicht »nur so«. Und genau das ist unerträglich! Das Ego wittert einen Skandal und rotiert. Erst wenn wir den angeblichen Skandal einmal in Ruhe betrachten, können wir aufhören, uns so aufzuplustern.

Zwei Anlässe gibt es, bei denen wir innerlich besonders am Rad drehen: zum einen, wenn jemand so ist, wie wir es auch sind, aber wir das nicht wahrhaben wollen. Und zum anderen, wenn er etwas tut, das wir nie täten. Aber das wir vielleicht gerne täten, es uns aber nicht erlauben oder eingestehen. Und das uns vielleicht sogar guttun würde. Im Fall mit den himmelblauen Socken kam beides zusammen. Herr M. hatte die Größe, herzlich über sich selbst zu lachen.

2. Einen Konflikt klären: Was ist Ihr eigener Anteil, und was bleibt dann noch übrig?

Wenn Sie einen Konflikt mit jemandem haben und noch nicht wissen, ob Sie ihn klären wollen, und wenn ja, wie – dann ist diese Übungsvariante sehr hilfreich.

Schreiben Sie einen Brief an Ihren Konfliktpartner. Genau so, wie Sie vorher den Noody ohne jede Zurückhaltung beschrieben haben, lassen Sie jetzt Ihren ganzen Zorn in die Feder fließen oder auf die Tasten hämmern. Vergessen Sie, was Sie jemals über erwachsene Kommunikation und den Sinn konstruktiver Ich-Botschaften gelernt haben. Schreiben Sie es so auf, wie Ihnen zumute ist. Alle Vorwürfe ohne jede Mäßigung, einfach raus damit! Werfen Sie ihm oder ihr alles an den Kopf, was Ihnen vielleicht noch nicht mal nach einem Glas Wein zu viel herausgerutscht wäre. Verwenden Sie hemmungslos die Killerformulierungen, die für positive Gespräche eigentlich tabu sind: **Immer** machst du …, **nie** bist du … Endlich mal ungehemmt und ohne Sorge, was das bewirken könnte. Allein diese Pause, die Sie sich gerade von Ihrer kontrollierten Vernunft nehmen, diese völlig unerwachsene und unvernünftige Schimpftirade – die hilft. Schreiben Sie, bis Sie alles, wirklich alles, losgeworden sind.

Und dann machen Sie eine Pause.

Anschließend sortieren Sie, wie gewohnt.

Was trifft auf Sie selbst zu? Streichen. Was trifft auf Sie nicht zu – aber wäre in der positiven Wendung gut für Sie? Wenn Ihr Mann Sie mit seiner dominanten Art unter Druck setzt: Würde es Ihnen gut stehen, Sie würden sich selbst etwas klarer positionieren? Könnte sein?

Und dann, diesmal ein dritter Schritt: Von all den Punkten, die Sie nun durchleuchtet haben – was bleibt, was Sie weiterhin stört? Das ist das, was Sie (am besten wieder konstruktiv) besprechen sollten.

Die Übung bewirkt immer, dass aus einem Konflikt eine Menge Ärgerenergie entweichen kann. Vieles löst sich in Luft auf. Und mit dem, was dann übrig bleibt, kann man gelassener und erwachsener umgehen.

Wenn Sie sie in der frühen Phase eines Konfliktes machen, kann sie oft bewirken, dass es erst gar nicht zu einer Eskalation kommt. Und vor allem, dass Sie über die richtigen Dinge streiten, statt mit dem Balken vorm Kopf an der falschen Stelle zu kämpfen.

Wenn der Konflikt schon eine längere Historie hat, kann die Übung – wenn Sie noch einen Funken Einigungsbereitschaft in sich finden – dazu beitragen, einen Reset zu machen und noch einmal offen ins Gespräch zu gehen.

Wenn Sie selbst also im inneren oder offenen Konflikt mit jemandem liegen, nehmen Sie sich einen Zettel und legen Sie los. Es wird Ihnen gelingen zu differenzieren: Was ist reine Projektion, von was könnten Sie sich eine Scheibe abschneiden und worüber sollten Sie tatsächlich mit dem anderen streiten.

3. Eigene Fragen und Themen entdecken: Was beschäftigt Sie wirklich?

Die gleiche Form der Übung können Sie auch verwenden, um in Fragen, die Sie bewegen, voranzukommen. Oder auch, um diese Fragen überhaupt erst einmal zu finden.

In einem Coaching saß ich mit Frau B. zusammen, die gerade eine erweiterte Aufgabe in einer Werbeagentur übernommen hatte. Sie war damals Mitte dreißig, eine sehr sportliche, vor Energie sprühende Frau, die sich ein bisschen darüber wunderte, dass sie gerade im Begriff war, Karriere zu machen. Wir überlegten, wie sie diese neue Etappe gestalten will, und ob die immer noch etwas studentische, leicht flippige Inszenierung noch zu ihr passt. Oder ob es Zeit für einen Imagewechsel sei.

»Gibt es denn in Ihrer Firma oder anderswo Frauen in vergleichbaren Positionen, die Ihnen richtig gut gefallen?«, fragte ich sie. Spontan sagte sie mit großer Entschiedenheit: »Ich will jedenfalls weder so sein wie Frau F. noch wie Frau P.!« Ich bat sie, beide Frauen zu charakterisieren. Frau F. fand sie furchtbar, weil sie »so auf rothaarigen Vamp« mache und immer mit den richtigen Männern zum Essen gehe. Überhaupt sehr taktisch und überehrgeizig. Frau P., die neue, junge Kollegin, hingegen fand sie eiskalt, machtversessen und grausam überheblich.

Da ich die beiden Frauen, die sie so vehement ablehnte, kenne, konnte ich sehen, was sie meinte, aber natürlich auch, dass sie ihr zu Zerrbildern geraten waren. Mit Schwung und breitem Pinsel hatte sie in den Karikaturen die jeweils negativen Pole jener Themen konturiert, die sie selbst beschäftigten: Wie will ich als Frau und Führungskraft in diesem Unternehmen agieren? Wie kann ich weiblich sein, wie stehe ich zu Macht? Wie will ich/wie erlaube ich mir, Einfluss zu nehmen? Diese Fragen hatten nicht auf der Agenda gestanden, aber nun waren sie da, und wir konnten sie bearbeiten.

Ärger und Ablehnung empfinden wir, wenn wir in Resonanz gehen. Ein anderer oder ein Thema kann mich nur ärgern, wenn in mir etwas ins Schwingen kommt. Dieses Etwas ist in mir, es ist schon da, sonst kann nichts in Bewegung kommen. Das kann die geleugnete Ähnlichkeit oder das abgewehrte Lernpotenzial sein. Es können aber auch Themen sein, Fragen, Entscheidungen, die in mir gären und die ich auf diesem Weg entdecken kann.

4. Einschränkende Überzeugungen im eigenen Rollenverständnis aufspüren: Der unmögliche Minirock

In Seminaren zur Persönlichkeitsentwicklung arbeite ich sehr gerne mit einer weiteren Variation der Übung – mit ihr können wir uns darüber klar werden, wie wir unsere Rolle als Frau und als Mann aufgrund alter Überzeugungen angelegt haben.

Ich bitte die weiblichen Teilnehmer, fünf prominente Frauen zu notieren (und die männlichen Teilnehmer fünf prominente Männer), die sie toll finden, bewundern oder zum Vorbild haben.

Und anschließend, jeweils fünf Frauen beziehungsweise Männer auszusuchen, die sie grässlich finden.

Und dann zu allen zehn Personen jeweils drei bis fünf Attribute aufzuschreiben, warum sie so klasse beziehungsweise so fürchterlich sind.

Diese Übung macht Spaß, es wird viel gelacht, und die mitunter verblüffenden Erkenntnisse können in dieser Atmosphäre meist heiter und ohne Widerwillen geerntet werden. Denn wie bei allen anderen Varianten geht es auch hier ja nicht um die Prominenz, sondern um uns.

Spannend wird es, wenn man darüber spricht, was man warum bewundert oder ablehnt, warum man gerne oder auf keinen Fall so sein möchte. Dann purzeln die persönlichen Überzeugungen, Tabus und Gebote nur so in die Mitte.

So setzte eine junge Frau neulich eine bekannte deutsche Schauspielerin auf ihre Negativliste. Sie hatte sie kurz zuvor live erlebt, wie sie vor einem Hotel Autogramme gab. Die sei ja furchtbar, was die sich auftakelt ... Und dann das Getue! Und: »Die trägt – bei den Beinen! – sooo'n Mini!!«, die erste Handbewegung modellierte Rubensformen in die Luft und die zweite landete kurz unter dem Schambein. An dieser Stelle der Beschreibung war die Empörung am lautesten.

Natürlich reden wir ja nur scheinbar über andere. In Wirklichkeit machen wir ein indirektes Statement über uns selbst, je aufgeregter, desto deutlicher. Implizit lautet die Botschaft: »Das würde ich nie tun!« Und auch: »So eine Frau will ich auf keinen Fall sein!«

Dass eine kurvige, üppige Frau das auch noch unterstreicht und sich mit engem Kleid und tiefem Dekolleté präsentiert, konnte die junge (im Übrigen sehr hübsche, aber optisch eher zurückhaltende) Frau kaum fassen. Dabei waren sich alle im Seminar augenblicklich einig, dass ihr ein bisschen Mini im tatsächlichen und übertragenen Sinn ganz klasse stünde.

Tatsächlich ist die Ablehnung eines bestimmten Frauentypus eine Absage an die Vielfalt von Möglichkeiten, weiblich zu sein, eine Reduktion auf jene Facette, in der frau sich sicher fühlt.

Wie wäre ein etwas freundlicherer Blick auf die eigene Weiblichkeit und die Erlaubnis, erotische Karten auch dann zu spielen, wenn wir nicht perfekt sind? Das könnte der Anfang sein, die eigene Idee vom Frausein größer, flexibler, bunter, reicher zu machen, und würde zugleich erlauben, Frauen, die andere Lebensentwürfe haben, als spannend und nicht als Provokation zu erleben.

Das Andere als Möglichkeit auch für sich zu verstehen, ist Versöhnung, Abenteuer und Befreiung. Keine Frau muss ja einen mikrokurzen Mini tragen, wenn sie nicht will. Aber sie könnte und sie dürfte – wenn sie es sich selbst erlaubt.

Genauso verhält es sich, wenn eine der Leistung verpflichtete Frau die Ehefrau eines Rennfahrers deshalb blöd findet, weil diese Ruhm ohne eigene Anstrengung für sich in Anspruch nimmt. Oder ein hoch gewissenhafter Mann es nicht begreifen kann, weshalb ein berühmter Fußballer alles Mögliche tun kann, was man nicht tut (untreu sein, uneheliche Kinder zeugen, peinliche Werbung machen), und trotzdem so beliebt ist. Die Fassungslosigkeit stammt immer aus derselben Quelle – warum kann die oder der sich nur so verhalten, wie ich es mir verbiete. Und dabei auch noch prominent, bestens gelaunt und hoch bezahlt sein …

Ich kann also meiner spontanen Ablehnung trauen und mich von ihr führen lassen. Sie bringt mich zu wichtigen Fragen, die in mir arbeiten.

Dazu muss ich nur aufhören, mich **über die anderen** aufzuregen, und mich mir selbst zuwenden. Was will mir meine Empörung mitteilen? Was steckt hinter der Ablehnung? Welche unpraktische Überzeugung kann ich hier enttarnen und ad acta legen?

Ärger blind und selbstgerecht auszuagieren, bringt selten weiter. Ihn aber wie eine Wünschelrute zu nutzen, sehr wohl – immer lohnt es sich, da etwas tiefer zu graben …

Von den Ausreden lassen. Ganz erdverbunden üben und: Den Kopf in die Sterne heben

Im Lichte der 340 Seiten Weges, die wir gemeinsam gegangen sind, möchte ich die Thesen, die ich Ihnen im Einstiegskapitel angeboten haben, noch einmal aufgreifen.

In den wichtigen Fragen Ihres Lebens sollten Sie sich selbst keine Ausreden erzählen. Sie mögen gute Gründe haben, anderen etwas vorzuflunkern – sich selbst zu belügen, ist eine andere Sache.

Wenn Sie sich mit Ihrem Leben beschäftigen, können Sie die roten Fäden Ihrer Biografie entdecken und Ihre Persönlichkeit – Stand: heute – als Antwort darauf verstehen.

Wenn Sie mit anderen Menschen über Ihr und deren Leben sprechen, werden Sie, vielleicht mit einer gewissen Erleichterung, erfahren, dass Sie mit der einen oder anderen inneren Narbe nicht allein sind. Paradiesische Kindertage sind die Ausnahme, nicht die Regel.

Indem Sie die Identifikation mit Ihrem Ego aufheben und sich jenem inneren Reichtum zuwenden, der darauf wartet, von Ihnen wiederentdeckt und entfaltet zu werden, beginnen Sie eine spannende Entdeckungsreise. **Ihre Persönlichkeit können Sie ab jetzt als Entscheidung und Prozess betrachten.**

Wenn Sie sich souverän vom »Ich bin eben so« verabschieden und mit der Koketterie des »Ja, ja ich weiß ...« aufhören, können Sie stattdessen aktiv, neugierig und unerschrocken darangehen, etwas aus Ihrer Selbsterkenntnis zu machen.

Den zu erwartenden inneren Widerstand gegen Ihre persönliche Entwicklung sollten Sie gelassen zur Kenntnis nehmen und als Dämonen betrachten, die zwar – vom Ego virtuos herbeigezaubert – viel Getöse machen können, aber keine reale Gefahr darstellen.

Fordern Sie Ihre Verhaltensroutinen, Gefühlsgewohnheiten und eingeengte Aufmerksamkeit heraus und erweitern Sie durch nachhaltiges Üben Ihr Repertoire.

Es ist an der Zeit, sich selbst oder anderen keine Opfergeschichten mehr aufzutischen. Deren Nutzen steht am Ende in keiner Relation zur Beschädigung Ihrer Würde. Auf diesem Weg übernehmen Sie die volle Verantwortung für Ihr Leben und Ihre Entscheidungen.

Bringen Sie den Mut auf, Ihre Themen anzugehen, statt mit Ausreden Ihre eigene Entwicklung, die Lösung von Problemen und die Klärung von Konflikten zu blockieren.

Ihre Empörung über andere Menschen oder Themen können Sie als Signal verstehen, dass es für Sie wieder eine Chance zu vertiefter Erkenntnis und persönlichem Wachstum gibt.

Das bisherige Drehbuch Ihres Lebens können Sie in jenen Teilen umschreiben, mit denen Sie unter Ihren Möglichkeiten bleiben. Sie können überholte, einschränkende Überzeugungen durch schöne Erlaubnisse und neue Sichtweisen auf die Welt und sich selbst ersetzen.

Öffnen Sie sich der Gewissheit, dass Sie ohne weitere Vorleistung der Liebe wert sind. Liebe ist Ihr Geburtsrecht, ein Geschenk ohne Auflagen. Wir alle sind, wie der aus dem Libanon stammende Dichter Khalil Gibran es einmal so wunderschön formuliert hat, Söhne und Töchter der Sehnsucht des Lebens nach sich selbst. Auch Sie sind das.

Mit dieser Einsicht können Sie vielleicht auch aufhören, es Ihrem Partner mit der verqueren Art, um etwas zu kämpfen, das Sie bereits haben, schwer zu machen. Und nicht länger mit Erwartungen, die nicht zu erfüllen sind, den Beziehungsalltag zu strapazieren. **Niemand kann Ihren Schmerz heilen und Ihre Zweifel besiegen, wenn Sie es nicht tun.** Nur Sie selbst können den eisernen Ring um Ihr Herz brechen und das Eis schmelzen lassen. Sicher sind Gespräche und mitunter auch eine Phase professioneller Begleitung hilfreich, aber am Ende können nur Sie selbst die Entscheidung treffen, sich dem Wachstum und der Liebe zu öffnen. Erst dann haben andere eine Chance, Sie wirklich zu berühren.

Bauen Sie eine Beziehung zu sich selbst auf, die von Liebe geprägt ist. Das bedeutet, zu tun, was Ihnen guttut, und zu lassen, was Sie schwächt. Es heißt auch, zu unterscheiden, wann Genießen und wann Disziplin die gerade erforderliche Form ist, mit der Sie es mit sich selbst gut meinen. Genießen Sie, so viel Sie können, **und** bringen Sie die ganze Disziplin und Entschlossenheit auf, die Sie und Ihre Ziele verdienen.

Das alles ist Altersvorsorge im besten Sinn: Sie investieren in Ihre Flexibilität … Lebenslanges Lernen ist der Schlüssel zu wachsender Unabhängigkeit, heute und für eine Zukunft als liebenswerter, zufriedener und wacher Mensch im Alter.

Und: **Sie können sich für Ihre Träume stark machen.**

Ihre Sehnsüchte können Sie sich nur erfüllen, wenn Sie sie sich eingestehen. Oft aber haben Sie sich das Träumen abtrainiert. Und dann liegen sie da auf Eis, Ihre Träume, unausgesprochen, nicht ans Universum geschickt, nicht von Ihnen gesponsert, nicht von Ihnen umhegt. Verwaist. Keiner kümmert sich um sie, weil Sie sich nicht mehr zuständig fühlen.

Ein ganz wichtiger Schritt scheint mir daher, sich Ihren Träumen wieder zu öffnen.

Ich hab ein zärtliches Gefühl,
für den,
der sich zu träumen traut.
Hermann van Veen

Wenn ich in Seminaren mit Menschen über ihre Lebensentwürfe arbeite, empfinde ich das immer wieder als besonders schön und inspirierend.

»Stellen Sie sich vor«, so beginnt eine Übung, »Sie säßen am Ende Ihres Lebens auf einer bequemen Bank und schauten von dort zurück auf Ihr Leben. Und Sie würden zu dem Ergebnis kommen: Das war ein erfülltes, sinnvolles Leben. Ich habe meine Talente und Träume, so gut ich konnte, gelebt.

Fragen Sie sich: Was genau sehen Sie aus dieser rückblickenden Position, das Sie zu diesem Resümee kommen lässt? Und schreiben Sie alle diese Facetten auf, was auch immer es im Einzelnen sein mag.«

Es ist wichtig, sich nicht damit aufzuhalten, was Sie heute meinen, »noch« oder »realistisch« oder »überhaupt« erreichen zu können. Schauen Sie mit der Freiheit einer Fantasiereise, aus der Position der Zukunft, und lassen Sie sich überraschen, was Ihnen jetzt alles einfällt.

Wenn Sie diese Fragen ohne Vorbehalte und ohne als Vernunft getarnte Furcht beantworten, werden Sie ein Kaleidoskop aus Dingen aufschreiben – gespeist aus bereits Erlebtem, aber auch aus Wünschen, Sehnsüchten, Zielen, Träumen. Kleine, große, lustige, tiefernste, bescheidene, gewagte, verrückte und verwegene Herzenswünsche.

Im zweiten Schritt nehmen Sie den Abgleich zwischen dem zufriedenen Rückblick und Ihrem aktuellen Leben vor. Wo sind Sie auf dem richtigen Weg, was haben Sie heute schon erreicht? Und vielleicht auch: Wo sind Sie gerade dabei, in eine falsche Richtung zu rennen?

Erst durch unbefangenes, mutiges Träumen können Sie eine potenzielle Differenz zwischen der in Ihnen vorhandenen Idee eines erfüllten Lebens und dem Leben, das Sie führen, entdecken. Und wie klein oder groß diese Differenz ist. Was fehlt Ihnen am meisten? Was sehnen Sie am tiefsten herbei? Welche Geschichte auf diesem Planeten soll Ihren Namen tragen?

Wenn Sie sich den Wünschen zuwenden, die die größte Energie, die höchste emotionale Ladung haben, können Sie gezielt Ideen sammeln: Wie können Sie sich in diese Richtung bewegen? Womit können Sie beginnen, womit sollten Sie aufhören, welche Überzeugungen können Sie aufgeben und welche stärken? **Auf welche Ausreden sollten Sie verzichten für ein Leben, auf das Sie später stolz sein wollen?**

Dieser Abgleich kann auch dazu führen, dass Sie überrascht feststellen, wie viel Sie von dem, was Sie sich vorstellen, bereits erreicht haben … Und dass Sie daher ruhig noch einverstandener mit sich selbst und dem, was Sie tun, sein können.

Sie dürfen sich Ihre Träume trauen. Sie können sie sich gestatten, ohne die Zensur sofort einzuschalten und ohne mit den Argumenten, dass das ja sowieso nicht klappen wird, das Gitter vor die Sehnsucht zu schieben. Menschen fürchten eine mögliche Enttäuschung oft so sehr, dass sie sich schon den Traum verbieten. Sie wiegeln ab, ehe sie die Ideen einmal ausformuliert und farbig gemacht haben. Und lange, bevor sie kreativ geforscht hätten, wie man dieses Ziel erreichen, wer helfen und unterstützen könnte. Nein, sie erklären den Traum zur Seifenblase und lassen ihn zerplatzen, ehe er auch nur ein paar Augenblicke schweben durfte. Dabei wäre die Idee vielleicht in Wirklichkeit ein kleiner Sämling, der mit Wasser, Sonne und Nährstoffen an einem passenden Standort gedeihen könnte. Was oft vernünftig klingt, ist in Wirklichkeit nur die Sorge, dass das Träumen wehtun könnte. Sie ahnen, dass Sie sich selbst im Weg stehen, und versuchen, sich lupenreine Resignation als pragmatisch, rational oder solide zu verargumentieren.

Ja zu sich selbst zu sagen, bedeutet, ganz grundsätzlich zu sich zu stehen. Und gerade dadurch sehen zu können, wo Sie trotz bester Absichten in die Irre gegangen sind und wo Sie sich weiterentwickeln können. Dann sind Träume immer willkommene Inspiration, Mutmacher, Richtungsgeber, Glückssterne. Lassen Sie sich nicht von Ausreden und Furcht daran hindern, das Denkbare zu denken und dann das Machbare zu tun. Wie ein Kollege von mir zu sagen pflegt: »Besser man versucht etwas und das klappt nicht, als man versucht es nicht – und das klappt …!«

Khalil Gibran endet in seinem Gedicht über die Kinder: »Lasst euren Bogen von der Hand des Schützen auf Freude gerichtet sein.« Er widmet seine Verse Eltern im liebevollen Umgang mit ihren Kindern. Betrachten Sie es doch einmal als einen poetischen – und sehr praktischen – Hinweis für Sie selbst.

Jeden Tag haben Sie ungezählte Male die Möglichkeit, sich eine Freude zu machen. Sie können stärkende Gedanken denken, sich das Jammern untersagen, schöne Risiken eingehen, mit allen Fasern genießen, auch kleine Erfolge feiern, Feste ausrichten und sich in die Hängematte legen. Sie können sich anstrengen und sich etwas zutrauen, sich belohnen, verzeihen, sich – wenn nötig – aus Lethargie und Verdrossenheit rausboxen, loslassen, was Sie loslassen sollten, ein Tief mit Humor nehmen, dankbar sein für die Glücksmomente und das, was Ihnen erspart bleibt, so viel lachen, wie es überhaupt nur geht. Sie können in tausend Variationen Ja zu sich selbst sagen.

All das sollten Sie auch tun. Sollten Sie es vergessen, erinnern Sie sich daran, immer wieder neu: **Der heile Teil in Ihnen wartet geduldig.**

Und nicht zu vergessen: Heben Sie immer wieder einmal den Kopf in die Sterne!

Literatur

Asfa-Wossen Asserate: Manieren. Eichborn, Frankfurt am Main 2003

Aurelius Augustinus: Die Lüge und Gegen die Lüge (De mendacio). Augustinus-Verlag, Würzburg, 1953

Eric Berne: Spiele der Erwachsenen. Rowohlt, Reinbek 1982

Maria Bettetini: Eine kleine Geschichte der Lüge. Wagenbach, Berlin 2003

Pema Chödrön: Beginne, wo du bist. Eine Anleitung zum mitfühlenden Leben. Aurum, Bielefeld 2003

Pema Chödrön: Liebende Zuwendung. Freude im Herzen. Aurum, Braunschweig 1998

Jens Corssen: Der Selbst-Entwickler. Beust Verlag, Wiesbaden 2004

Stephen Gilligan: The Courage to Love. W. W. Norton & Company, New York 1997

Susan Jeffers: Selbstvertrauen gewinnen: Die Angst vor der Angst verlieren. Kösel, München 2003

Immanuel Kant: Von den Träumen der Vernunft. Kleinere Schriften zur Kunst, Philosophie, Geschichte und Politik. Fourier, Leipzig/Weimar 1979

Verena Kast: Wege zur Autonomie. dtv, München 1988

Byron Katie: Lieben, was ist: Wie vier Fragen Ihr Leben verändern können. Goldmann, München 2002

Ursula Nuber: Lass mir mein Geheimnis! Campus, Frankfurt am Main 2007

Lutz Röhrich: Lexikon der sprichwörtlichen Redensarten. Herder, Freiburg 2006

Leonhard Schlegel: Die Transaktionale Analyse. Francke, Tübingen/Basel 1995

Reinhard Sprenger, Das Prinzip Selbstverantwortung. Campus, Frankfurt am Main 2007

Reinhard Sprenger: Die Entscheidung liegt bei Dir. Campus, Frankfurt am Main 2004

Abe Wagner: Besser führen mit Transaktionsanalyse. Gabler Verlag, Wiesbaden 1992

Weiterführende Literatur zum Enneagramm

Maria-Anne Gallen/Hans Neidhardt: Das Enneagramm unserer Beziehungen. Rowohlt TB, Reinbek 1998

Michael J. Goldberg: The 9 Ways of Working. Marlowe & Company, New York 1999

Monika Gruhl: Das Enneagramm – Strategien für die eigene Entwicklung. Herder spektrum, Freiburg 2005

Jürgen Gündel: Das Enneagramm. Neun Typen der Persönlichkeit. Heyne, München 1997

Marion Küstenmacher (Hrsg.): Das Enneagramm der Weisheit. Claudius, München 1996

Anné Linden/Murray Spalding: Enneagramm & NLP. Die Synthese in der Praxis. Junfermann, Paderborn 1996

Helen Palmer: Das Enneagramm in Liebe und Arbeit. Knaur, München 1995

Don Richard Riso/Russ Hudson: Die Weisheit des Ennea-gramms. Goldmann, München 2000

Richard Rohr/Andreas Ebert: Das Enneagramm. Die 9 Gesichter der Seele. Claudius, München 2006

Dank

Danken möchte ich Andreas Lebert, Claudia Münster und Till Raether von der Brigitte Redaktion sowie Britta Hansen vom Diana Verlag für ihr Vertrauen in mich als potenzielle Autorin und für die Begleitung der ersten Schritte.

Meiner Lektorin Claudia Münster für ein Dreivierteljahr intensiver gemeinsamer Arbeit und die Perspektive der unbefangenen und unbestechlichen Erstleserin.

Gisela Borgmann-Schäfer, Erika Gassner und Nicole Jeschke für ihre Begleitung als Herzensfreundinnen, für fachlichen Rat, Enthusiasmus und Loyalität. Reinhard Sprenger für vieles, hier: für die Noody-Übung. Burkhard Mertens, ohne den ich die Fünf nicht halb so gut verstehen würde, für seine Anregungen. Meinen Seminarteilnehmern und Klienten für ihre Neugierde, ihren Mut, ihre Offenheit und das Vertrauen, ihre Geschichten, Fragen und Fortschritte mit mir zu teilen. Ihnen verdanke ich, dass mein Beruf mich so glücklich macht. Meinem Garten, in dem ich zwei Drittel des Manuskripts geschrieben habe, dafür, dass er mich mit Mohn, Iris und Lilien, Rosenduft und Vogelgezwitscher geerdet hat.

Und vor allem meinem Mann Tommy, dem ich dieses Buch widme, weil er mindestens zehn Jahre lang nicht lockergelassen hat, dass ich es endlich schreiben soll. Der, als es dann dazu kam, von der ersten Zeile an mein immer ansprechbarer und interessierter Zuhörer war, der meine Freude am Schreiben geteilt und die angelegentlichen Widrigkeiten des Lebens mit einer Sachbuch-Anfängerin großherzig akzeptiert hat. Und der mir jeden Tag (jeden!) das Geschenk von Zutrauen, Liebe und Optimismus gemacht hat.